Straßenverkehr & mehr

Englisch – Deutsch
Deutsch – Englisch

von Stefan Riedel

Aus meiner Fachwörterbuchreihe

Bibliografische Informationen der Deutschen Nationalbibliothek:
Die Deutsche Nationalbibliothek verzeichnet diese Publikation in der Deutschen National-
bibliografie. Detaillierte bibliografische Daten im Internet über http://www.d-nb.de abrufbar.

Autor: Stefan Riedel, » Straßenverkehr & mehr «
Internet: www.riedel-autor.de
E-Mail: info@riedel-autor.de

2. Auflage
© 2025 Stefan Riedel
Alle Rechte vorbehalten.

Satz: Satz+Layout Werkstatt Kluth GmbH, Erftstadt
Lektorat: Anke Lietmann, Marl
          Übersetzungen und Lektorate werden durch die Fachübersetzungsdienst GmbH,
          CH-6340 Baar, unterstützt. https://www.fachuebersetzungsdienst.com
Umschlag: UlinneDesign, Neuenkirchen, Ulrike Linnenbrink
Verlag: BoD · Books on Demand GmbH, In de Tarpen 42,
22848 Norderstedt, bod@bod.de
Druck: Libri Plureos GmbH, Friedensallee 273, 22763 Hamburg

ISBN: 978-3-7693-0103-8

Vorwort

Als gelernter Kaufmann für Spedition und Logistikdienstleistung, Verkehrsfachwirt, Ausbilder und freiberuflicher Dozent habe ich sehr viele Erfahrungen im Bereich Spedition und Logistik gesammelt.

Schon während meiner Ausbildungszeit war das Angebot an Fachwörterbüchern in diesem Bereich sehr begrenzt und für den täglichen Gebrauch nicht geeignet. Durch meine Tätigkeit in der Erwachsenenbildung wurde mir die Bedeutung einer einschlägigen Fachwörterbuchreihe immer bewusster.

Meine Fachwörtersammlung begann mit meiner Ausbildung in einer internationalen Spedition im Jahr 2004. Seitdem habe ich angefangen, mein Fachvokabular für die tägliche englische Korrespondenz zu übersetzen. Das war für mich der Anlass, selbst eine englisch/deutsche Fachwörterbuchreihe zu schreiben. Durch meine Auslandserfahrung und meine beruflichen Tätigkeitsfelder in der Beschaffungs-, Lager- und Distributionslogistik, im System- und Sammelgutverkehr, in der Disposition von Transportmitteln sowie dank meines handwerklichen Hintergrunds konnte ich sehr viele Erfahrungen aus der Praxis sammeln. Diese Einblicke und das daraus entstandene Know-how sind in diesen Fachwörterbüchern enthalten.

Mit dem Erwerb dieses Fachwörterbuchs erhalten Sie eine themenübergreifende Zusammenstellung verschiedener Sachgebiete. Es erwartet Sie ein lesefreundliches und übersichtliches Layout, damit Sie immer schnell und unkompliziert das richtige Wort finden.

Das Besondere an diesem Fachwörterbuch ist Ihr persönlicher Teil am Ende des Buchs. Hier können Sie „Ihre 100 persönlichen Wörter des Lebens" (allgemeine Begriffe) und „Ihre 100 persönlichen Wörter aus der Praxis" (Fachbegriffe) handschriftlich ergänzen. Dieser Praxisteil soll Ihr persönliches Verzeichnis sein. Dort finden Sie schnell und individuell die gängigsten Wörter Ihres täglichen Bedarfs, genau an Ihre fachspezifische Englischkommunikation angepasst.

Für mich ist es sehr wichtig, dass Sie ein Buch für viele Alltagssituationen zur Verfügung haben, in dem Sie die englischen Fachbegriffe leicht finden und anschließend verwenden können.

Meine Leitlinie ist: „Wörter gehen um die Welt und verbinden Menschen".

Wörter ergeben Sätze, Sätze ergeben Texte und bilden die Grundlage der Kommunikation.

Ob gesprochen oder geschrieben.

Ergänzen Sie durch dieses Fachwörterbuch Ihren allgemeinen englischen Wortschatz und verbessern Sie Ihr Fachenglisch als Grundlage für eine internationale Karriere in einer globalen Wirtschaft. Weltweite Kommunikation ist in der heutigen Zeit mehr als notwendig, wenn nicht sogar schon eine Voraussetzung für den Alltag, das Berufsleben, die Schule, das Studium usw.

Sie können mir gerne eine Nachricht schicken, egal ob Lob, Kritik, Anregungen oder Hinweise zu meinem Fachwörterbuch. Ich freue mich über jedes Feedback!

Legende

BE British English
Das Wort wird nur oder vorwiegend im britischen Englisch verwendet.

AE American English
Das Wort wird nur oder vorwiegend im amerikanischen Englisch verwendet.

ugs. umgangssprachlich
umgangssprachlicher Ausdruck; keine Fachsprache (deutsche Wörter)

coll. colloquial
umgangssprachlicher Ausdruck; keine Fachsprache (englische Wörter)

f Femininum, weibliches Hauptwort (die)

m Maskulinum, männliches Hauptwort (der)

n Neutrum, sächliches Hauptwort (das)

pl Plural, Mehrzahl
Das Wort wird nur oder vorwiegend im Plural verwendet.

sg Singular, Einzahl
Das Wort wird nur oder vorwiegend im Singular verwendet.

® geschützte Markenbezeichnung
(Angabe des Rechteinhabers in Klammern)

Verwendete Abkürzungen:

e.g. exempli gratia/zum Beispiel

etc. et cetera/und so weiter

fin. finanziell

pol. politisch

z. B. zum Beispiel

Übersetzungen

– mit unterschiedlicher Bedeutung haben vor den jeweiligen Begriffen eine Nummerierung zur besseren Übersicht.

– mit gleicher Bedeutung haben keine zusätzliche Kennzeichnung durch eine Nummerierung

– mit gleicher Bedeutung innerhalb einer Nummerierung sind mit einem Schrägstrich voneinander getrennt.

Erläuterungen:

In Klammern gesetzte zusätzliche Erklärungen dienen der näheren Beschreibung und/oder der Zuordnung eines Fachgebietes.

Zur besseren Les- und Findbarkeit wurde auf die Angabe von Fachgebietskürzeln verzichtet. Welche Fachgebiete und Fachwörter in diesem Buch enthalten sind, können Sie in der Inhaltsangabe des Buches nachlesen.

Englisch – Deutsch

1951 Convention travel document/ refugee travel document	Reiseausweis für Flüchtlinge *m*
1954 Convention travel document	Reiseausweis für Staatenlose *m*
2+3 regulation (CEMT permit)	2+3-Regelung *f* (CEMT-Genehmigung)
20 foot container/20' container	20-Fuß Container/20' Container *m*
40 foot container/40' container	40-Fuß Container/40' Container *m*
44-ton regulation (pre- and on-carriage of combined transport)	44-Tonnen-Regelung *f* (im Vor- und Nachlauf des kombinierten Verkehrs)

A

A road (*BE*)	Bundesstraße *f*
A.TR form	A.TR-Formular *n*
ABC powder extinguisher	ABC Pulverlöscher *m*
abnormal risk	anormales Risiko *n* erhöhtes Risiko *n*
absolute contribution margin	Deckungsbeitrag *m* (absolut)
absolute franchise	Integralfranchise *f* (Versicherung zahlt erst ab einer bestimmten Schadenshöhe)
absolute liability	Gefährdungshaftung *f*
absolute suretyship	selbstschuldnerische Bürgschaft *f*
absorption costing	Vollkostenrechnung *f*
accelerated basic qualification (German qualification for commercial bus and truck drivers)	beschleunigte Grundqualifikation *f*
acceleration lane	Beschleunigungsspur *f* Beschleunigungsstreifen *m*
acceleration resistance	Beschleunigungswiderstand *m*
accelerator pedal (*BE*)	Gaspedal *n*
acceptance	1. akzeptierter Wechsel *m* / Akzept *n* 2. Anerkennung *f* 3. Annahme *f*

acceptance L/C	Akzeptakkreditiv *n*
acceptance letter of credit	Akzeptakkreditiv *n*
acceptance of a claim	Anerkennung eines Anspruchs *f*
accepted bill	Akzept *n* akzeptierter Wechsel *m*
acceptor	Trassat *m*
access control	Zugangskontrolle *f*
accessorial service	1. zusätzliche Dienstleistung *f* 2. Nebenleistung *f*
accessories (commercial vehicles)	Zubehör *n* (Nutzfahrzeuge)
accident	1. Unfall *m* 2. Havarie *f*
accident at work	Arbeitsunfall *m*
accident data storage	Unfalldatenspeicher/UDS *m*
accident insurance (*BE*)	Unfallversicherung *f*
accident prevention regulations *pl*	Unfallverhütungsvorschriften/UVV *fpl*
accident procedures sheet	Unfallmerkblatt/UMB *n*
accident report	Unfallbericht *m*
accident risk	Unfallrisiko *n*
accident site	Unfallstelle *f*
accident sketch	Unfallskizze *f*
accidental damage	Unfallschaden *m*
accidental death	Unfalltod *m*
accompanied combined transport/ ACT	begleiteter Verkehr *m* (KV) begleiteter kombinierter Verkehr/ KV *m*
accompanied driving	begleitetes Fahren *n*
accompanying administrative document	begleitendes Verwaltungs-dokument/BVD *n*
accompanying document	Begleitpapier *n*
account	1. Bankkonto *n* 2. Kundenkonto *n*

account category	Kontenklasse *f*
account number	Kontonummer *f*
accounting	Rechnungswesen *n*
accounting principle	Bilanzierungsgrundsatz *m*
accounting stamp	Kontierungsstempel *m*
accounts receivable *pl*	1. Forderungen *fpl* 2. Forderungen aus Lieferung und Leistung *fpl*
accrual	1. Rückstellung *f* 2. Entstehung *f* (Anspruch)
accrual of a claim	Entstehung eines Anspruchs *f*
accumulated contribution margin	kumulierter Deckungsbeitrag *m*
acetone *sg*	Aceton *nsg* Azeton *nsg*
Achilles' heel (*coll.*)	Achillesferse *f* (*ugs.*)
acid	Säure *f*
acid density	Säuredichte *f*
acid-free	säurefrei
acid-proof	säurebeständig säureresistent
acid-resistant	säurebeständig säureresistent
Ackermann steering	Achsschenkellenkung *f*
acknowledgement	Quittung *f*
acknowledgement of closure	Verschlussanerkenntnis *f*
acknowledgement of receipt	Empfangsbestätigung *f*
acount class	Kontenklasse *f*
ACP countries	AKP-Gruppe *f* Gruppe der afrikanischen, karibischen und pazifischen Staaten *f*
acquisition	Akquisition *f*
acquisition commission	Abschlussprovision *f*
acquisition costs *pl*	Abschlusskosten *pl*

acquisition value	Anschaffungswert *m*
act	Gesetz *n* (einzelnes)
act of God	höhere Gewalt *f*
Act on the Transportation of Dangerous Goods/GGBefG	Gesetz über die Beförderung gefährlicher Güter/GGBefG *n* Gefahrgutbeförderungsgesetz/ GGBefG *n*
action for damages	Schadensersatzklage *f*
active refinement	aktive Veredelung *f*
activity	Aktivität *f*
actual weight	tatsächliches Gewicht *n*
ad valorem	nach Wert
ad valorem duty	Wertzoll *m*
AdBlue (® Verband der Automobilindustrie/VDA) (*BE*) diesel exhaust fluid/DEF (*AE*)	AdBlue *n* (® Verband der Automobilindustrie/VDA)
additional cargo	Beiladung *f*
additional charge	Aufpreis *m* Aufschlag *m* Zuschlag *m*
additional costs *pl*	Zusatzkosten *pl*
additional insurance	Zusatzversicherung *f*
additional load	Beiladung *f*
additional policy	Nachtragspolice *f*
additional purchase costs *pl*	Anschaffungsnebenkosten *pl*
additives *pl*	Additive *fpl*
address	Adresse *f* Anschrift *f*
address field	Adressfeld *n* Anschriftenfeld *n*
adequate compensation	angemessene Entschädigung *f*
adhesive label	selbstklebendes Etikett *n* Haftetikett *n*

adhesive tape	Klebeband *n*
adjustment	Regulierung *f*
adjustment of a claim	Schadensregulierung *f*
adjustment of average	Havarieverteilung *f*
administration	Verwaltung *f*
ADR (European Agreement concerning the International Carriage of Dangerous Goods by Road)	ADR *n* (Europäisches Übereinkommen über die internationale Beförderung gefährlicher Güter auf der Straße)
ADR certificate	ADR-Bescheinigung *f*
advance arrival notice *sg* (customs)	Vorab-Ankunftsanzeige *f* (Zoll)
advice	Avis *m/n*
advise, to	beraten
advising bank	avisierende Bank *f*
aerial transfer bridge	Schwebebrücke *f*
aerosol	Aerosol *n*
aerosol can	Spraydose *f* Sprühdose *f*
Africa	Afrika *n*
African, Caribbean and Pacific Group of States	AKP-Gruppe *f* Gruppe der afrikanischen, karibischen und pazifischen Staaten *f*
African, Caribbean and Pacific Group of States	Gruppe der afrikanischen, karibischen und pazifischen Staaten *f*
after sight bill	Nachsichtwechsel *m*
after-date bill	Datowechsel *m* (nach Ausstellung)
afternoon	Nachmittag *m*
against all odds *pl*	allen Widrigkeiten zum Trotz entgegen allen Erwartungen gegen alle Schwierigkeiten
agency	Agentur *f*
aggregated balance	Summenbilanz *f*
aggressive	aggressiv

agreement contra bonos mores	sittenwidriger Vertrag *m*
Agreement on International Goods Transport by Rail/SMGS	Abkommen über den Internationalen Eisenbahngüterverkehr/ SMGS *n*
Agreement on the International Carriage of Perishable Foodstuffs ATP	Übereinkommen über Internationale Beförderungen leichtverderblicher Lebensmittel ATP *n*
agricultural operation	landwirtschaftlicher Betrieb *m*
aid	Hilfsmittel *n*
air cargo container/ULD	Luftfrachtcontainer/ULD *m*
air cargo pallet/ULD	Luftfrachtpalette/ULD *f*
air conditioner	Klimaanlage *f*
air conditioning	Klimaanlage *f*
air dryer	Lufttrockner *m*
air filter	Luftfilter *m*
air freight container/ULD	Luftfrachtcontainer/ULD *m*
air freight forwarder	Luftfrachtspediteur *m*
air freight forwarding	Luftfrachtspedition *f*
air freight pallet/ULD	Luftfrachtpalette/ULD *f*
air freight tariff	Luftfrachttarif *m*
air freighter	Frachtflugzeug *n*
air moisture *sg*	Luftfeuchte *fsg* Luftfeuchtigkeit *fsg*
air pressure check	Luftdruckkontrolle *f*
air resistance	Luftwiderstand *m*
air *sg*	Luft *fsg*
air sovereignty	Lufthoheit *f*
Air Waybill/AWB	Luftfrachtbrief/AWB *m*
airbag	Luftsack *m* Prallkissen *n*
airfreight carrier	Frachtfluggesellschaft *f*
airport	Flughafen *m*

airport of departure	Abflughafen *m*
alarm	Alarm *m*
alarm system	Alarmanlage *f*
alcohol	Alkohol *m*
All Risks (DTV Cargo 2000/2011)	Volle Deckung *f* (DTV-Güter 2000/2011)
all terrain vehicle/ATV	Quad *n*
all-risks insurance	Allgefahrenversicherung *f*
all-season tire (*AE*)	Ganzjahresreifen *m*
all-season tyre (*BE*)	Ganzjahresreifen *m*
all-wheel drive	Allradantrieb *m*
all-wheel steering	Allradlenkung *f*
allergies *pl*	Allergien *f*
allocation formula	Verteilungsschlüssel *m*
allowable load	zulässige Belastung *f* (Stapellast)
alpha radiation	Alphastrahlung *f*
alternative drive	alternativer Antrieb *m*
alternative route	Alternativstrecke *f* Ausweichstrecke *f*
alternator	Lichtmaschine *f*
aluminium container (*BE*)	Aluminiumcontainer *m*
aluminium *sg* (*BE*)	Aluminium *nsg*
aluminum container (*AE*)	Aluminiumcontainer *m*
aluminum *sg* (*AE*)	Aluminium *nsg*
ambassador	Botschafter *m*
ambulance	1. Krankentransportwagen/KTW *m* / Krankenwagen m 2. Rettungswagen/RTW *m* / Krankenwagen m
ammonia *sg*	Ammoniak *nsg*
amount payable	Zahllast *f*
amount to BE collected (fin.)	Nachnamebetrag *m* (fin.)

amount to, to	belaufen auf, sich
amounts stated in the balance sheet *pl*	Wertansätze in der Bilanz *mpl*
amphibian	Amphibienfahrzeug *n*
amphibious vehicle	Amphibienfahrzeug *n*
Amsterdam-Rotterdam-Antwerp-Ghent-Range/ARAG-Range	Amsterdam-Rotterdam-Antwerpen-Gent-Range/ARAG-Range *f*
Amsterdam-Rotterdam-Antwerp-Range/ARA-Range	Amsterdam-Rotterdam-Antwerpen-Range/ARA-Range *f*
analog tachograph (*AE*)	analoger Fahrtenschreiber *m*
analogue tachograph (*BE*)	analoger Fahrtenschreiber *m*
analyse, to (*BE*)	analysieren auswerten
analysis	Analyse *f*
analyze, to (*AE*)	analysieren auswerten
anchor point	Anschlagpunkt *m*
anchor rails (load securing permanently installed in the vehicle)	Ankerschienen *f* (Ladungssicherung fest im Fahrzeug installiert)
angle	Winkel *m*
animal feed	Futter *n* Futtermittel *n* Tierfutter *n* Viehfutter *n*
animal transportation	Tiertransporte *mpl*
Animal Welfare Transport Ordinance	Tierschutztransportverordnung/TierschTrV *f*
annex	Anhang *m* Anlage *f*
annual	jährlich
annual closing entries *pl*	Abschlussbuchungen *fpl*
annual financial statement	Jahresabschlussbuchung *f*
anti-lock braking system/ABS	Antiblockiersystem/ABS *n*

anti-slide mat	Antirutschmatte *f*
anti-slip mat	Antirutschmatte *f*
anti-slip mats	Antirutschmatten *f*
anti-slip regulation/ASR	Traktionskontrolle *f*
anticipated profit	imaginärer Gewinn *m*
antifreeze	Frostschutzmittel *n*
Antilles *pl*	Antillen *pl*
antimacassar	Antimakassar *m*
Apostolic Nuncio	Apostolischer Nuntius *m*
application of funds	Mittelverwendung *f*
appropriation of profits	Ergebnisverwendung *f*
April	April *m*
aquaplaning	Aquaplaning *n*
Arabia	Arabien *n*
	Arabische Halbinsel *f*
Arabian Peninsula	Arabien *n*
	Arabische Halbinsel *f*
Arabian subcontinent	Arabien *n*
	Arabische Halbinsel *f*
archive	Archiv *n*
archive, to	archivieren
area contract freight forwarder	Gebietsspediteur *m*
area of responsibility	Verantwortungsbereich *m*
argon *sg*	Argon *nsg*
arms embargo	Waffenembargo *n*
arrest	Festnahme *f*
arrival station	Ankunftsbahnhof *m*
	Zielbahnhof *m*
arrogant	arrogant
arsenic *sg*	Arsen *nsg*
article	Artikel *m*

article number	Artikelnummer *f*
	Warennummer *f*
articulated bus	Gelenkbus *m*
	Gelenkwagen *m* (Bus)
	Gelenkzug/GLZ *m* (Bus)
	Gliederbus *m*
articulated lorry (*BE*)	Sattelzug *m*
articulated trailer bus	Sattelbus *m*
	Sattelomnibus *m*
	Sattelzugomnibus *m*
asbestos	Asbest *m*
ashtray	Aschenbecher *m*
Asia	Asien *n*
ASOR	ASOR
ASOR trip logbook	ASOR-Fahrtenheft *n*
ASOR trip sheet	ASOR-Fahrtenblatt *n*
asphalt	Asphalt *m*
asset generation	Vermögensaufbau *m*
assignee	Zessionar *m*
assignment	Zession *f*
	Abtretung *f*
assignment of a claim	1. Forderungsabtretung *f*
	2. Anspruchsabtretung *f*
assignor	Zedent *m*
assistance system	Assistenzsystem *n*
association	Verband *m*
Association of German Freight Forwarders and Logistics Operators/DSLV	Deutscher Speditions- und Logistikverband e.V./DSLV *m*
asylum	Asyl *n*
ATA procedure	ATA-Verfahren *n*
Atomic Energy Act *sg*	Atomgesetz/AtG *n*

attachment boards *pl* (load securing permanently installed in the vehicle)	Aufsatzbretter *npl* (Ladungssicherung fest im Fahrzeug installiert)
attention assist (coll.)	Aufmerksamkeitsassistent *m* (ugs.)
attention *sg*	Achtung *fsg*
attorney (*AE*)	Rechtsanwalt *m* Anwalt *m*
August	August *m*
Australia	Australien *n*
authorisation (*BE*)	Befugnis *f* Bevollmächtigung *f* Vollmacht *f* Genehmigung *f*
authorization (*AE*)	Befugnis *f* Bevollmächtigung *f* Vollmacht *f* Genehmigung *f*
Authorized Economic Operator/ AEO	Zugelassener Wirtschaftsbeteiligter/ZWB *m*
auto electriciancar electrician	Kfz-Elektriker *m*
auto mechaniccar mechanic	Kfz-Mechaniker *m* Automechaniker *m*
auto-financing	Selbstfinanzierung *f*
automated guided vehicle/AGV	Fahrerloses Transportfahrzeug/ FTF *n*
Automated Tariff and Local Customs Processing System	Automatisiertes Tarif- und Lokales Zoll-Abwicklungs-System/ATLAS *n*
automatic anti-lock braking system/ ABS	Automatischer Blockierverhinderer/ ABV *m*
automatic guided vehicle system/ AGVS	Fahrerloses Transportsystem/FTS *n*
automatic guided vehicle/AGV	Fahrerloses Transportfahrzeug/ FTF *n*
automatic hook coupling	automatische Hakenkupplung *f*

automatic license plate recognition/ ALPR (*AE*)	automatische Nummernschilderkennung *f* automatische Kennzeichenerfassung *f*
automatic locking function (CMR)	automatische Sperrfunktion *f* (CMR)
automatic number plate recognition/ ANPR (*BE*)	automatische Nummernschilderkennung *f* automatische Kennzeichenerfassung *f*
automatic transmission	Automatikgetriebe *n*
automatic transmission fluid	Automatikgetriebeöl *n*
automobile	Auto *n* Automobil *n* Kraftwagen *m* Personenkraftwagen/PKW *m*
automobilia *pl*	Automobilia *npl*
automotive lighting	Fahrzeugbeleuchtung *f*
automotive mechatronics engineer	Kfz-Mechatroniker *m*
autonomous driving	autonomes Fahren *n*
auxiliary heating	Zusatzheizung *f*
auxiliary material	Hilfsstoff *m*
available, to make	bereitstellen zur Verfügung stellen
average clause *sg*	Havarieklausel *fsg*
average/AV	Havarie *f*
aviation hull insurance	Luftfahrtkaskoversicherung *f*
avoid customs duty, to	Zoll umgehen
avoid, to	vermeiden
avoidance of contract	Vertragsrücktritt *m*
axle	Achse *f*
axle load	Achslast *f*

B

B road (*BE*)	Landesstraße *f*
	Landstraße *f*
	Staatsstraße *f* (Bayern/Sachsen)
B/L	Konnossement *n*
back	hinten
back-up light (*AE*)	Rückfahrscheinwerfer *m*
back, at the	hinten
backward (*AE*)	rückwärts
backwards (*BE*)	rückwärts
bacterium	Bakterie *f*
bad	schlecht
bad manners *pl*	schlechte Manieren *fpl*
bad news *pl*	schlechte Nachricht *f*
baffle plate	Schwallblech *n*
	Schwallwand *f*
baffle plates *pl* (load securing permanently installed in the vehicle)	Prallwände *fpl* (Ladungssicherung fest im Fahrzeug installiert)
baggage insurance (*AE*)	Gepäckversicherung *f*
	Reisegepäckversicherung *f*
baggage *sg* (*AE*)	Gepäck *nsg*
bagged cargo	Sackgut *n*
	Sackware *f*
bail	Kaution *f*
bakery products *pl*	Backwaren *fpl*
balance compaction	Bilanzverdichtung *f*
balance sheet classification	Bilanzgliederung *f*
balance sheet evaluation	Bilanzauswertung *f*
balance, to	saldieren
balanced account	Staffelkonto *n*
bale	Ballen *m*
	Bündel *n*

B

Balkan Peninsula	Balkan *m*
	Balkanhalbinsel *f*
Balkans *pl*	Balkan *m*
	Balkanhalbinsel *f*
Baltic countries *pl*	Baltikum *n*
	baltische Staaten *mpl*
Baltic states *pl*	Baltikum *n*
	baltische Staaten *mpl*
ban on alcohol	Alkoholverbot *n*
banjo axles pl	Banjoachsen *fpl*
bank	Bank *f*
bank draft	1. Bankscheck *m*
	2. von einer Bank gezogener Wechsel *m* / Banktratte *f*
bank guarantee	Bankgarantie *f*
	Bankbürgschaft *f*
bank holiday (*BE*)	Bankfeiertag *m*
banker's draft	von einer Bank gezogener Wechsel *m*
	Banktratte *f*
banksman	Einweiser *m* (z.B. Kran, LKW)
barge	Binnenschiff *n*
barrel	Fass *n*
	Tonne *f*
barrister (*BE*)	Rechtsanwalt *m* (obere Gerichte)
	Anwalt *m* (obere Gerichte)
barter	Tauschhandel *m*
bascule bridge	Klappbrücke *f*
base (chem.)	Base *f* (chem.)
base costs *pl*	Grundkosten *pl*
basement garage	Tiefgarage *f*
basic qualification	Grundqualifikation *f*
batch posting	Stapelbuchung *f*
battery	Batterie *f*

battery acid	Batteriesäure *f*
battery capacity	Batteriekapazität *f*
battery charge indicator	Ladekontrollleuchte *f*
battery charger	Batterieladegerät *n*
	Batterieaufladegerät *n*
battery master switch	Batterietrennschalter *m*
Battery Ordinance	Batterieverordnung/BattV *f*
battery pole	Batteriepol *m*
battery vehicle	Batteriefahrzeug *n*
battery voltage	Batteriespannung *f*
bay (container)	Bay *f* (Containerreihe in Querrichtung)
bay plan	Bayplan *m* (Containerstauplan)
bay-row-tier system	Bay-Row-Tier-System *n*
beaching (boat)	Strandung *f*
beam	Balken *m*
bearer B/L	Inhaberkonnossement *n*
bearer bill of lading	Inhaberkonnossement *n*
becquerel/Bq	Becquerel/Bq *n*
beer	Bier *n*
behind schedule	hinter dem Zeitplan
bells and whistles *pl* (*coll.*) (car equipment)	Schnickschnack *msg* (*ugs.*) (Ausstattung Auto)
belt boxes for lashing straps *pl* (coll.)	Gurtboxen für Zurrgurte *fpl* (ugs.)
belt retractor for lashing straps	Gurtaufroller für Zurrgurte *m* (ugs.)
belt warning device (coll.)	Gurtwarner *m* (ugs.)
bend	Kurve *f*
bendy bus (*BE*)	Gelenkbus *m*
	Gliederbus *m*
	Gelenkwagen *m* (Bus)
	Gelenkzug/GLZ *m* (Bus)

B

Benelux	Benelux Beneluxländer *npl* Beneluxstaaten *mpl*
Benelux countries *pl*	Benelux Beneluxländer *npl* Beneluxstaaten *mpl*
beta radiation	Betastrahlung *f*
bi-articulated bus	Doppelgelenkbus *m*
bib overalls *pl* (*AE*)	Latzhose *f*
bicycle	Fahrrad *n*
bicycle street	Fahrradstraße *f*
bid bond	Bietungsgarantie *f* Avalgarantie *f*
big	groß
bike lane (*AE*)	Radweg *m* Fahrradweg *m*
bike path (*AE*)	Radweg *m* Fahrradweg *m*
bilateral	zweiseitig
bilateral authorisation (*BE*)	bilaterale Genehmigung *f*
bilateral authorization (*AE*)	bilaterale Genehmigung *f*
bill after date	Datowechsel *m* (nach Ausstellung)
bill of lading	Konnossement *n*
biodiesel *sg*	Biodiesel *msg*
biological limit values *pl*	biologische Grenzwerte *mpl*
biological substance	biologischer Stoff *m*
biometric passport	biometrischer Reisepass *m*
bitumen	Bitumen *n*
black box (aircraft)	Flugschreiber *m*
black box (road)	Unfalldatenspeicher/UDS *m*
black frost	schwarzer Frost *m*
black ice *sg*	Glatteis *nsg*
black market goods *pl*	schwarze Ware *f*

black powder *sg*	Schwarzpulver *nsg*
blank flange	Blindflansch *m*
blanket policy	1. Pauschalpolice *f*
	2. Generalpolice *f*
blasting cap	Sprengkapsel *f*
blasting gelatin *sg*	Sprenggelatine *fsg*
	Sprenggummi *msg/nsg*
blind flange	Blindflansch *m*
blind spot	toter Winkel *m*
block heater (*AE*)	Standheizung *f*
blocking notice	Sperrvermerk *m*
blood alcohol concentration/BAC	Blutalkoholkonzentration/BAK *f*
blood alcohol content/BAC	Blutalkoholkonzentration/BAK *f*
blood alcohol level	Blutalkoholspiegel *m*
blue light	Blaulicht *n*
blue-collar worker (*coll.*)	Arbeiter *m*
board wall	Bordwand *f* (LKW)
body cavity search	Leibesvisitation *f* (einschließlich Körperöffnungen)
body search	Leibesvisitation *f*
boiling point	Siedepunkt *m*
bolt coupling	Maulkupplung *f*
bond note book	Zollbegleitscheinheft *n*
bonded goods *pl*	Zollverschlussware *f*
bonded shed	Zollverschlusslager *n*
bonded storage	Zollverschlusslager *n*
bonded warehouse	Zollverschlusslager *n*
Bonn Pallet Exchange	Bonner Palettentausch *m* (mit Rücklieferungspflicht)
bonnet (*BE*)	Motorhaube *f*
book	Buch *n*
book value	Buchwert *m*

B

book, to	buchen
booked up	ausgebucht
booking amount payable as a liability	Passivierung der Zahllast *f*
bookkeeping	Buchführung *f*
border	Grenze *f*
border customs office (customs office of exit)	Grenzzollstelle *f* (Ausgangszollstelle)
border river	Grenzfluss *m*
border station	Grenzbahnhof *m*
boring	langweilig
borrow, to	borgen
bottom	untere unterer unteres
bottom crossbeam	Bodenquerträger *m*
bottom loading	Untenbefüllung *f*
bottom side rail	Bodenlängsträger *m*
bottom valve	Bodenventil *n*
bottom, at the	unten
box body	Kofferaufbau *m*
box van	geschlossener Lieferwagen *m*
box-shaped tank	Koffertank *m*
boycott	Boykott *m*
boycott declaration	Boykotterklärung *f*
brake	Bremse *f*
brake booster (*AE*)	Bremskraftverstärker/BKV *m*
brake disc (*BE*)	Bremsscheibe *f*
brake disk (*AE*)	Bremsscheibe *f*
brake fading	Bremsfading *n*
brake fluid	Bremsflüssigkeit *f*

brake lightstop lamp	Bremsleuchte *f* Bremslicht *n*
brake pad	Bremsklotz *m*
brake pedal	Bremspedal *n*
brake shafts *pl*	Bremswellen *fpl*
braking distance	Bremsweg *m*
braking process	Bremsvorgang *m*
braking system	Bremsanlage *f*
braking systems *pl*	Bremssysteme *npl*
branch	1. Zweigstelle *f* 2. Filiale *f*
brand piracy	Markenpiraterie *f*
breach of contract	Vertragsbruch *m*
breach of obligation	Obliegenheitsverletzung *f*
break bulk	Stückgut *n*
break bulk cargo	Stückgut *n*
break period	Lenkzeitunterbrechung *f*
break time	Ruhezeit *f*
breakage	Bruchschaden *m*
breakdown	Panne *f*
breakdown lorry (*BE*)	Abschleppwagen *m*
breakdown service (*BE*)	1. Pannendienst *m* 2. Pannenhilfe *f*
breakdown triangle	Warndreieck *n* Pannendreieck *n*
breakdown truck (*AE*)	Abschleppwagen *m*
Bremen ports *pl* (Bremen/Bremerhaven)	Bremische Häfen *mpl* (Bremen/Bremerhaven)
bribe	Schmiergeld *n* Bestechungsgeld *n*
bridge	Brücke *f*
British Isles *pl*	Britische Inseln *fpl*

B

broken	zerbrochen
broken axle	Achsenbruch *m*
broker	Makler *m*
broom	Besen *m*
brown goods *pl*	braune Ware *f*
bubble wrap	Luftpolsterfolie *f*
bucket	Eimer *m*
built on sand, to be (*coll.*)	auf tönernen Füßen stehen (*ugs.*)
built-up area	geschlossene Ortschaft *f*
bulk	lose Schüttung *f*
bulk cargo	Massengut *n*
bulk container	Schüttgutcontainer *m*
bulk goods *pl*	Massengüter *npl*
bulkhead (partition)	Stirnwand *f*
bulkhead reinforcements *pl* (load securing permanently installed in the vehicle)	Stirnwandstärkungen *fpl* (Ladungssicherung fest im Fahrzeug installiert)
bulky	sperrig
bulky goods *pl*	Sperrgut *n*
bullbar	Kuhfänger *m* (Straße) Frontschutzbügel *m*
bullet	Geschoss *n*
bump-start, to	anschieben
bumper (vehicle)	Stoßstange *f*
bundle	Bündel *n*
burden of proof	Beweislast *f*
burn-up	Abbrand *m*
bus	Bus *m* Omnibus *m* Kraftomnibus/KOM *m*
bus (travel)	Reisebus *m*
bus and coach	Kraftomnibus *m* (KOM)

B

bus connection	Busverbindung *f*
bus depot	Busdepot *n* Betriebshof *m* Depot *n* (Bus)
bus driver	Busfahrer *m*
bus garage	Busdepot *n* Betriebshof *m* Depot *n* (Bus)
bus shelter	Wartehäuschen *n*
bus station	Busbahnhof *m*
bus stop	Bushaltestelle *f*
bus trailer	Omnibusanhänger *m* Autobusanhänger *m* Busanhänger *m*
business assessment	betriebswirtschaftliche Auswertung/BWA *f*
business day	1. Arbeitstag *m* 2. Werktag *m*
business hours *pl*	Geschäftszeit *f* Öffnungszeit *f*
business management principles *pl*	betriebswirtschaftliche Grundlagen *fpl*
business premises *pl*	Geschäftsräume *mpl*
business relationship	Geschäftsbeziehung *f*
business traveler (*AE*)	Geschäftsreisender *m*
business traveller (*BE*)	Geschäftsreisender *m*
business trip	Geschäftsreise *f*
business-like	geschäftsmäßig
business-related accrual	unternehmensbezogene Abgrenzung *f*
Büsingen	Büsingen
busy	beschäftigt
butane *sg*	Butan *nsg*

buyer credit cover   Finanzkreditdeckung *f*

bypass (road)   Ortsumgehung *f*

C

c-its C-ITS (Cooperative Intelligent Transport Systems)   C-ITS *n* (Cooperative Intelligent Transport Systems)

cab   Taxi *m/n*

cable   Kabel *n*

cabotage *sg*   Kabotage *fsg*

cabotage traffic   Kabotageverkehr *m*

cadmium *sg*   Kadmium *nsg*

calcium carbide   Calciumcarbid *n*
Kalziumkarbid *n*

calculate, to   kalkulieren

calculation of inventory   Bestandsrechnung *f*

calculation of probabilities   Wahrscheinlichkeitsrechnung *f*
Wahrscheinlichkeitsberechnung *f*

calculation of stock   Bestandsrechnung *f*

calendar   Kalender *m*

cam   Nocke *f*

cam keeper   Nockenhalterung *f*

campaign   Kampagne *f*

CAN bus technology   CAN-Bus-Technologie *f*

Canary Islands *pl*   Kanaren *pl*
Kanarische Inseln *fpl*

cancel a flight, to   einen Flug stornieren
einen Flug streichen

cancellation fee   Stornogebühr *f*

cancellation of a contract   Vertragsauflösung *f*

cancellation of an agreement   Vertragsauflösung *f*

cancer   Krebserkrankung *f*

capital account (asset account)   Vermögenskonto *n* (Aktivkonto)

capital account (passive account)	Kapitalkonto *n* (Passivkonto)
capital contribution	Kapitaleinlage *f*
capital structure indicators *pl*	Kennzahlen der Kapitalstruktur *fpl*
capsizing	Kentern *n*
capture (ship)	Aufbringung *f* (Schiff)
car	Personenkraftwagen/PKW *m*
	Auto *n*
	Kraftwagen *m*
	Automobil *n*
car body damage	Blechschaden *m*
car park (*BE*)	Parkplatz *m*
car radio	Autoradio *n*
car sharing	Carsharing *nsg*
car trailer	PKW-Anhänger *m*
carbon dioxide	Kohlendioxid *n*
	Kohlenstoffdioxid *n*
cardan shaft	Kardanwelle *f*
cardan shafts *pl*	Gelenkwellen *fpl*
cardboard box	Kartonschachtel *f*
	Pappkarton *m* (*ugs.*)
cardboard packaging	Kartonage *f*
care	Pflege *f*
careful	1. sorgfältig
	2. vorsichtig
careless	1. unvorsichtig
	2. fahrlässig
careless driving	fahrlässiges Fahren *nsg*
careless storage	unsachgemäße Lagerung *f*
careless worker	schlampiger Arbeiter *m*
cargo	Ladung *f*
cargo aircraft	Frachtflugzeug *n*
cargo aircraft only/CAO	Cargo Aircraft Only/CAO

C

C

cargo airline	Frachtfluggesellschaft *f*
cargo area	Ladefläche *f*
cargo control	Ladungskontrolle *f*
cargo fire	Ladungsbrand *m*
cargo insurance	Güterversicherung *f* Transportversicherung *f*
cargo officer	Ladungsoffizier *m*
cargo plane	Frachtflugzeug *n*
cargo rate	Frachtrate *f*
cargo securing	Ladungssicherung *f*
cargo securing equipment	Ladungssicherungsmittel *n*
cargo theft	Frachtdiebstahl *m* Ladungsdiebstahl *m*
cargo transport unit/CTU	Beförderungseinheit *f*
Caribbean	Karibik *f*
Caribbean Community and Common Market/CARICOM	Karibische Gemeinschaft/ CARICOM *f*
Caribbean Forum of African, Caribbean and Pacific States/ CARIFORUM	Karibikforum der AKP-Staaten/ CARIFORUM *n*
carnet	Zollbegleitschein *m*
Carnet ATA procedure	Carnet A.T.A–Verfahren *n*
Carnet TIR procedure	Carnet TIR–Verfahren *n*
carpet	Teppich *m*
carpool	Fahrgemeinschaft *f*
carport	Carport *m*
carriage	Beförderung *f*
carriage forward	unfrei
carriage of goods	Güterbeförderung *f*
carriage of goods of all kind	Beförderung von Gütern aller Art *f*
carriage of livestock	Beförderung lebender Tiere *f*
carriage of passengers	Fahrgastbeförderung *f*

carriage of standing passengers	Beförderung stehender Passagiere *f*
carrier	1. Frachtführer *m*
	2. Verfrachter *m*
	3. Fluggesellschaft *f*
carrier account	Frachtführerkonto *n*
carrier's liability	Frachtführerhaftung *f*
	Haftung des Frachtführers *f*
carry-on baggage *sg* (*AE*)	Handgepäck *nsg*
carry-on luggage *sg* (*BE*)	Handgepäck *nsg*
carrying	Beförderung *f*
	Transport *m*
cartage note	Rollkarte *f*
carwash	Autowaschstraße *f*
case of damage	Schadensfall *m*
case of loss	Schadensfall *m*
cash	1. Barzahlung *f*
	2. Bargeld *n*
cash discount rate	Skontosatz *m*
cash flow	Cashflow *m*
	Kapitalfluss *m*
cash flow rate	Cashflowrate *f*
cash in advance/c.i.a./CIA	Vorauskasse *f*
cash on delivery package	Nachnahmesendung *f*
cash on delivery parcel	Nachnahmesendung *f*
cash on delivery/COD	Nachnahme *f*
cash outlay costs *pl*	aufwandsgleiche Kosten *pl*
cash payment	Barzahlung *f*
cash with order/CWO	Zahlung bei Auftragserteilung *f*
cashier's check (*AE*)	Bankscheck *m*
Castor cask	Castorbehälter *m*
casualty insurance (*AE*)	Unfallversicherung *f*
cat (*coll.*)	Katalysator *m*
	Kat *m* (*ugs.*)

C

catalytic converter	Katalysator *m*
	Kat *m* (*ugs.*)
cattle lorry (*BE*)	Viehtransporter *m* (LKW)
cattle truck (*AE*)	Viehtransporter *m* (LKW)
Caucasia	Kaukasien *n* (Kaukasus)
Caucasus	Kaukasien *n* (Kaukasus)
causality	Kausalität *f*
cause	Ursache *f*
caustic potash	Kalilauge *f*
caustic soda *sg*	Ätznatron *nsg*
cell guide (container ship)	Zellenführung *f* (Containerschiff)
	Zellengerüst *n* (Containerschiff)
cell phone (*AE*)	Handy *n*
	Mobiltelefon *n*
cell phone number (*AE*)	Handynummer *f*
	Mobilnummer *f*
	Mobiltelefonnummer *f*
cellular phone (*AE*)	Handy *n*
	Mobiltelefon *n*
cellular vessel	Vollcontainerschiff *n*
	Zellenschiff *n*
Celsius	Celsius *n*
CEMT member states *pl*	CEMT-Mitgliedstaaten *mpl*
CEMT permit	CEMT-Genehmigung *f*
center line (*AE*) (road)	Mittellinie *f* (Straße)
center of gravity (*AE*)	Schwerpunkt *m*
center of gravity of the vehicle (*AE*)	Fahrzeugschwerpunkt *m*
Central Africa	Zentralafrika *n*
Central America	Zentralamerika *n*
Central Asia	Zentralasien *n*
central bus station	Zentraler Omnibusbahnhof/ZOB *m*
Central Customs Support Group/ ZUZ	Zentrale Unterstützungsgruppe Zoll/ZUZ *f*

Central Europe	Mitteleuropa *n* Zentraleuropa *n*
Central European Time/CET	Mitteleuropäische Zeit/MEZ *f*
central lubrication system	Zentralschmieranlage *f*
centralised (*BE*) / centralized (*AE*) lubrication	Zentralschmierung *f*
centre (*BE*) / center (*AE*) of gravity	Schwerpunktlage *f*
centre line (*BE*) (road)	Mittellinie *f* (Straße)
centre of gravity (*BE*)	Schwerpunkt *m*
centre of gravity of the vehicle (*BE*)	Fahrzeugschwerpunkt *m*
centrifugal force	Fliehkraft *f* Zentrifugalkraft *f*
CEP service	Kurier-Express und Paketdienst *m* KEP-Dienst *m*
certificate of exemption	Ausnahmegenehmigung *f*
certificate of insurance	Versicherungsschein *m* Versicherungspolice *f*
certificate of origin	Ursprungszeugnis *n*
certificate to transport and handle explosives in accordance with § 20 of the Explosives Act	Befähigungsschein nach § 20 Sprengstoffgesetz *m*
certified check (*AE*)	von der Bank bestätigter Scheck *m*
certified cheque (*BE*)	von der Bank bestätigter Scheck *m*
certified copy (e.g. of the community licence (*BE*) / license (*AE*))	beglaubigte Abschrift *f* (z.B. von der Gemeinschaftslizenz)
Certified Master Craftswoman, road transport	geprüfte Meisterin Kraftverkehr *f*
Certified Master, road transport	geprüfter Meister Kraftverkehr *m*
Certified Specialist in Freight Transport and Logistics	geprüfter Fachwirt für Güterverkehr und Logistik *m* geprüfte Fachwirtin für Güterverkehr und Logistik *f*

C

CFR
Cost and Freight ... named
port of destination

CFR
Kosten und Fracht ... benannter
Bestimmungshafen

chain — Kette *f*

chainage — Kilometrierung *f*

challenge, to
1. herausfordern
2. auffordern
3. bestreiten

Chamber of Industry and
Commerce/CIC

Industrie- und Handelskammer/
IHK *f*

chance — Chance *f*

change balance sheet — Veränderungsbilanz *f*

change gear — Wechselgetriebe *n*

changes in value *pl* — Wertveränderungen *fpl*

changing room — Umkleideraum *m*

Channel Tunnel
Eurotunnel *m*
Kanaltunnel *m* (GB-F)
Ärmelkanaltunnel *m*

charge — Gebühr *f*

charge exemption (fin.) — Abgabenbefreiung *f* (fin.)

charge of something, to be in — zuständig sein für etwas

charge, to — berechnen (fin.)

chargeable weight — frachtpflichtiges Gewicht *n*

charges *pl* (fin.) — Abgaben *fpl* (fin.)

chassis
Chassis *n*
Fahrgestell *n*
Fahrwerk *n*

check (*AE*) — Scheck *m*

check before driving (forklift) — Abfahrtskontrolle *f* (Stapler)

check digit — Prüfziffer *f*

check-up
1. Vorsorgeuntersuchung *f*
2. Nachuntersuchung *f* (med.)

check, to (e.g. the wheels) — prüfen (z.B. der Räder)

checked baggage *sg* (*AE*)	aufgegebenes Gepäck *nsg*
checked luggage *sg* (*BE*)	aufgegebenes Gepäck *nsg*
chemical	Chemikalie *f*
chemical binder	Chemikalienbinder *m*
	Chemikalienbindemittel *n*
chemical burn	Verätzung *f*
chemical industry	Chemieindustrie *fsg*
	Chemiewirtschaft *fsg*
	chemische Industrie *fsg*
	chemisches Gewerbe *nsg*
cheque (*BE*)	Scheck *m*
chilled goods *pl*	Kühlware *f*
chlorine bleach	Chlorbleiche *f*
chlorine *sg*	Chlor *nsg*
choice	Wahlmöglichkeit *f*
choose, to	aussuchen
	auswählen
chrome plated	verchromt
CIF	CIF
Cost, Insurance and Freight ...	Kosten, Versicherung und Fracht
named port of destination	... benannter Bestimmungshafen
cigar	Zigarre *f*
cigarette	Zigarette *f*
cigarette lighter	Zigarettenanzünder *m*
cigarillo	Zigarillo *f/m/n*
CIP	CIP
carriage, insurance paid to ...	Frachtfrei versichert ... benannter
named destination	Bestimmungsort
circumference (circle)	Umfang *m*
Citizens' Band Radio (amateur radio)	CB-Funk *m* (Jedermannfunk)
city bus	Stadtbus *m*
	Stadtlinienbus *m*

C

C

city logistics	City-Logistik *f*
civil commotions *pl*	innere Unruhen *fpl*
civil law	Zivilrecht *n*
civil war	Bürgerkrieg *m*
claim	1. Reklamation *f*
	2. Anspruch *m*
	3. Forderung *f*
claim adjuster	1. Sachverständiger der Versicherung *m*
	2. Schadensregulierer *m*
claim for damages	Schadensersatzanspruch *m*
claimant	1. Anspruchsberechtigter *m* / Anspruchsteller *m*
	2. Kläger *m*
claims assessment	Schadensfeststellung *f*
clamping beam	Klemmbalken *m*
class 1 Explosive substances and articles	Klasse 1 *f* Explosive Stoffe und Gegenstände mit Explosivstoffen
class 1.1 Substances and articles having a mass explosion hazard	Klasse 1.1 *f* Stoffe und Gegenstände, die massenexplosionsfähig sind
class 1.2 Substances and articles having a projection hazard but not a mass explosion hazard	Klasse 1.2 *f* Stoffe und Gegenstände, die die Gefahr der Bildung von Splittern, Spreng- und Wurfstücken ausweisen, aber nicht massenexplosionsfähig sind
class 1.3 Substances and articles having a fire hazard and either a minor blast hazard or a minor projection hazard or both, but not a mass explosion hazard	Klasse 1.3 *f* Stoffe und Gegenstände, die eine Feuergefahr besitzen und die entweder eine geringe Gefahr durch Luftdruck oder eine geringe Gefahr durch Splitter, Spreng- und Wurfstücke oder durch beide aufweisen, aber nicht massenexplosionsfähig sind

class 1.4
Substances and articles having a minor explosion hazard beyond the package in the event of ignition or initiation during transport

Klasse 1.4 f
Stoffe und Gegenstände, die im Falle der Entzündung oder Zündung während der Beförderung nur eine geringe Explosionsgefahr aufweisen, die Auswirkungen bleiben auf das Versandstück beschränkt

C

class 1.5
Very insensitive substances having a mass explosion hazard

Klasse 1.5 f
Sehr unempfindliche Stoffe, die massenexplosionsfähig sind

class 1.6
Extremely insensitive articles which do not have a mass explosion hazard

Klasse 1.6 f
Extrem unempfindliche Gegenstände, die nicht massenexplosionsfähig sind

class 2.1
Flammable gases

Klasse 2.1 f
Entzündbare Gase

class 2.2
Non-flammable and non-toxic gases

Klasse 2.2 f
Nicht entzündbare, nicht giftige Gase

class 2.3
Toxic gases

Klasse 2.3 f
Giftige Gase

class 3
Flammable liquids

Klasse 3 f
Entzündbare flüssige Stoffe

class 4.1
Flammable solids, self-reactive substances and desensitised explosives

Klasse 4.1 f
Entzündbare feste Stoffe, selbstzersetzliche Stoffe und desensibilisierte explosive Stoffe

class 4.2
Substances liable to spontaneous combustion

Klasse 4.2 f
Selbstentzündliche Stoffe

class 4.3
Substances which, in contact with water, emit flammable gases

Klasse 4.3 f
Stoffe, die in Berührung mit Wasser entzündliche Gase bilden

class 5.1
Oxidizing substances

Klasse 5.1 f
Entzündend (oxidierend) wirkende Stoffe

class 5.2	Klasse 5.2 *f*
Organic peroxides	Organische Peroxide
class 6.1	Klasse 6.1 *f*
Toxic substances	Giftige Stoffe
class 6.2	Klasse 6.2 *f*
Infectious substances	Ansteckungsgefährliche Stoffe
class 7A	Klasse 7A *f*
Radioactive materials category I – white	Radioaktive Stoffe Kategorie I – weiß
class 7B	Klasse 7B *f*
Radioactive materials category II – yellow	Radioaktive Stoffe Kategorie II – gelb
class 7C	Klasse 7C *f*
Radioactive materials category III – yellow	Radioaktive Stoffe Kategorie III – gelb
class 7E	Klasse 7E *f*
Fissile materials of class 7	Spaltbare Stoffe der Klasse 7
class 8	Klasse 8 *f*
corrosive substances	Ätzende Stoffe
class 9	Klasse 9 *f*
Miscellaneous dangerous substances and articles	Verschiedene gefährliche Stoffe und Gegenstände
class of carriage	Beförderungsklasse *f* (Güter)
Classification and Age Clause (DTV Cargo 2000/2011)	Klassifikations- und Altersklausel *f* (DTV-Güter 2000/2011)
classification code	Klassifizierungscode *m*
claw gearbox	Klauen-Schaltgetriebe *n*
clean	sauber
clean B/L	reines Konnossement *n*
clean bill of lading	reines Konnossement *n*
clean payment	einfache Rechnung *f* reine Zahlung *f*
cleaned	gereinigt
cleaning	Reinigung *f*

C

clearing formalities *pl*	Zollformalitäten *fpl*
clearly visible	1. gut einsehbar 2. gut sichtbar
client	1. Auftraggeber *m* 2. Kunde *m* 3. Mandant *m*
clinical waste	klinischer Abfall *m*
clipboard	Klemmbrett *n*
clipboards *pl*	Klemmbretter *npl*
clock	Uhr *f*
clocking (*BE*)	Tachomanipulation *f*
Closed Substance Cycle and Waste Management Act/KrW-/AbfG	Kreislaufwirtschafts- und Abfallgesetz/KrW-/AbfG *n*
closed systems *pl*	geschlossene Anlagen *fpl*
closed vehicle	gedecktes Fahrzeug *n*
closing balance	Schlussbilanz *f*
closing for cargo	Ladeschluss *m*
closing stock account	Schlussbestandskonto *n*
closure	Stilllegung *f* (Betrieb) Verschluss *m*
cloudburst	Wolkenbruch *m*
clutch (commercial vehicle)	Kupplung *f* (Nutzfahrzeug)
clutch pedal	Kupplungspedal *n*
CMR (Convention on the Contract for the International Carriage of Goods by Road)	CMR *f* (Internationale Vereinbarung über Beförderungsverträge auf Straßen)
CMR consignment note	CMR-Frachtbrief *m*
co-driver (in lorry/truck or bus)	Beifahrer *m* (LKW/Bus)
co-insure, to	mitversichern
CO2 footprint	CO_2-Fußabdruck *m*
coach (*BE*) (bus)	Reisebus *m*
coach parking guidance system	Reisebus-Parkleitsystem *f*

C

coastguard	Küstenwache *f*
cockpit voice recorder/CVR	Stimmenrecorder *m* (Flugzeug)
cocoa	Kakao *m*
coffee	Kaffee *m*
coffin ship	Seelenverkäufer *m*
cold	kalt
cold chain	Kühlkette *f*
cold cleaner	Kaltreiniger *m*
cold test current	Kälteprüfstrom *m*
collaboration	Zusammenarbeit *f*
collapsible container	Coltainer *m* zusammenlegbarer Container *m*
collar	Aufsatzrahmen für Paletten *m* Aufsetzrahmen für Paletten *m*
colleague	Arbeitskollege *m* Kollege *m*
collecting bank	Inkassobank *f*
collection	Abholung *f*
collection fee	Inkassogebühr *f*
collection order	Inkassoauftrag *m*
collective agreement	Tarifvertrag *m*
collective bargaining law for passenger transport	Tarifrecht Personenverkehr *m*
Cologne Pallet Exchange	Kölner Palettentausch *m* (mit Doppeltausch)
combination filter	Kombinationsfilter *m*
combination packaging (inner container with outer packaging that belong together and cannot be separated/dangerous goods)	Kombinationsverpackung *f* (Innengefäß mit einer Außenverpackung, die zusammengehören und nicht trennbar voneinander sind/Gefahrgut)
combined nomenclature/CN	Kombinierte Nomenklatur/KN *f*
combined transport	Kombiverkehr *m*

combined transport B/L	kombiniertes Transportkonnossement *n*
combined transport bill of lading	kombiniertes Transportkonnossement *n*
combined transport/CT	kombinierter Verkehr/KV *m*
combustion engine	Verbrennungsmotor *m*
comfort electronics	Komfortelektronik *f*
comfort seat	Komfortsitz *m*
commerce control list/CCL (*AE*)	Ausfuhrliste *f*
Commercial Code	Handelsgesetzbuch/HGB *n*
commercial register	Handelsregister *n*
commercial road haulage	gewerblicher Güterkraftverkehr *m*
commercial vehicle	Nutzfahrzeug/NFZ *n*
commercial vehicle washing system	Nutzfahrzeugwaschanlage *f*
Commercial Waste Ordinance	Gewerbeabfallverordnung/ GewAbfV *f*
commission	Provision *f*
commodities *pl*	Gebrauchsgüter *npl*
commodity	Handelsware *f* Ware *f*
common customs tariff/CCT	gemeinsamer Zolltarif *m*
common rail	Common Rail
communication	Kommunikation *f*
communication device	Kommunikationsgerät *n*
communication problems *pl*	Kommunikationsprobleme *npl*
Community authorisation (*BE*)	EU-Lizenz *f* Gemeinschaftslizenz *f*
Community authorization (*AE*)	EU-Lizenz *f* Gemeinschaftslizenz *f*
Community Customs Code/CC	Zollkodex der Gemeinschaften/ ZK *m*
Community customs territory	Zollgebiet der Gemeinschaft *n*

C

C

Community goods *pl*	Gemeinschaftsware *f*
Community product	Gemeinschaftsware *f*
community transit procedure	gemeinsames Versandverfahren/ gemVV/gV *n*
commuter traffic	Berufsverkehr *m*
company accounting (fin.)	Betriebsbuchhaltung *f* (fin.)
company agreement	Betriebsvereinbarung *f*
company balance sheet (fin.)	Unternehmensbilanz *f* (fin.)
company card	Unternehmenskarte *f*
company master data	Firmenstammdaten *pl*
company premises *pl*	Betriebsgelände *n*
comparable annual profit	vergleichbarer Jahresgewinn *m*
comparative calculation	Vergleichsrechnung *f*
compatibility group	Verträglichkeitsgruppe *f*
compensation (fin.)	1. Entschädigung *f* 2. Schadensersatz *m* 3. Vergütung *f* 4. Abfindung *f* (fin.)
compensation for consequential loss	Schadenersatz für Folgeschaden *m*
compensatory interest	Ausgleichszinsen *mpl*
competent body	1. sachverständige Stelle *f* 2. zuständige Stelle *f*
competent person	Sachkundiger *m*
complaint	1. Beschwerde *f* 2. Reklamation *f*
complaint (*AE*)	Klageschrift *f* Klagebegründung *f*
complaint period	Reklamationsfrist *f*
comply with, to	1. einhalten (befolgen) 2. entsprechen (z.B. Bedingungen) 3. erfüllen

composite packaging (inner container with outer packaging that belong together and cannot be separated/dangerous goods)	Kombinationsverpackung *f* (Innengefäß mit einer Außenverpackung, die zusammengehören und nicht trennbar voneinander sind/Gefahrgut)
compound interest	Zinseszins *m*
comprehensive insurance	Kaskoversicherung *f*
compressed	verdichtet
compressed air brake	Druckluftbremse *f*
compressed air *sg*	Druckluft *fsg*
compressed gas	verdichtetes Gas *n*
compulsory insurance	Versicherungspflicht *f*
compulsory membership	Pflichtmitgliedschaft *f*
concession	Konzession *f*
concessionaires *pl*	Konzessionäre *mpl*
conclusion of a contract	Vertragsabschluss *m*
conclusion of an agreement	Vertragsabschluss *m*
conclusive action	schlüssiges Handeln *n*
concrete safety barrier	Betonschutzwand *f*
concrete step barrier	Betonschutzwand *f*
condition	1. Bedingung *f* 2. Zustand *m*
conditions of a contract *pl*	Vertragsbedingungen *fpl*
conditions of carriage *pl*	Beförderungsbedingungen *fpl*
condominium (pol.)	Kondominium *n*
confirmation of cover	Deckungszusage *f* (mündlich)
confirmation of order	Auftragsbestätigung *f*
confirmed	bestätigt
confirmed L/C	bestätigtes Akkreditiv *n*
confirmed letter of credit	bestätigtes Akkreditiv *n*
confiscation	Beschlagnahme *f* Beschlagnahmung *f*

C

Confiscation Clause (DTV Cargo 2000/2011)	Beschlagnahmeklausel *f* (DTV-Güter 2000/2011)
conflict avoidance	Konfliktvermeidung *f*
conflict management	Konfliktbewältigung *f*
conflict of targets *pl*	Zielkonflikte *mpl*
connecting elements	Verbindungselemente *npl*
consequential damage	Folgeschaden *m*
consequential damage to goods	Güterfolgeschäden *mpl*
consequential loss	Folgeschaden *m*
consequential loss insurance	Folgeschadenversicherung *f*
Consequential Losses Clause (DTV Cargo 2000/2011)	Güterfolgeschadenklausel *f* (DTV-Güter 2000/2011)
consignee	Empfänger *m*
consignment	Sendung *f*
consignment note	Frachtbrief *m*
consignor	1. Absender *m* 2. Verfrachter *m* 3. Versender *m* 4. Verlader *m*
consistent	konsequent
consolidated B/L	Sammelkonnossement *n*
consolidated bill of lading	Sammelkonnossement *n*
consolidated cargo	Sammelgut *n*
consolidation	Sammelladung *f*
construction site warning system	Baustellenwarnsystem *n*
consul	Konsul *m*
Consular and Import Documentation Requirements/KuM *pl*	Konsulats- und Mustervorschriften/ KuM *fpl*
consular declaration	Konsulatserklärung *f*
consular invoice	Konsulatsfaktura *f*
consulate	Konsulat *n*
consulate general	Generalkonsulat *n*

consumer goods *pl*	Gebrauchsgüter *npl*
	Verbrauchsgüter *npl*
consumption control	Verbrauchskontrolle *f*
consumption curve	Verbrauchskennlinie *f*
contact details *pl*	Kontaktdaten *pl*
contact lens	Kontaktlinse *f*
container (according to BDF standard)	Container *m* (nach BDF Norm)
container crane	Containerbrücke *f*
container crane operator	Brückenfahrer *m*
	Brückenkranführer *m*
container dimensions *pl*	Containerabmessungen *fpl*
container freight station/CFS	Containerfrachtstation/CFS *f*
	Containerpackstation/CFS *f*
container identification system/CIS	Container-Identifizierungssystem/ CIS *n*
container packing certificate	Containerpackzertifikat *n*
container revolution	Containerrevolution *f*
Container Security Initiative/CSI	Container Security Initiative/CSI *f*
container ship	Containerschiff *n*
container sweat	Containerschweiß *m*
container terminal/CT	Containerterminal/CT *m/n*
container traffic	Containerverkehr *m*
container vessel	Containerschiff *n*
containerisation (*BE*)	Containerisierung *f*
containerization (*AE*)	Containerisierung *f*
contamination	Kontamination *f*
	Kontaminierung *f*
content with, to be	zufrieden sein mit
contiguous zone	Anschlusszone *f*
Contingency and DIC Insurance Clause (DTV Cargo 2000/2011)	Schutz- und Konditionsdifferenzversicherungsklausel *f* (DTV-Güter 2000/2011)

C

C

contingent (coll.)	kontingentiert (ugs.)
Continued Remuneration Act (fin.)	Entgeltfortzahlungsgesetz *n* (fin.)
contra bonos mores	sittenwidrig
contract	Vertrag *m*
contract bond cover	Vertragsgarantiedeckung *f*
contract in writing	schriftlicher Vertrag *m*
contract law	Vertragsrecht *n*
contract of carriage	Frachtvertrag *m*
contract of surety	Bürgschaftsvertrag *m*
contract penalty	Vertragsstrafe *f*
	Konventionalstrafe *f*
contractual carrier	vertraglicher Frachtführer *m*
contractual penalty	Vertragsstrafe *f*
	Konventionalstrafe *f*
contribution assessment ceiling (fin.)	Beitragsbemessungsgrenze *f* (fin.)
contribution margin analysis	Deckungsbeitragsanalyse *f*
contribution margin per department	Deckungsbeitrag je Abteilung *m*
contribution margin per order	Deckungsbeitrag je Auftrag *m*
control card	Kontrollkarte *f*
control device	Kontrollgerät *n*
control of the flow of goods	Kontrolle der Warenströme *f*
control temperature	Kontrolltemperatur *f*
controlling instrument	Controllinginstrument *n*
controlling strategy	Controllingstrategie *f*
convention	1. Abkommen *n*
	2. Übereinkommen *n*
Convention Concerning International Carriage by Rail/COTIF	Übereinkommen über den internationalen Eisenbahnverkehr/ COTIF *n*
Convention on the International Trade in Endangered Species of Wild Fauna and Flora/CITES	Übereinkommen über den internationalen Handel mit gefährdeten Arten freilebender Tiere und Pflanzen/CITES *n*

Convention on the International Trade in Endangered Species of Wild Fauna and Flora/CITES	Washingtoner Artenschutzabkommen/WA *n*
conversion	Umwandlung *f*
conversion process	Umwandlungsverfahren *n*
convert, to	umwandeln
converter clutch	Wandlerschaltkupplung/WSK *f*
convertible	Cabrio *n* Cabriolet *n*
convoy	Kolonne *f* Konvoi *m*
coolant	Kühlflüssigkeit *f* Kühlmittel *n*
cooling	Kühlung *f*
cooling unit	Kühlaggregat *n*
cooperation	Zusammenarbeit *f*
Coordinated Universal Time/UTC	koordinierte Weltzeit/UTC *f*
copper *sg*	Kupfer *nsg*
copy	1. Exemplar *n* 2. Durchschlag *m* 3. Kopie *f*
corner casting	Eckbeschlag *m*
corner post	Eckpfosten *m*
corner protector	Kantenschoner *m*
cornering ability	Kurvenverhalten *m*
cornering force	Seitenführungskraft *f*
corporate business results *pl*	Unternehmensergebnis *n*
corporate fixed costs *pl*	unternehmensfixe Kosten *pl*
corporate master data	Firmenstammdaten *pl*
corporate profit and loss results *pl*	Unternehmensergebnis *n* (GuV)
corporate register	Unternehmensregister *n*
corporation (fin.)	Kapitalgesellschaft *f* (fin.)
corroded	korrodiert

C

C

corrosive	ätzend
corrugated board	Wellpappe *f*
corrugated cardboard	Wellpappe *f*
cosmetics *pl*	Kosmetik *fsg*
cost accounting (fin.)	Kostenrechnung *f* (fin.)
cost allocation	Kostenumlage *f*
cost awareness	Kostenbewusstsein *n*
cost calculation (fin.)	Kostenkalkulation *f* (fin.)
cost causation	Kostenverursachung *f*
cost center (*AE*)	Kostenstelle *f*
cost center accounting (*AE*)	Kostenstellenrechnung *f*
cost center direct costs (*AE*)	Kostenstelle *f* (Einzelkosten)
cost center overhead costs (*AE*)	Kostenstelle *f* (Gemeinkosten)
cost centre (*BE*)	Kostenstelle *f*
cost centre accounting (*BE*)	Kostenstellenrechnung *f*
cost centre direct costs (*BE*)	Kostenstelle *f* (Einzelkosten)
cost centre overhead costs (*BE*)	Kostenstelle *f* (Gemeinkosten)
cost comparison	Kostenvergleich *m*
cost determination problem (fin.)	Kostenermittlungsproblem *n* (fin.)
cost developement	Kostenentwicklung *f*
cost element separation (fin)	Kostenartentrennung *f* (fin)
Cost of Relocation and Protection of Property Clause (DTV Cargo 2000/2011)	Bewegungs- und Schutzkosten-klausel *f* (DTV-Güter 2000/2011)
cost price	Selbstkostenpreis *m*
cost structure	Kostenstruktur *f*
cost type	Kostenart *f*
cost unit	Kostenträger *m*
cost-accounting correction	kostenrechnerische Korrektur *f*
costs block	Kostenblock *m*
costs of customs clearance *pl*	Verzollungskosten *pl*

count, to	zählen
counter guarantee	Avalgarantie *f*
counterbalance forklift	Gegengewichtsgabelstapler *m*
counterweight	Gegengewicht *n*
country of departure	Abgangsland *n*
country of destination	Bestimmungsland *n*
county roads *pl*	Kreisstraßen *fpl*
couple, to	ankuppeln
coupling	Kupplung *f* (Befüllen)
coupling jaw	Fangmaul *n* Zugmaul *n*
coupling pin	Kupplungsbolzen *m*
courier	Kurier *m*
courier express parcels service	KEP-Dienst *m* Kurier-Express und Paketdienst *m*
courier service	Kurierdienst *m*
court	Gericht *n*
cover note	Deckungszusage *f* (schriftlich)
cover sheeting	Abdeckfolie *f*
coverage gap	Deckungslücke *f*
CPT carriage paid to ... named destination	CPT Frachtfrei ... benannter Bestimmungsort
crack	Riss *m*
craft business	Handwerksbetrieb *m*
crane	Kran *m*
crane driver	Kranführer *m*
crane driver licence (*BE*)	Kranführerschein *m*
crane driver's license (*AE*)	Kranführerschein *m*
crane operator	Kranführer *m*
crane operator licence (*BE*)	Kranführerschein *m*
crane operator's license (*AE*)	Kranführerschein *m*

C

crane technology (unaccompanied transport)	Krantechnik *f* (unbegleiteter Verkehr)
crane work *sg*	Kranarbeiten *fpl*
crash barrier	Schutzplanke *f* Leitplanke *f*
crash cushion	Anpralldämpfer *m*
crash helmet (motorcycle)	Motorradhelm *m* Schutzhelm *m* (Motorrad) Sturzhelm *m* (*ugs.*) (Motorrad)
crash site	Absturzstelle *f*
crash test	Crashtest *m*
crate	1. Verschlag *m* 2. Steige *f* 3. Lattenkiste *f*
crawler crane	Raupenkran *m*
credit note	Gutschrift *f*
credit rating	Kreditrating *n*
credit, to	gutschreiben
creditor	Kreditor *m*
creditor days	Kreditorenziel *n*
criminal law	Strafrecht *n* Kriminalrecht *n*
criticality	Kritikalität *f*
criticality safety index/CSI	Kritikalitätssicherheitskennzahl/ CSI *f*
cross-border private haulage	grenzüberschreitender Werkverkehr *m*
cross-border road haulage	grenzüberschreitender Güterkraftverkehr *m*
cross-border shipment	grenzüberschreitende Verbringung *f*
cross-border traffic	grenzüberschreitender Verkehr *m* Wechselverkehr *m*

C

crossing guard (*AE*)	Verkehrshelfer *m*
	Schülerlotse *m*
crossroads *pl* (*BE*)	Straßenkreuzung *f*
crosswalk (*AE*)	Fußgängerübergang *m*
	Fußgängerüberweg *m*
	Zebrastreifen *m*
crosswind	Seitenwind *m*
cruise control	Tempomat *m* (® Daimler AG)
	Geschwindigkeitsregelanlage/GRA *f*
cryogenic container	Kryobehälter *m*
CSC plate (Container Safety Convention)	CSC-Plakette *f* (Container Safety Convention)
cubage	Rauminhalt *m*
	Kubatur *f*
cubature	Rauminhalt *m*
	Kubatur *f*
curb (*AE*)	1. Bordstein *m*
	2. Seitenstreifen *fpl*
curb cut (*AE*)	abgesenkte Bordsteinkante *f*
curbside (*AE*)	Bordsteinkante *f*
curbstone (*AE*)	Bordstein *m*
curious	neugierig
currency	Währung *f*
currency fluctuation	Währungsschwankung *f*
curtain side tarpaulin	Gardinenplane *f*
curtainsider tautliner (® Boalloy Industries Ltd.)	Gardinenplanenauflieger *m*
curtainsider	Schiebeplanenauflieger *m*
custodial liability	Obhutshaftung *f*
custody	1. Obhut *fsg*
	2. Untersuchungshaft *fsg*
customary international law	Völkergewohnheitsrecht *n*

C

customer	Kunde *m*
customer care	Kundenbetreuung *f*
customer service	Kundenbetreuung *f*
customs	Zoll *m*
customs agency	Zollagentur *f*
customs agent	Zollagent *m*
customs airport	Zollflugplatz *m*
customs area	Amtsplatz *m*
	Zollbereich *m*
	Zollgebiet *n*
customs authority	Zollbehörde *f*
customs boundary	Zollgrenze *f*
customs broker	Zollagent *m*
customs certificate	Zollbefund *m*
customs certificate of approval	Zollverschlussanerkenntnis *f*
customs check	Zollkontrolle *f*
customs clearance	Zollabfertigung *f*
Customs Code/CC	Zollkodex/ZK *m*
customs concessions *pl* (preferential measures)	Zollvergünstigungen *fpl* (Präferenzmaßnahmen)
customs container	Zollbehältnis *n*
customs control	Zollkontrolle *f*
Customs Criminal Investigation Office/ZKA	Zollkriminalamt/ZKA *n*
customs debt of exportation	Ausfuhrzollschuld *f*
customs debt of importation	Einfuhrzollschuld *f*
customs declaration	Zollanmeldung *f*
	Zollerklärung *f*
customs document	Zolldokument *n*
	Zollpapier *n*
customs duty	Zollgebühr *f*
	Zollabgabe *f*
	Zoll *m* (Abgabe)

customs enclave	Zollauschlussgebiet *n*
customs exemption	Zollbefreiung *f*
customs formalities *pl*	Zollformalitäten *fpl*
customs fraud	Abgabebetrug *m* Zollbetrug *m*
customs frontier	Zollgrenze *f*
customs inspection	Zollbeschau *f*
customs investigation	Zollfahndung *f*
customs investigation office	Zollfahndungsamt *n*
customs invoice	Zollfaktura *f*
customs number	Zollnummer *f*
customs office	Zollamt *n* Zollstelle *f*
customs office of departure	Abgangszollstelle *f*
customs office of exit	Ausgangszollstelle *f*
customs officer	Zollbeamter *m*
customs official	Zollbeamter *m*
customs *pl* (authority)	Zoll *m* (Behörde)
customs *pl* (conventions)	Gebräuche *mpl* Gepflogenheiten *fpl* Sitten *fpl*
customs procedure	Zollverfahren *n*
customs procedures with economic impact	Zollverfahren mit wirtschaftlicher Bedeutung *n*
customs procedures with economic significance	Zollverfahren mit wirtschaftlicher Bedeutung *n*
customs registration	zollamtliche Erfassung *f*
customs regulations *pl*	Zollbestimmungen *fpl* zollrechtliche Vorschriften *fpl*
customs seal	1. Zollplombe *f* 2. Zollverschluss *m*
customs simplifications *pl*	zollrechtliche Vereinfachungen *fpl*
customs status	zollrechtlicher Status *m*

C

customs territory	Zollgebiet n
customs union	Zollanschlussgebiet n
	Zollunion f
customs value	Zollwert m
customs warehousing procedure	Zolllagerverfahren n
customs-approved closure	zollsicherer Verschluss m
customs-approved treatment	zollrechtliche Bestimmung f
cycle lane (BE)	Fahrradweg m
	Radweg m
cycle track (BE)	Fahrradweg m
	Radweg m
cylinder bundle	Flaschenbündel n
cylinder head	Zylinderkopf m
cylinder head gasket	Zylinderkopfdichtung f
cylinder rack	Flaschenhalterung f
cylindrical tank	Rundtank m

D

DAF	DAF
delivered at frontier ... named place of delivery	Geliefert Grenze ... benannter Ort
daily	täglich
daily driving time	Tageslenkzeit f
	tägliche Lenkzeit f
daily rest period	Tagesruhezeit f
daily rest time	tägliche Ruhezeit f
daily trips pl	Tagesfahrten fpl
daily value	tagesaktueller Wert m
damage case	Schadensfall m
damage event	Schadensfall m
damage in transit	Transportschaden m
damage incident	Schadensereignis n

damage protocol	Schadensprotokoll *n*
damage report	1. Schadenanzeige *f*
	2. Schadensprotokoll *n*
damage to goods	Güterschaden *m*
damaged cargo	beschädigte Fracht *f*
	beschädigte Ladung *f*
damaged package	beschädigtes Versandstück *n*
damages *pl*	Schadensersatz *m*
damper (*AE*)	Stoßdämpfer *m*
damping	Dämpfung *f*
danger area	Gefahrengebiet *n*
danger of bursting	Berstgefahr *f*
danger of explosion	Explosionsgefahr *f*
danger of suffocation	Erstickungsgefahr *f*
danger zone	Gefahrenbereich *m*
dangerous	gefährlich
dangerous cargo	gefährliche Fracht *f*
	gefährliche Ladung *f*
dangerous goods	gefährliche Güter *npl*
Dangerous Goods Advisor Ordinance/DGAO	Gefahrgutbeauftragtenverordnung/ GbV *f*
dangerous goods class	Gefahrgutklasse *f*
	Klasse der gefährlichen Güter *f*
dangerous goods declaration/DGD	Gefahrguterklärung *f*
dangerous goods driver hazardous materials driver	Gefahrgutfahrer *m*
dangerous goods *pl*	Gefahrgut *n* (Beförderung)
dangerous goods safety advisor/ DGSA	Gefahrgutbeauftragter/Gb *m*
dangerous substance	Gefahrstoff *m*
DAP delivered at place ... named destination	DAP Geliefert an Ort ... benannter Bestimmungsort

D

DAT	DAT
delivered at terminal ... named terminal	Geliefert an Terminal ... benanntes Terminal
data logger	Datenlogger *m*
	Logger *m*
date	Datum *n*
date of acquisition	Anschaffungszeitpunkt *m*
date of dispatch	Versanddatum *n*
date of issue	Ausstellungsdatum *n*
date of shipment	Versanddatum *n*
day	Tag *m*
day after tomorrow, the *sg*	übermorgen
day before yesterday, the *sg*	vorgestern
daybook	1. Grundbuch *n*
	2. Journal *n*
daytime driving lights *pl*	Tagfahrleuchten *fpl*
daytime running light	Tagfahrlicht *n*
DDP	DDP
delivered duty paid ... named place of destination	Geliefert verzollt ... benannter Bestimmungsort
DDU	DDU
delivered duty unpaid ... named place of destination	Geliefert unverzollt ... benannter Bestimmungsort
de-icing salt	Auftausalz *n*
	Streusalz *n*
	Tausalz *n*
dead freight	Fautfracht *f*
	Fehlfracht *f*
	Ausfallfracht *f*
	Reuefracht *f*
deadline	1. Frist *f*
	2. Fristablauf *m*
	3. Termin *m*
death	Tod *m*

debt	Schuld *f* (Zahlungsverpflichtung)
debt capital coverage	Fremdkapitaldeckung *f*
debt ratio	Fremdkapitalquote *f*
debtor days *pl*	Debitorenziel *n*
deceleration lane	Verzögerungsspur *f*
	Verzögerungsstreifen *m*
December	Dezember *m*
declarant (customs)	Zollanmelder *m*
	Anmelder *m* (Zoll)
declaration of intent	Willenserklärung *f*
declaration of intention	Willenserklärung *f*
declaration of origin	Ursprungserklärung *f*
declaration of value	Wertdeklaration *f*
decontamination	Dekontamination *f*
	Dekontaminierung *f*
deductible (*AE*)	Selbstbehalt *m*
	Selbstbeteiligung *f*
deductible franchise	Abzugsfranchise *f*
defect description	Fehlerbeschreibung *f*
defect notices *pl* (coll.)	Mängelrügefristen *fpl* (ugs.)
deferment account	Aufschubkonto *n*
deferred freight payment	Frachtstundung *f*
deferred L/C	Nachsichtakkreditiv *n*
	Zielakkreditiv *n*
deferred payment	gestundete Zahlung *f*
deferred payment letter of credit	Nachsichtakkreditiv *n*
	Zielakkreditiv *n*
deferring	Aufschub *m*
deficit	Manko *n*
deflagration	Deflagration *f*
degassing	Entgasen *n*
degree	Grad *m*

D

D

degree of disability	Invaliditätsgrad *m*
degree of filling	Füllgrad *m*
delay	1. Verspätung *f*
	2. Verzögerung *f*
delay in delivery	Lieferverzug *msg*
delay of payment	Zahlungsverzug *m*
delay, to	1. aufschieben
	2. verschieben
	3. verzögern
delicacies *pl*	Feinkost *fsg*
delineator	Leitpfosten *m*
delivered free	frei Haus
delivery	Ablieferung *f*
	Zustellung *f*
delivery date	Lieferzeitpunkt *m*
delivery deadline	Lieferfrist *f*
delivery disruption	Ablieferungshindernis *n*
delivery note	Lieferschein *m*
delivery period	Lieferzeitraum *m*
delivery terms *pl*	Lieferbedingungen *fpl*
delivery time	Lieferzeit *f*
delivery time exceeded	Lieferfristüberschreitung *f*
delivery value	Lieferwert *m*
demijohn	Korbflasche *f*
demountable tank *sg* (capacity of more than 450 litres (BE) liters (AE), built for transshipment)	Aufsetztank *m* (Fassungsraum von mehr als 450 Liter, ist für den Umschlag gebaut)
demurrage	Standgeld *n* (LKW)
department	Abteilung *f*
department results *pl*	Abteilungsergebnis *n*
departmental fixed costs *pl*	abteilungsfixe Kosten *pl*
departure station	Abfahrtsbahnhof *m*

deportation	Abschiebung *f*
deposit	Anzahlung *f*
depreciating	ablehnend
depreciation (fin.)	Abschreibung *f* (fin.)
depreciation chart	AfA-Tabelle *f* (Abschreibungen für Anlagegüter)
depreciation methods *pl*	Abschreibungsmethoden *fpl*
depth	Tiefe *f*
DEQ	DEQ
delivered ex quay ... named port of delivery	Geliefert ab Kai ... benannter Bestimmungshafen
derailment	Entgleisung *f*
Derelict Weapons of War Clause (DTV Cargo 2000/2011)	Kriegswerkzeugklausel *f* (DTV-Güter 2000/2011)
DES	DES
delivered ex ship ... named port of delivery	Geliefert ab Schiff ... benannter Bestimmungshafen
desiccant	Trockenmittel *n*
destination	1. Bestimmung *f* (Ort/Ziel) 2. Flugziel *n* 3. Löschhafen *m*
destination airport	Zielflughafen *m*
destination display	Fahrtzielanzeiger *m* (S-Bahn/Bus)
destination principle *sg*	Bestimmungslandprinzip *nsg*
destruction	Vernichtung *f* Zerstörung *f*
detach, to	absatteln
detail	Detail *n* Einzelheit *f*
detention	Containerstandgebühr für verspätete Leercontainerrücklieferung *f*
detention pending deportation	Abschiebehaft *fsg* Abschiebungshaft *fsg*

D

D

determination of the route	Fahrwegbestimmung *f*
detonating cord	Sprengschnur *f*
detonating gas	Knallgas *n*
detonation	Detonation *f*
detonator (*BE*)	Knallkapsel *f*
deviation (ship)	Deviaton *f* (Schiff)
deviation insurance	Deviationsversicherung *f*
diagonal lashing method	Diagonalzurrverfahren *n*
diameter	Durchmesser *m*
diesel	Diesel *m*
	Dieselkraftstoff *m*
diesel engine	Dieselmotor *m*
diesel fuel	Diesel *m*
	Dieselkraftstoff *m*
diesel particulate filter	Dieselpartikelfilter *m*
	Dieselrußpartikelfilter *m*
different	anders
	unterschiedlich
differential gear	Differenzialgetriebe *n*
differential lock	Differentialsperre *f*
difficult	schwer
	schwierig
digital maintenance and repair management	Digitales Wartungs- und Reparaturmanagement *n*
digital route planning	digitale Routenplanung *f*
digital tachograph	digitaler Fahrtenschreiber *m*
	digitaler Tachograph *m*
	digitales Kontrollgerät *n*
diligent	1. fleißig
	2. sorgfältig
dimension	Abmessung *f*
diplomat	Diplomat *m*

diplomatic bag (*BE*)	Diplomatengepäck *nsg* Diplomatenpost *fsg*
diplomatic corps/CD	diplomatisches Corps/CD *n*
diplomatic passport	Diplomatenpass *m*
diplomatic pouch (*AE*)	Diplomatengepäck *nsg* Diplomatenpost *fsg*
dipped-beam headlamp (*BE*) low-beam headlamp (*AE*)	Hauptscheinwerfer *m* Frontscheinwerfer *m*
dipped-beam headlight (*BE*)	1. Frontscheinwerfer *m* / Haupt- scheinwerfer *m* 2. Abblendlicht *n*
dire straits *pl*	arge Not *f* schwere Zeiten *fpl*
direct cost center (*AE*)	Hauptkostenstelle *f*
direct cost centre (*BE*)	Hauptkostenstelle *f*
direct costs *pl*	Einzelkosten *pl*
direct debit	Lastschrift *f*
direct debit authorisation (*BE*)	Einzugsermächtigung *f*
direct debit authorization (*AE*)	Einzugsermächtigung *f*
direct insurance	Direktversicherung *f*
direct insurer	Direktversicherer *m*
direct lashing	Direktzurrung *f*
direct tax	direkte Steuer *f*
direct traffic	Direktverkehr *m*
direct transport	Direkttransport *m*
direct transshipment	Direktumschlag *m*
directions *pl*	Anfahrtsbeschreibung *f* Wegbeschreibung *f*
directive	1. Richtlinie *f* 2. Weisung *f*
dirt *sg*	Dreck *msg* Schmutz *msg*
dirt-sensitive	schmutzempfindlich

D

D

dirty	dreckig
	schmutzig
disability	Invalidität *f*
disc (*BE*) / disk (*AE*) brake	Scheibenbremse *f*
disc (*BE*) / disk (*AE*) cleaning system	Scheibenreinigungsanlage *f*
discard, to	1. ausrangieren
	2. ausscheiden
	3. aussondern
	4. ablegen
discharged battery	leere Batterie *f*
discomfort	Unwohlsein *n*
discount	Skonto *m/n*
dishonest	unehrlich
dishpan hands *pl* (*coll.*)	Spülhände *fpl* (*ugs.*)
disloyal	illoyal
dismemberment schedule	Gliedertaxe *f*
dismissal	Kündigung *f*
Dismissal Protection Act	Kündigungsschutzgesetz/KSchG *n*
dispatch *sg*	Versand *msg*
dispatch, to	1. abfertigen
	2. befördern
	3. versenden
dispatcher	Disponent *m*
display package	Displayverpackung *f*
disposable packaging	Einwegverpackung *f*
disposal	Entsorgung *f*
disposal logistics	Entsorgungslogistik *f*
dissolution of contract	Vertragsauflösung *f*
distance	Distanz *f*
distress at sea	Seenot *fsg*
distress sale	Notverkauf *m*
distribution centre (*BE*), center (*AE*)	Verteilcenter *n*

distribution logistics	Distributionslogistik *f*
distributor arm	Verteilerfinger *m*
distributor cap	Verteilerkappe *f*
disturbances *pl*	Unruhen *fpl*
ditch	Straßengraben *m*
diversion	Umleitung *f*
divert, to	umleiten (Verkehr)
do a good job, to	gute Arbeit leisten
dock worker	Hafenarbeiter *m*
docker	Hafenarbeiter *m*
doctor	Arzt *m*
document	Dokument *n*
document of title to goods	Traditionspapier *n*
document, to	dokumentieren
documentary letter of credit L/C	Akkreditiv *n* Dokumentenakkreditiv *n*
documentation	Dokumentation *f*
documents against acceptance / D/A *pl*	Dokumente gegen Akzept / D/A *npl*
documents against payment / D/P *pl*	Dokumente gegen Zahlung / D/P *npl*
dolly (*AE*) (tool)	Sackkarre *f* Stechkarre *f*
dome cover	Domdeckel *m*
dome cover seal	Domdeckeldichtung *f*
donning tank (capacity of more than 450 litres (BE) liters (AE), built for transshipment)	Aufsetztank *m* (Fassungsraum von mehr als 450 Litern, ist für den Umschlag gebaut)
door	Tür *f*
door gasket	Türdichtung *f*
door header	Türobergurt *m*
door lock	Türschloss *n*
door locking bar	Türverschlussstange *f*

D

door sill	Türuntergurt *m*
door-to-door clause	Haus-zu-Haus-Klausel *f*
door-to-door delivery	Haus-Haus-Verkehr *m*
door-to-door transport	Haus-Haus-Verkehr *m*
dose limit	Dosisgrenzwert *m*
dose rate	Dosisleistung *f*
dosimeter	Dosimeter *n*
double axle load	Doppelachslast *f*
double compartment tank	Zweikammertank *m*
double coupling	Doppelkupplung *f*
double decker	Doppeldeckbus *m*
	Doppeldecker *m* (Bus)
	Doppeldeckerbus *m*
	Doppelstockbus *m*
double insurance	Doppelversicherung *f*
double wall corrugated board	zweiwellige Wellpappe *f*
double yellow lines *pl* (in UK)	gelbe Doppellinie *f*
	(Halteverbot in UK)
double-articulated bus	Doppelgelenkbus *m*
double-decker bus	Doppeldeckbus *m*
	Doppeldecker *m* (Bus)
	Doppeldeckerbus *m*
	Doppelstockbus *m*
double-decker lorry (*BE*)	Doppelstock-LKW *m*
double-decker truck (*AE*)	Doppelstock-LKW *m*
double-hull tanker	Doppelhüllentanker *m*
	Zwei-Hüllen-Tanker *m*
double-park, to	in zweiter Reihe parken
double-stack car (*AE*)	Doppelstock-Containertragwagen *m*
down payment	Anzahlung *f*
downhill	bergab
downstream group transmission	Nachschaltgruppe *f*

D

DPU	DPU
delivered at place unloaded	Geliefert benannter Ort entladen
draft (fin.)	1. Entwurf *m*
	2. gezogener Wechsel *m* / Tratte *f*
	3. Wechsel *m* (fin.)
drain	1. Straßenablauf *m* / Gully *m/n*
	2. Abfluss *m*
drain seal	Kanalabdeckung *f*
drain valve	Entleerungsventil *n*
drawbar	Deichsel *f*
	Zuggabel *f*
drawbar combination	Gliederzug *m*
	Hängerzug *m*
drawbar eye	Kupplungsauge *n*
	Zugöse *f*
drawbar load	Stützlast *f*
drawbar trailer	Deichselanhänger *m*
drawbridge	Klappbrücke *f*
drawee (fin.)	Trassat *m*
drawer (fin.)	Trassant *m*
drawn bill of exchange	gezogener Wechsel *m*
	Tratte *f*
drink	Getränk *n*
drive train	Antriebsstrang *m*
drive-through axle	Durchtriebsachse *f*
driver card	Fahrerkarte *f*
driver information system	Fahrerinformationssystem/FIS *n*
driver qualification *sg*	Fahrerqualifikation *f*
driver restraint system	Fahrerrückhaltesystem *n*
driver safety training	Fahrsicherheitstraining *n*
	Sicherheitstraining/SHT *n*
driver's cab	Fahrerkabine *f*
	Führerhaus *n*

D

driver's licence regulation (*BE*)	Fahrerlaubnisverordnung/FeV *f*
driver's license (*AE*)	Führerschein *m* Fahrerlaubnis *f*
driver's license law (*AE*)	Führerscheinrecht *n*
driver's license regulation (*AE*)	Fahrerlaubnisverordnung/FeV *f*
driver's seat	Fahrersitz *m*
driving aptitude register	Fahreignungsregister/FAER *n*
driving ban	Fahrverbot *n*
driving dynamics regulation	Fahrdynamikregelung/FDR *f*
driving instruction	Fahrhinweis *m*
driving instructor	Fahrlehrer *m*
driving interruption	Fahrtunterbrechung *f*
driving licence (*BE*)	Führerschein *m* Fahrerlaubnis *f*
driving licence law (*BE*)	Führerscheinrecht *n*
driving physics	Fahrphysik *f*
driving resistance	Fahrwiderstand *m*
driving safety center (*AE*)	Fahrsicherheitszentrum *n*
driving safety centre (*BE*)	Fahrsicherheitszentrum *n*
driving school	Fahrschule *f*
driving time	Lenkzeit *f*
driving time and rest periods *pl*	Lenk- und Ruhezeiten *fpl*
driving time double week	Lenkzeit Doppelwoche *f*
driving time exceeded	Lenkzeitüberschreitung *f*
driving without attention mode/ DWAM	Autobahnhypnose *f* Autobahntrance *f* Polderblindheit *fsg* (*ugs.*)
drizzle	Niesel *m* Nieselregen *m*
dropped kerb (*BE*)	abgesenkte Bordsteinkante *f*
drug	Droge *f*
dry	trocken

D

dry air filter	Trockenluftfilter *m*
dry bulk	Schüttgut *n*
dry bulk cargo	Schüttgut *n*
dry ice *sg*	Trockeneis *nsg*
dry-bulk container	Schüttgutcontainer *m*
DTV – German Standard Terms and Conditions of Insurance for Ocean-Going Vessels 2009/ DTV-ADS 2009 *pl*	DTV – Allgemeine Deutsche Seeschiffsversicherungs- bedingungen 2009/ DTV-ADS 2009 *fpl*
DTV Cargo 2000/2011	DTV Güterversicherungs- bedingungen 2000/2011 *fpl* DTV-Güter 2000/2011 *fpl*
DTV Cargo Insurance Conditions 2000/2011 *pl*	DTV Güterversicherungs- bedingungen 2000/2011 *fpl* DTV-Güter 2000/2011 *fpl*
DTV Cargo Insurance Conditions 2008 *pl*	DTV-Güter-Versicherungsbedin- gungen 2008 *fpl*
DTV Cargo Insurance Conditions *pl*	DTV-Güterversicherungsbedin- gungen *fpl*
dual citizenship	doppelte Staatsangehörigkeit *f*
dual system (training)	Duales System *n* (Ausbildung)
dual tires *pl* (*AE*)	Zwillingsbereifung *f*
dual tyres *pl* (*BE*)	Zwillingsbereifung *f*
dual-use good	Dual-Use-Gut *n* Dual-Use-Ware *f*
dual-use item	Dual-Use-Gut *n* Dual-Use-Ware *f*
due	fällig (Frist)
dump truck (*AE*)	Kipper *m* Muldenkipper *m*
dumper truck (*BE*)	Kipper *m* Muldenkipper *m*
dungarees *pl* (*BE*)	Latzhose *f*

D

E

dunnage	Garnier *n*
	Garniermaterial *n*
	Garnierung *f*
dunnage bag	Stausack *m*
duplicate of the consignment note	Frachtbriefdoppel *n*
duplicate of the waybill	Frachtbriefdoppel *n*
dust	Staub *m*
dust explosion	Staubexplosion *f*
dust-sensitive	staubempfindlich
dustpan	Kehrblech *n*
	Kehrschaufel *f*
dusty	staubig
duty of care	Führsorgepflicht *f*
duty of notification	Anzeigepflicht *f*
duty paid	verzollt
duty to operate and transport	Betriebs- und Beförderungspflicht *f*
duty unpaid	unverzollt
duty-free	abgabenfrei
	zollfrei
duty-free shop	Duty-free-Laden *m*
	zollfreies Geschäft *n*
dynamic stability control/DSC	Elektronisches Stabilitäts-programm/ESP *n*
dynamo	Lichtmaschine *f*

E

E-route	Europastraße *f*
ear plug	Ohrenstöpsel *m*
	Ohrstöpsel *m*
ear protection	Gehörschutz *m*
	Ohrenschützer *fpl*
earnings *pl*	Ertrag *m*
earnings power	Ertragskraft *f*

east	Ost Osten *m*
East Africa	Ostafrika *n*
East Coast of the United States	Ostküste der Vereinigten Staaten *f*
East Indies *pl*	Indischer Archipel *m* Indonesischer Archipel *m* Malaiischer Archipel *m* Ostindischer Archipel *m* Südostasiatischer Archipel *m*
eastbound	ostwärts
Eastern Africa	Ostafrika *n*
Eastern Europe	Osteuropa *n*
Eastern Seaboard of the United States	Ostküste der Vereinigten Staaten *f*
easy	einfach (mühelos) leicht (mühelos)
EC declaration of conformity	EG-Konformitätserklärung *f*
EC Regulation	EG-Verordnung *f* EG-Vorschrift *f*
economic efficiency	Wirtschaftlichkeit *f*
economic efficiency calculation (fin.)	Wirtschaftlichkeitsrechnung *f* (fin.)
Economic Operators Registration and Identification number	EORI-Nummer *f*
Economic Operators Registration and Identification number EORI-number	Nummer zur Registrierung und Identifizierung von Wirtschafts-beteiligten *f*
Economic Partnership Agreement/ EPA	Wirtschaftspartnerschaftsab-kommen/WPA *n*
economics	Wirtschaftskunde *f*
economies of scale *pl*	Skaleneffekt *m*
ecopoint system	Ökopunktesystem *n*
edge protector	Kantenschoner *m*
Edscha sliding roof	Edscha-Verdeck *n*
EEA states *pl* (pol.)	EWR-Staaten *mpl* (pol.)

E

E

effect	Effekt *m*
	Wirkung *f*
effect shipment, to	Verladung vornehmen
effective	effektiv
effectiveness	Effektivität *fsg*
efficiency	Effizienz *f*
efficient	effizient
egocentric	egozentrisch
electric	elektrisch
electric axles *pl*	elektrische Achsen *fpl*
electric bicycle	Elektrofahrrad *n*
electric car	Elektroauto *n*
electric low-floor axle	elektrische Niederflurachse *f*
electric pallet jack	Elektro-Niederhubwagen *m*
	Ameise *f* (*ugs.*) (Flurförderzeug)
electric pallet truck	Elektro-Niederhubwagen *m*
	Ameise *f* (*ugs.*) (Flurförderzeug)
electric steering	elektrische Lenkung *f*
electric system	elektrische Anlage *f*
electric torch (*BE*)	Taschenlampe *f*
electric vehicle/EV	Elektrofahrzeug *n*
Electrical and Electronics Act	Elektro- und Elektronikgesetz/
	ElektroG *n*
electronic air waybill/eAWB	elektronischer Luftfrachtbrief/
	eAWB *m*
electronic consignment security declaration/eCSD	elektronischer Sicherheitsstatus/ eCSD *m*
electronic customs tariff *sg*	Elektronischer Zolltarif/EZT *msg*
electronic dangerous goods declaration/eDGD	elektronische Gefahrgut-deklaration/eDGD *f*
electronic data processing/EDP	Elektronische Datenverarbeitung/ EDV *f*

electronic German Federal Gazette/ eBAnZ	elektronischer Bundesanzeiger/ eBAnZ *m*
electronic house manifest/eHM	Elektronisches House-Manifest/ eHM *n*
electronic injection control	Elektronische Einspritzregelung/ EDC *f*
electronic part	elektronisches Teil *n*
electronic stability control/ESC	Elektronisches Stabilitäts- programm/ESP *n*
electronic stability program/ESP	Elektronisches Stabilitäts- programm/ESP *n*
electronic trade register	Elektronisches Handelsregister *n*
electronic transport document *sg* (for air or sea transport)	elektronisches Beförderungs- dokument *n* (bei der Luft- oder Seebeförderung)
electrostatic charge	elektrostatische Aufladung *f*
electrostatic discharge/ESD	elektrostatische Entladung *f*
elevated temperature substance	erwärmter Stoff *m*
elk test (*coll.*)	Elchtest *m* (*ugs.*)
elliptical tank	elliptischer Tank *m* Ovaltank *m*
embassy	Botschaft *f* (Landesvertretung)
emergency ambulance	Notarztwagen/NAW *m*
emergency blanket	Rettungsdecke *f*
emergency brake (*AE*) (road)	Feststellbremse *f* Handbremse *f*
emergency brake assist/EBA	Notbremsassistent *m* Bremsassistent/BAS *m*
emergency escape mask	Notfallfluchtmaske *f*
emergency escape ramp	Notfallspur *f*
emergency exit	Notausgang *m*
emergency hammer	Nothammer *m* Rettungshammer *m*

E

emergency landing	Notlandung *f*
emergency lane	Seitenstreifen *fpl*
emergency physician	Notarzt *m*
emergency response intervention card	ERI-Card
emergency response intervention card/ERI-card	Emergency Response Intervention Card
emergency sale	Notverkauf *m*
emergency sign	Rettungszeichen *n*
emergency temperature	Notfalltemperatur *f*
emergency tow vessel/ETV	Notschlepper *m*
emergency towing vessel/ETV	Notschlepper *m*
emission class	Emissionsklasse *f*
emissions pl	Emissionen *fpl*
emissions test	Abgasuntersuchung/AU *f*
employee	Arbeitnehmer *m*
employer	Arbeitgeber *m*
employer's association	Arbeitgeberverband *m*
employer's liability insurance association	Berufsgenossenschaft *f* (BG)
employment	Arbeitsverhältnis *n*
employment contract	Arbeitsvertrag *m*
employment jurisdiction	Arbeitsgerichtsbarkeit *f*
employment obligation	Beschäftigungspflicht *f*
employment prohibition	Beschäftigungsverbot *n*
empty	1. leer 2. unbeladen 3. Leercontainer *m*
empty pallet	Leerpalette *f*
empty run	Leerfahrt *f*
emulsion	Emulsion *f*
enclave	Enklave *f*

end-loading platform	Kopframpe *f*
end-loading ramp	Kopframpe *f*
End-of-Life Vehicle Ordinance	Altfahrzeug-Verordnung/AltfahrzeugV *f*
endorsee	Indossatar *m*
endorsement	Indossament *n*
endorser	Indossant *m*
engageable	zuschaltbar (z.B. Allradantrieb, Differentialsperre)
engine	Motor *m*
engine characteristics *pl*	Motorkennlinien *f*
engine compartment	Motorraum *m*
engine control	Motorsteuerung *f*
engine damage	Motorschaden *m*
engine fire	Motorbrand *m*
engine idle	Leerlauf *m* (Motor)
engine immobiliser (*BE*)	Wegfahrsperre/WFS *f*
engine immobilizer (*AE*)	Wegfahrsperre/WFS *f*
engine lubrication	Motorschmierung *f*
engine management	Motormanagement *n*
engine oil	Motoröl *n*
engine speed	Motordrehzahl *f*
engine structure	Motoraufbau *m*
engine-independent air conditioner	Standklimaanlage *f*
enquiry (*BE*)	Anfrage *f*
entrepreneur	Unternehmer *m*
entrepreneur liability	Unternehmerhaftung *f*
entrepreneurial risk premium	Unternehmerrisikoprämie *f*
entrepreneurial salary	Unternehmerlohn *m*
entry	Buchungssatz *m*
entry regulations *pl*	Einreisebestimmungen *fpl*

E

E

environment	Umwelt *fsg*
environmental protection	Umweltschutz *m*
environmental zones *pl*	Umweltzonen *fpl*
environmentally hazardous substance	umweltgefährdender Stoff *m*
environmentally hazardous substances *pl*	umweltgefährdende Stoffe *mpl*
environs *pl*	Umgebung *f*
	Umland *nsg*
EORI-number	EORI-Nummer *f*
equity ratio	Eigenkapitalquote *f*
equivalent dose	Äquivalentdosis *f*
ERI-card	ERI-Card
escape filter	Fluchtfilter *m*
escape sign	Rettungszeichen *n*
escort vehicle	Begleitfahrzeug *n* (LKW)
especially	1. besonders
	2. insbesondere
	3. speziell
estimated time of arrival/ETA	voraussichtliche Ankunftszeit *f*
ethylene *sg*	Äthen *nsg*
	Äthylen *nsg*
	Ethen *nsg*
	Etyhlen *nsg*
EU Bus and Coach Passenger Rights Act	EU-Fahrgastrechte-Kraftomnibus-Gesetz/EU-FahrgRBusG *n*
EU tire label (*AE*)	EU-Reifenlabel *n*
EU Type Approval Law	EU-Typengenehmigungsrecht *n*
EU tyre label (*BE*)	EU-Reifenlabel *n*
EU/EEA community authorisations *pl* (*BE*) /authorizations *pl* (*AE*)	EU-/EWR-Gemeinschaftsgenehmigungen *fpl*
EUR.1 movement certificate	Warenverkehrsbescheinigung EUR.1 *f*

euro pallet	Europalette *f*
euro zone *sg*	Eurozone *fsg*
Europe	Europa *n*
European Agreement concerning the International Carriage of Dangerous Goods by Road/ADR	Europäisches Übereinkommen über die Beförderung gefährlicher Güter auf der Straße/ADR *n*
European Agreement concerning the International Carriage of Dangerous Goods on the Rhine/ADNR	Europäisches Übereinkommen über die Beförderung gefährlicher Güter auf dem Rhein/ADNR *n*
European Agreement concerning the International Carriage of Dangerous Goods by Inland Waterways/ADN	Europäisches Übereinkommen über die internationale Beförderung gefährlicher Güter auf Binnenwasserstraßen/ADN *n*
European Agreement Concerning the Work of Crews of Vehicles Engaged in International Road Transport/AETR	Europäisches Übereinkommen über die Arbeit des im internationalen Straßenverkehr beschäftigten Fahrpersonals/AETR *n*
European Article Number/EAN	Europäische Artikelnummer/EAN *f*
European Chemical Industry Council/CEFIC	Verband der Europäischen chemischen Industrie/CEFIC *m*
European Community/EC	Europäische Gemeinschaft/EG *f*
European Conference of Ministers of Transport/ECMT	Europäische Verkehrsministerkonferenz/CEMT *f*
European Economic Area/EEA	Europäischer Wirtschaftsraum/EWR *m*
European Free Trade Association/EFTA	Europäische Freihandelsassoziation/EFTA *f*
European Organisation for Forwarding and Logistics/CLECAT	Europäisches Verbindungskomitee des Speditons- und Lagerei-Gewerbes/CLECAT *n*
European roads *pl*	Europastraßen *fpl*
European route	Europastraße *f*
European Union/EU (pol.)	Europäischen Union/EU *f* (pol.)
Eurovignette	Eurovignette *f*

E

E

evaporation	Verdunstung *f*
even data recorder/EDR	Unfalldatenspeicher/UDS *m*
evening	Abend *m*
Ex/II vehicle	Ex/II Fahrzeug *n*
Ex/III vehicle	Ex/III Fahrzeug *n*
exact	genau
examination periods *pl*	Untersuchungsfristen *fpl*
exceeding the loading gauge	Lademaßüberschreitung *f*
excellent	ausgezeichnet
excepted packaging	freigestelltes Versandstück *n*
excepted quantity/EQ	freigestellte Menge/EQ *f*
excess (*BE*)	Selbstbehalt *m*
excess height	Überhöhe *f*
excess length	Überlänge *f*
excess weight	Übergewicht *n*
excess width	Überbreite *f*
exchange rate	Wechselkurs *m*
excise duty	Verbrauchssteuer *f*
excise tax	Verbrauchssteuer *f*
exclave	Exklave *f*
exclusion	Ausschluss *m*
exclusion clause	Ausschlussklausel *f*
exclusion of liability	Haftungsausschluss *m*
exclusive economic zone/EEZ	Ausschließliche Wirtschaftszone/ AWZ *f*
exclusive use shipment	Beförderung unter ausschließlicher Verwendung *f*
excursions *pl* (bus)	Ausflugfahrten *fpl* (Bus)
Exemption Ordinance	Freistellungs-Verordnung/FrStllgV *f*
exhaust emission	Schadstoffausstoß *m*
exhaust emission threshold	Abgasgrenzwert *m*

exhaust gas aftertreatment	Abgasnachbehandlung *f*
Exhaust Gas Recirculation/EGR	Abgasrückführung/AGR *f*
exhaustive discharge	Tiefentladung *f* (Batterie)
expected time of arrival/ETA	voraussichtliche Ankunftszeit *f*
expenditure	Aufwand *m* Kosten *pl*
expenditures *pl*	Aufwendungen *pl*
expense	Aufwand *m* Kosten *pl*
expense distribution sheet	Betriebsabrechnungsbogen *m* (einstufig)
expense type (fuel consumption, administration expense, etc.)	Aufwandsart *f* (Kraftstoffverbrauch, Verwaltungsaufwand, usw.)
expenses *pl*	Aufwendungen *pl*
expert	Gutachter *m* Sachverständiger *m*
expert opinion	Sachverständigengutachten *n*
expertise	1. Gutachten *n* / Expertise *f* 2. Kompetenz *f* / Fachkenntnis *f*
expired	abgelaufen ausgelaufen (Vertrag, Lizenz)
explosion	Explosion *f*
explosion hazard	Explosionsgefahr *f*
explosion-proof	explosionsgeschützt ex-geschützt
explosion-proof engine	explosionsgeschützter Motor *m* ex-geschützter Motor *m*
explosion-proof forklift	explosionsgeschützter Stapler *m* ex-geschützter Stapler *m*
explosion-proof forklift truck	explosionsgeschützter Stapler *m* ex-geschützter Stapler *m*
explosion-proof motor	explosionsgeschützter Motor *m* ex-geschützter Motor *m*

E

explosive	1. explosionsfähig explosionsgefährdet 2. Explosivstoff *m* / Sprengstoff *m*
explosive atmosphere	explosionsfähige Atmosphäre *f*
explosive charge	Sprengladung *f*
explosive effect	Sprengwirkung *f*
explosive material	Explosivstoff *m*
Explosives Act/SprengG	Sprengstoffgesetz/SprengG *n*
export	Ausfuhr *f*
export and customer certificate for sales-tax purposes in export in non-commercial travel	Ausfuhr- und Abnehmerbescheinigung für Umsatzsteuerzwecke bei Ausfuhren im nicht kommerziellen Reiseverkehr *f*
export ban	Ausfuhrverbot *n*
export clearance	Ausfuhrabfertigung *f*
export contingency insurance	Exportschutzversicherung *f*
export control	Ausfuhrkontrolle *f*
export control list	Ausfuhrliste *f*
export credit cover for service providers	Leistungsdeckung *f* (Ausfuhr)
export customs office	Ausfuhrzollstelle *f*
export declaration	Ausfuhranmeldung *f* Ausfuhrerklärung *f*
export duty	Ausfuhrabgabe *f*
export guarantee	Ausfuhrbürgschaft *f* Ausfuhrgarantie *f* Ausfuhrgewährleistung *f*
export levy	Ausfuhrabschöpfung *f*
export licence (*BE*)	Ausfuhrgenehmigung *f*
export license (*AE*)	Ausfuhrgenehmigung *f*
export permit	Ausfuhrgenehmigung *f*
export procedure	Ausfuhrverfahren *n*

E

Export Processing Zone/EPZ	Freihandelszone *f*
export refund	Ausfuhrerstattung *f*
export risk	Ausfuhrrisiko *n* Exportrisiko *n*
export subject to authorisation (*BE*) / authorization (*AE*) (e.g. for armaments)	genehmigungspflichtige Ausfuhr *f* (z.B. bei Rüstungsgüter)
export tax	Ausfuhrabgabe *f*
exporter	Ausführer *m*
exporting carrier (sub-carrier)	ausführender Frachtführer *m* (Unterfrachtführer)
exposure time	Expositionszeit *f*
express goods *pl*	Eilfracht *f*
express service	Expressdienst *m*
express service provider	Expressdienstleister *m*
extend, to	verlängern
extended coverage	erweiterte Deckung *f* erweiterter Versicherungsschutz *m*
external	extern
external and internal accounting	externes und internes Rechnungswesen *n*
external common transit procedure (T1 procedure)	externes gemeinsames Versandverfahren *n* (T1-Verfahren)
external customer	externer Kunde *m*
external planetary gear	Außenplanetengetriebe *n*
external shut-off device	äußere Absperreinrichtung *f*
external trade	Außenhandel *msg* Extrahandel *msg*
external union transit procedure *sg* (T1 procedure)	externes Unionsversandverfahren *n* (T1-Verfahren)
externally recognisable (*BE*) / recognizable (*AE*) defects pl.	äußerlich erkennbare Mängel *mpl*

E

extra charge	Zuschlag *m*
	Aufschlag *m*
	Aufpreis *m*
extraordinary	außergewöhnlich
extraordinary termination	außerordentliche Kündigung *f*
extraterritoriality	Exterritorialität *f*
EXW	EXW
ex works ... named place of delivery	ab Werk ... benannter Ort der Lieferung
eye	Auge *n*
eye irritation	Augenreizung *f*
eye protection	Augenschutz *m*
eye wash bottle	Augenspülflasche *f*
eye wash unit	Augenspüleinrichtung *f*

F

F

face protection	Gesichtsschutz *m*
factory security office	Werkschutz *msg*
factory security service	Werkschutz *msg*
faded	verblichen
Fahrenheit	Fahrenheit *n*
failure (e.g. of the refrigeration unit in the lorry (*BE*)/truck (*AE*))	Ausfall *m* (z.B. des Kühlaggregates im LKW)
fair	gerecht
fair value	Zeitwert *m*
fairly	ziemlich
false statement	Falschaussage *f*
	falsche uneidliche Aussage *f*
fan	Lüfter *m*
fan belt	Keilriemen *m*
Far East	Ferner Osten *m*
	Fernost

FAS
free alongside ship ... named port of shipment

FAS
Frei Längsseite Schiff ... benannter Verschiffungshafen

fast

schnell

fastening fittings for containers pl (load securing permanently installed in the vehicle)

Befestigungsbeschläge für Container *mpl* (Ladungssicherung fest im Fahrzeug installiert)

fat fire

Fettbrand *m*

fatigue

Ermüdung *f*

fatigue warning device (coll.)

Übermüdungswarner *m* (ugs.)

fatigue warning system

Müdigkeitswarner *m*

fault

1. Störung *f*
2. Verschulden *nsg*

fault-based liability (with reversed burden of proof)

Verschuldenshaftung *f* (mit umgekehrter Beweislast)

fax

Fax *m/n*
Telefax *m/n*

fax number

Faxnummer *f*
Telefaxnummer *f*

FCA
free carrier ... named place of delivery

FCA
Frei Frachtführer ... benannter Ort der Lieferung

February

Februar *m*

Federal Association of German Long-Distance Freight Transport

Bundesverband des Deutschen Güterfernverkehrs/BDF *m*

Federal Association of Road Haulage, Logistics and Disposal/BGL

Bundesverband Güterkraftverkehr, Logistik und Entsorgung e.V./BGL *m*

Federal Aviation Office/LBA

Luftfahrt-Bundesamt/LBA *n*

Federal Bureau of Maritime Casualty Investigation/BSU

Bundesstelle für Seeunfalluntersuchung/BSU *f*

Federal Cartel Office

Bundeskartellamt *n*

Federal Central Tax Office/BZSt

Bundeszentralamt für Steuern/BZSt *n*

F

Federal Customs Service	Bundeszollverwaltung *f*
federal highway (*AE*)	Bundesstraße *f*
Federal Highway Research Institute/BaSt	Bundesanstalt für Straßenwesen/ BaSt *f*
Federal Highway Toll Act (*AE*)	Bundesfernstraßenmautgesetz/ BFStrMG *n*
federal highways *pl* (*AE*)	Bundesautobahnen/BAB *fpl*
Federal Holiday Act (*BE*)	Bundesurlaubsgesetz/BurlG *n*
Federal Institute for Materials Research and Testing/BAM	Bundesanstalt für Materialfor- schung und -prüfung/BAM *f*
Federal Ministry for the Environment, Nature Conservation and Nuclear Safety	Bundesministerium für Umwelt, Naturschutz und Reaktorsicherheit *n*
Federal Ministry of Finance/BMF	Bundesministerium der Finanzen/ BMF *n*
Federal Ministry of Transport, Building and Urban Development/ BMVBS	Bundesministerium für Verkehr, Bau und Stadtentwicklung/BMVBS *n*
Federal Motorway Toll Act (*BE*)	Bundesfernstraßenmautgesetz/ BFStrMG *n*
federal motorways *pl* (*BE*)	Bundesautobahnen/BAB *fpl*
Federal Office for Agriculture and Food/BLE	Bundesanstalt für Landwirtschaft und Ernährung/BLE *f*
Federal Office for Goods Transport/ BAG	Bundesamt für Güterverkehr/BAG *n*
Federal Office for Logistics and Mobility	Bundesamt für Logistik und Mobilität/BALM *n*
Federal Office for Migration and Refugees/BAMF	Bundesamt für Migration und Flüchtlinge/BAMF *n*
Federal Office for Radiation Protection/BfS	Bundesamt für Strahlenschutz/ BfS *n*
Federal Office of Economics and Export Control/BAFA	Bundesamt für Wirtschaft und Ausfuhrkontrolle/BAFA *n*
federal roads *pl*	Bundesstraßen *fpl*

F

Federal Spirits Monopoly Administration for Spirits/BfB	Bundesmonopolverwaltung für Branntwein/BfB *f*
Federal Vacation Act (*AE*)	Bundesurlaubsgesetz/BurlG *n*
Federal Water Act/WHG	Wasserhaushaltsgesetz/WHG *n*
fee	Gebühr *f*
feed transportation	Futtermitteltransport *m*
fender bender (*AE*) (*coll.*)	Blechschaden *m*
ferries *pl*	Fähren *fpl*
ferry	Fähre *f*
ferry bridge	Schwebebrücke *f*
FIATA Forwarding Instructions/FFI *pl*	FIATA-Speditionsauftrag/FFI *m*
fiber drum	Fibertrommel *f*
FIFO and LIFO assessment	FIFO und LIFO- Bewertung *f*
fifth wheel coupling	Sattelkupplung *f*
fifth wheel coupling with sliding device	Sattelkupplung mit Verschiebeeinrichtung *f*
fifth-wheel load	Aufliegelast *f*
fill up, to	volltanken
filler (packaging)	Füllstoff *m* (Verpackung)
filler (person)	Befüller *m* (Person)
filling agent	Füllmittel *n*
filling level	Füllstand *m*
filling material	Füllmaterial *n*
filling of a claim	Anmeldung eines Anspruchs *f*
filling pressure	Fülldruck *m*
filling speed	Füllgeschwindigkeit *f*
filling station	Tankstelle *f*
filling station attendant	Tankwart *m*
final balance	Schlussbilanz *f*
finances *pl*	Finanzen *pl*
financial accounting (fin)	Finanzbuchhaltung *f* (fin)

F

F

financial loss	finanzieller Verlust *m*
financial loss (fin.)	Vermögensschaden *m* (fin.)
financial ratio	finanzwirtschaftliche Kennzahlen *fpl*
financial structure	Finanzstruktur *f*
financial structure indicators *pl*	Kennzahlen der Finanzstruktur *fpl*
fine	Bußgeld *n*
fines procedure (fin.)	Bußgeldverfahren *n* (fin.)
finger print	Fingerabdruck *m*
fire	Brand *m* Feuer *n*
fire alarm	Feueralarm *m*
fire alarm device	Brandmelder *m* Feuermelder *m*
fire alarm system	Brandmeldeanlage/BMA *f*
fire blanket	Feuerlöschdecke *f* Löschdecke *f*
fire brigade (*BE*)	Feuerwehr *f*
fire class	Brandklasse *f*
fire damage	Brandschaden *m*
fire department (*AE*)	Feuerwehr *f*
fire engine	Feuerwehrwagen *m* Feuerwehrauto *n*
fire extinguisher	Feuerlöscher *m*
fire extinguisher testing	Feuerlöscherprüfung *f*
fire gas	Brandgas *n*
fire hazard	Brandgefahr *f*
fire insurance	Feuerversicherung *f*
fire loss	Brandschaden *m*
fire protection sign	Brandschutzzeichen *n*
fire sale (*coll.*)	Notverkauf *m*

fire truck (*AE*)	Feuerwehrwagen *m*
	Feuerwehrauto *n*
firework	Feuerwerkskörper *m*
first aid	Erste Hilfe *f*
first aid box	Verbandskasten *m*
	Verbandkasten *m*
first aid kit	Verbandskasten *m*
	Verbandkasten *m*
first aid material	Erste-Hilfe-Material *n*
first and second degree liquidity	Liquidität 1. und 2. Grades *f*
first come – first choice	Windhundprinzip *nsg*
	Windhundverfahren *nsg*
first come – first served/FCFS	Windhundprinzip *nsg*
	Windhundverfahren *nsg*
first degree liquidity	Liquidität 1 *f*
first-in – first served	Windhundprinzip *nsg*
	Windhundverfahren *nsg*
fiscal representation	Fiskalvertretung *f*
fiscal representative	Fiskalvertreter *m*
fish	Fisch *m*
fissile	spaltbar
fitness to drive	Fahrtüchtigkeit *f*
fixed asset coverage ratio 1	Anlagendeckungsgrad 1 *m*
fixed asset coverage ratio 2	Anlagendeckungsgrad 2 *m*
fixed costs *pl* (fin.)	fixe Kosten *npl* (fin.)
fixed costs block	Fixkostenblock *m*
fixed costs *pl*	Fixkosten *pl*
fixed price	Festpreis *m*
	Fixpreis *m*
fixed tank	festverbundener Tank *m*
fixed-term employment contract	befristeter Arbeitsvertrag *m*
fixed-term employment contract (e.g. for sickness cover)	zweckbefristeter Arbeitsvertrag *m* (z.B. für eine Krankheitsvertretung)

F

flag stop	Bedarfshalt *m*
	Halt auf Verlangen *m*
flagger	Warnposten *m*
flagman	Warnposten *m*
flame arrester	Flammendurchschlagsicherung *f*
flame trap	Flammendurchschlagsicherung *f*
flammable	entzündlich
flash point	Flammpunkt *m*
flash powder	Blitzlichtpulver *n*
flashlight (*AE*)	Taschenlampe *f*
flat pallet	Flachpalette *f*
flat rack	Flat Rack Container *m*
	Flat Rack *n*
flat rack container	Flat Rack Container *m*
	Flat Rack *n*
flat rate tax	einheitlicher Steuersatz *m*
	Einheitssteuer *f*
flat tyre (*BE*) / tire (*AE*)	Reifenpanne *f*
flatbed lorry (*BE*)	Tieflader *m*
flatbed truck (*AE*)	Tieflader *m*
fleet management	Fuhrparkmanagement *n*
	Flottenmanagement *n*
fleet manager	Fuhrparkleiter *m*
fleet number	Betriebsnummer *f*
flight recorder	Flugschreiber *m*
floating death trap	Seelenverkäufer *m*
floating motorway	schwimmende Landstraße *f*
flood damage	Überschwemmungsschaden *m*
flooding	Überschwemmung *f*
floor	1. Boden *m*
	2. Etage *f*
floor mat	Fußmatte *f*

F

flour	Mehl *n*
flower	Blume *f*
foam extinguisher	Schaumlöscher *m*
FOB	FOB
free on board … named port of shipment	Frei an Bord … benannter Verschiffungshafen
fodder	Futter *n* Futtermittel *n* Tierfutter *n* Viehfutter *n*
fog	Nebel *m*
fog bank	Nebelbank *f*
fog light	Nebelscheinwerfer *m*
fold-under tail lift	unterfaltbare Hebebühne *f* unterfaltbare Ladebordwand *f*
folded box	Faltschachtel *f*
folding box	Faltschachtel *f*
folding bridge	Faltbrücke *f*
folding rule	Gliedermaßstab *m* Meterstab *m* Zollstock *m*
Food Transport Container Regulation	Lebensmitteltransportbehälter-Verordnung/LMTV *f*
food transportation	Nahrungsmitteltransport *m*
foodstuff	Lebensmittel *n*
footpath	Fußweg *m*
for own account	auf eigene Rechnung
forbid, to	untersagen verbieten
foreign destinations *pl*	ausländische Zielgebiete *npl*
foreign permits *pl*	Auslandsgenehmigungen *fpl*
foreign trade	Außenhandel *msg*
Foreign Trade and Payments Act/ AWG	Außenwirtschaftsgesetz/AWG *n*

F

Foreign Trade and Payments Regulation/AWV	Außenwirtschaftsverordnung/AWV *f*
foreign trade audit	Außenwirtschaftsprüfung *f*
Foreign-trade Zone/FTZ (*AE*)	Freihandelszone *f* Freizone *f*
foreman	Vorarbeiter *m*
forfeiture of a right	Verlust eines Anspruchs *m*
forget to do something, to	vergessen etwas zu tun
fork carriage	Gabelträger *m*
fork carrier	Gabelträger *m*
fork extender	Gabelverlängerung *f*
fork extension	Gabelverlängerung *f*
fork lifter	Gabelstapler *m* Stapler *m*
forklift	Gabelstapler *m* Stapler *m*
forklift driver	Gabelstaplerfahrer *m* Staplerfahrer *m*
forklift fork	Gabelzinken *m*
forklift licence (*BE*)	Gabelstaplerschein *m* Staplerschein *m*
forklift license (*AE*)	Gabelstaplerschein *m* Staplerschein *m*
forklift mast	Hubgerüst *n* (Gabelstapler)
forklift operator	Gabelstaplerfahrer *m* Staplerfahrer *m*
forklift pocket	Gabelstaplertasche *f*
forklift tine	Gabelzinken *m*
forklift truck	Gabelstapler *m* Stapler *m*
form closure	Formschluss *m*
formaldehyde *sg*	Formaldehyd *msg/nsg*
fortnight (*BE*)	vierzehn Tage *mpl*

F

forty foot equivalent unit/FEU	Vierzig-Fuß-Äquivalente-Einheit/ FEU *f*
forward (*AE*)	vorwärts
forwarder	Spediteur *m*
forwarder's liability	Spediteurhaftung *f*
Forwarders Certificate of Receipt/ FCR	Spediteur-Übernahme- bescheinigung/FCR *f*
Forwarders Certificate of Transport/ FCT	Spediteur-Transportbescheinigung/ FCT *f*
forwarding	Beförderung *f*
forwarding agency	Spedition *f*
forwarding agent	Speditionskaufmann *m*
forwarding and logistics services agent	Kaufmann für Spedition und Logistikdienstleistung *m*
forwarding and logistics services assistant	Kaufmann für Spedition und Logistikdienstleistung *m*
forwarding and logistics services clerk	Kaufmann für Spedition und Logistikdienstleistung *m*
forwarding and logistics services merchant	Kaufmann für Spedition und Logistikdienstleistung *m*
forwarding contract	Speditionsvertrag *m*
forwarding insurance	Speditionsversicherung *f*
forwarding of goods	Güterbeförderung *f*
forwarding order	Speditionsauftrag *m*
forwards (*BE*)	vorwärts
foul B/L	unreines Konnossement *n*
foul bill of lading	unreines Konnossement *n*
four-circuit protection valve	Vierkreisschutzventil *n*
four-way pallet	Vierwegepalette *f*
four-wheel drive	Allradantrieb *m*
fragile	zerbrechlich
frame	Rahmen *m*

F

framework credit cover	Rahmenkreditdeckung *f*
franchise	Selbstbeteiligung *f*
franchise clause	Franchiseklausel *f*
fraud	Betrug *m*
fraudulent intent *sg*	Arglist *f sg*
fraudulent misrepresentation	arglistige Täuschung *f*
free border	frei Grenze
free curbside (*AE*)	frei Bordsteinkante
free delivery	frei Haus
Free Economic Zone	Freihandelszone *f* Freizone *f*
free kerbside (*BE*)	frei Bordsteinkante
Free Port	Freihafen *m*
free trade area	Freihandelszone *f*
Free Trade Zone/FTZ	Freihandelszone *f* Freizone *f*
Free Zone/FZ	Freihandelszone *f* Freizone *f*
freeway (*AE*)	Autobahn *f*
freeway exit (*AE*)	Autobahnausfahrt *f*
freeway interchange (*AE*)	Autobahnkreuz *n*
freeway triangle (*AE*)	Autobahndreieck *n*
freezer burn *sg*	Gefrierbrand *m sg*
freight	Fracht *f*
freight broker (coll.)	Frachtvermittler *m* (ugs.)
freight car (*AE*)	Güterwagen *m* Güterwaggon *m*
freight collect	unfrei
freight contract	Frachtvertrag *m*
freight damage liability insurance	Güterschadenshaftpflichtversicherung *f*
freight exchange	Frachtenbörse *f*

F

freight forwarder	Spediteur *m*
freight forwarder cargo insurance	Spediteur-Güterversicherung *f*
freight forwarder transport insurance	Spediteur-Transportversicherung *f*
freight forwarding agency	Spedition *f*
freight payer	Frachtzahler *m*
freight policy	Frachtpolice der Transport-versicherung *f*
freight rate	Frachtrate *f*
freight table	Frachttabelle *f*
freight traffic	Güterverkehr *m*
freight train	Güterzug *m*
freight transportation in Germany	Gütertransport in Deutschland *m*
freight village/FV	Güterverkehrszentrum/GVZ *n*
French Overseas Departments and Territories *pl* (DOM-TOM)	französische Überseegebiete *npl* (DOM-TOM)
friction clutch	Reibungskupplung *f*
frictional force	Reibkraft *f*
Friday	Freitag *m*
friendly	freundlich
front axle	Vorderachse *f*
front axles *pl*	Vorderachsen *fpl*
front top end rail	Dachquerträger *m*
front-wheel drive	Frontantrieb *m* Vorderradantrieb *m*
front-wheel drive vehicle	Frontlenkerfahrzeug *n*
front, at the	vorne
frontier	Grenzgebiet *n* Grenzland *n*
frostbite	Erfrierung *f*
frozen food	Tiefkühlkost/TK *fsg*
fruit	Obst *nsg*

F

F

fruit crate	Steige *f* (Obst)
fuel depot	Tanklager *n*
fuel filter	Kraftstofffilter *m*
fuel storage	Tanklager *n*
fuel system	Kraftstoffanlage *f*
fuel tank	Treibstofftank *m*
full container load/full container load / FCL/FCL	Vor- und Nachlauf containerisiert / FCL/FCL *m*
full container load/less than container load / FCL/LCL	Vorlauf containerisiert und Nachlauf nicht containerisiert als Stückgut / FCL/LCL *m*
full cover	volle Deckung *f* voller Versicherungsschutz *m*
full coverage	volle Deckung *f* voller Versicherungsschutz *m*
full coverage insurance	Vollkaskoversicherung *f*
full hose system	Vollschlauchsystem *n*
full load	1. geschlossene Ladung *f* 2. Ganzladung *f*
full load characteristics *pl*	Vollast-Kennlinien *f*pl
full load diagram	Vollastdiagramm *n*
full-beam headlamp (*BE*)	Fernscheinwerfer *m*
full-beam headlight (*BE*)	1. Fernlicht *n* 2. Fernscheinwerfer *m*
full-body scanner	Ganzkörperscanner *m* Körperscanner *m*
fully automated transmission	vollautomatisierte Getriebe *n*
fully booked	ausgebucht
fully comprehensive insurance	Vollkasko *f*
fully synthetic	vollsynthetisch
fumigated with MB	begast mit MB begast mit Methylbromid

fumigated with methyl bromide	begast mit Methylbromid begast mit MB
fumigation	Begasung *f*
functional testing	Funktionsprüfung *f*
funnel	Trichter *m*
furnish an opinion, to	ein Gutachten erstellen
furniture elevator (*AE*)	Möbelaufzug *m* Möbellift *m* Umzugslift *m*
furniture lift (*BE*)	Möbelaufzug *m* Möbellift *m* Umzugslift *m*
further shipment	weitere Beförderung *f* weitere Verschiffung *f*
further use	Weiterverwendung *f*

G

gamma radiation	Gammastrahlung *fsg*
gantry crane	Portalkran *m*
gantry crane operator	Brückenfahrer *m* Brückenkranführer *m*
garage	1. Garage *f* 2. Autowerkstatt *f* / Kfz-Werkstatt *f*
garage door	Garagentor *n*
gas	Gas *n*
gas (*AE*)	Benzin *n*
gas cartridge	Gaspatrone *f* Gaskartusche *f*
gas cylinder	Gasflasche *f*
gas detector	Gasmelder *m*
gas displacement	Gaspendelung *f*
gas fire	Gasbrand *m*
gas pedal (*AE*)	Gaspedal *n*

G

gas poisoning	Gasvergiftung *f*
gas pump (*AE*)	Tanksäule *f*
	Zapfsäule *f*
gas station (*AE*)	Tankstelle *f*
gas station attendant (*AE*)	Tankwart *m*
gasoline (*AE*)	Benzin *n*
gasoline engine (*AE*)	Ottomotor *m*
	Benzinmotor *m*
gear knob	Schaltknauf *m*
gear lever knob	Schaltknauf *m*
gear selector	Schalthebel *m*
	Schaltknüppel *m*
gear stick	Schalthebel *m*
	Schaltknüppel *m*
gearshift lever	Schalthebel *m*
	Schaltknüppel *m*
Geiger counter	Geigerzähler *m*
gelignite *sg*	Sprenggelatine *fsg*
	Sprenggummi *msg/nsg*
general agency	1. Generalvertretung *f*
	2. Bezirksdirektion *f*
general agent	Generalvertreter *m*
general average / G/A	gemeinschaftliche Havarie *f*
	große Havarie *f*
	Havarie grosse *f*
general average adjuster	1. Havariekommissar *m*
	2. Schadensregulierer *m*
	3. Dispacheur *m*
general average bond	Havarie-Grosse-Verpflichtungs-schein *m*
	Havarie-Verpflichtungsschein *m*
general average clause *sg*	Havarieklausel *fsg*
general cargo	Stückgut *n*
general commercial goods *pl*	allgemeine Handelsgüter *f*

G

General Conditions for Road Transport	Allgemeine Bedingungen für den Kraftverkehr/AKB *f*
General Conditions of Carriage	allgemeine Beförderungsbedingungen *f*
General Contract of Use for Wagons/GCU	Allgemeiner Vertrag für die Verwendung von Güterwagen/ AVV *m*
General German Inland Transport Insurance Conditions	Allgemeine Deutsche Binnentransport-Versicherungsbedingungen/ADB *f*
general ledger	Hauptbuch *n*
general policy	Generalpolice *f* laufende Police *f* offene Police *f*
general terms and conditions of trade *pl*	allgemeine Geschäftsbedingungen/AGB *fpl*
general-average statement	Dispache *f*
Generalised System of Preferences/GSP (*BE*)	Allgemeines Präferenzsystem/ APS *n*
Generalized System of Preferences/GSP (*AE*)	Allgemeines Präferenzsystem/ APS *n*
generic entry	Gattungseintragung *f*
German Chambers of Commerce Abroad/CCA	Auslandshandelskammer/AHK *f*
German Chemical Industry Association/VCI	Verband der Chemischen Industrie e.V./VCI *m*
German Federal Bureau of Aircraft Accident Investigation/BFU	Bundesstelle für Flugunfalluntersuchung/BFU *f*
German Federal Gazette/BAnZ	Bundesanzeiger/BAnZ *m*
German Federal Law Gazette/BGBl	Bundesgesetzblatt/BGBl *n*
German Federal Tax Gazette/BStBl	Bundessteuerblatt/BStBl *n*
German Federal Working Group Heavy Haulage and Crane Work/ BSK	Bundesfachgruppe Schwertransporte und Kranarbeiten/BSK *f*

G

German Freight Forwarders' Standard Terms and Conditions/ ADSp *pl*	Allgemeine Deutsche Spediteur-bedingungen/ADSp *fpl*
German General Rules of Marine Insurance/ADS *pl*	Allgemeine Deutsche Seeversiche-rungsbedingungen/ADS *fpl*
German Industrial Standard/DIN	Deutsche Industrienorm/DIN *f*
German Institute for Standard-ization	Deutsches Institut für Normung *n*
German Insurance Association/ GDV	Gesamtverband der Deutschen Versicherungswirtschaft e.V./GDV *m*
German Road Traffic Licensing Regulations/StVZO *pl*	Straßenverkehrs-Zulassungs-Ordnung/StVZO *f*
German Road Traffic Regulations/ StVO *pl*	Straßenverkehrsordnung/StVO *f*
German Social Accident Insurance Institution for the raw materials and chemical industry/BG RCI	Berufsgenossenschaft Rohstoffe und chemische Industrie/BG RCI *f*
German Social Accident Insurance Institution for the transport industry	Berufsgenossenschaft für Transport und Verkehrswirtschaft *f*
German Social Accident Insurance Institution for the transport industry	BG Verkehr *f*
German Spirits Monopoly Act/ BranntwMonG	Branntweinmonopolgesetz/ BranntwMonG *n*
German Weather Service/DWD	Deutscher Wetterdienst/DWD *m*
glass	Glas *n*
glass fibre-reinforced plastic/GRP	glasfaserverstärkter Kunststoff/ GFK *m*
glasses *pl*	Brille *f*
global positioning system/GPS	globales Navigationssatelliten-system/GPS *n*
glory days *pl*	glorreiche Zeiten *fpl*
goggles *pl*	Schutzbrille *f*
goings-on *pl*	Vorgänge *mpl* Treiben *n* (das Tun)

G

Golden Rule (accounting)	Goldene Bilanzregel *f*
good	gut
good manners *pl*	gute Manieren *fpl*
good news *pl*	gute Nachricht *f*
goods class	Güterklasse *f*
goods for use	Verwendungsgut *n*
goods *pl*	Gut *n* Ware *f*
goods traffic	Güterverkehr *m*
goods train	Güterzug *m*
goods wagon (*BE*)	Güterwagen *m* Güterwaggon *m*
gooseneck tunnel	Gooseneck-Tunnel *m*
GPS (Global Positioning System)	GPS *n* (Global Positioning System)
GPS cruise control (coll.)	GPS-Tempomat *m* (ugs.)
grain *sg*	Getreide *n*
grainy	körnig
grateful	dankbar
grating	Gräting *f*
graupel	Graupel *f*
grease	Schmierfett *n*
grease gun	Fettpresse *f* Schmierpresse *f*
grease, to	einfetten schmieren
Greater Antilles *pl*	Große Antillen *pl*
green card incorporated society	Grüne Karte e.V. *f*
green clause L/C	Vorschussakkreditiv *n* (Kreditierung des Importeurs)
green clause letter of credit	Vorschussakkreditiv *n* (Kreditierung des Importeurs)
green insurance card	grüne Versicherungskarte *f*

G

green wave	grüne Welle *f*
greenhouse effect	Treibhauseffekt *m*
Greenwich Mean Time/GMT	mittlere Greenwich-Zeit/MGZ *f*
grit	Streugut *n*
gritting vehicle	Streufahrzeug *n*
gross for net	brutto für netto
gross profit	Rohergebnis *n*
gross sales *pl* (*AE*)	Bruttoumsatz *m*
gross turnover (*BE*)	Bruttoumsatz *m*
gross weight	Bruttogewicht *n*
	Rohgewicht *n*
grossly negligent	grob fahrlässig
grounding	Strandung *f*
group gear	Gruppengetriebe *n*
group valuation	Gruppenbewertung *f*
groupage B/L	Sammelkonnossement *n*
groupage bill of lading	Sammelkonnossement *n*
groupage consignment	Sammelladung *f*
groupage freight	Sammelgut *n*
groupage traffic	Sammelgutverkehr *m*
	Sammelladungsverkehr *m*
growing pains *pl* (fig.)	Kinderkrankheiten *fpl* (fig.)
	Anlaufschwierigkeiten *fpl*
guarantee	1. Garantie *f*
	2. Bürgschaft *f*
guarantee agreement	Bürgschaftsvertrag *m*
guarantor	Bürge *m*
guardrail (*AE*)	Schutzplanke *f*
	Leitplanke *f*
Guianas *pl*	Guyanas *pl*
guided bus	Spurbus *m*
guideline	Richtlinie *f*

G

Guidelines *pl* for Oversized and Heavy Transport	Richtlinien für Großraum- und Schwertransporte/RGST *fpl*
Guyanas *pl*	Guyanas *pl*

H

Hague Protocol/HP *sg*	Haager Protokoll/HP *nsg*
Hague Rules/HR *pl*	Haager Regeln/HR *fpl*
hail	Hagel *msg*
hailstorm	Hagelschlag *m*
hairline crack	feiner Riss *m*
hairpin bend	Haarnadelkurve *f*
hairpin turn	Haarnadelkurve *f*
half duplex	Wechselverkehr *m*
half-life	Halbwertszeit *f*
Hamburg covering	Hamburger Verdeck *n*
Hamburg Rules *pl*	Hamburger Regeln *fpl*
Hamburg-Antwerp-Range/ HA-Range (Hamburg/Bremen/ Bremerhaven/Rotterdam/Antwerp)	Nordrange *f* (Hamburg/Bremen/ Bremerhaven/Rotterdam/ Antwerpen) / Hamburg-Antwerpen-Range/HA-Range *f* (Hamburg/ Bremen/Bremerhaven/Rotterdam/ Antwerpen)
Hamburg-Le Havre-Range/ HH-Range (ports between Hamburg and Le Havre)	Hamburg-Le Havre-Range/ HH-Range *f* (Häfen zwischen Hamburg und Le-Havre)
hand baggage *sg* (*AE*)	Handgepäck *nsg*
hand brake (*BE*)	Feststellbremse *f* Handbremse *f*
hand brush	Handfeger *m* Handbesen *m*
hand luggage *sg* (*BE*)	Handgepäck *nsg*
hand pallet truck	Hubwagen *m* Handhubwagen *m*

H

hand truck (*AE*)	Stechkarre *f*
	Sackkarre *f*
hand-shovel	Handschaufel *f*
handcart	Handkarren *m*
	Handwagen *m*
handling	Umschlag *m*
	Abwicklung *f*
handling charge	Umschlagsgebühr *f*
	Handlingkosten *pl*
handling costs *pl*	Umschlagsgebühr *f*
	Handlingkosten *pl*
hanging garment distribution	Hängeversand *m*
hanging load	hängende Last *f*
harbor (*AE*)	Hafen *m*
harbor police *pl* (*AE*)	Wasserschutzpolizei *f* (Hafen)
harbour (*BE*)	Hafen *m*
harbour police *pl* (*BE*)	Wasserschutzpolizei *f* (Hafen)
hard	schwer
	schwierig
hard (consistency)	hart (Konsistenz)
hard hat	Schutzhelm *m*
hard shoulder	Seitenstreifen *m*
	Standspur *f*
	Standstreifen *m*
hard-packed snow *sg*	Schneeglätte *fsg*
Harmonised Commodity Description and Coding System/HS (*BE*)	Harmonisiertes System zur Bezeichnung und Codierung von Waren/HS *n*
Harmonized Commodity Description and Coding System/HS (*AE*)	Harmonisiertes System zur Bezeichnung und Codierung von Waren/HS *n*
haulage	Beförderung *f*

H

hauler (*AE*)	1. Frachtführer *m* 2. Spediteur *m* 3. Spedition *f*
haulier (*BE*)	1. Frachtführer *m* 2. Spediteur *m* 3. Spedition *f*
have deep pockets, to (*coll.*)	zahlungskräftig sein
have integrity, to	integer sein
hazard diamond (*AE*)	Gefahrendiamant *m*
hazard label	Gefahrzettel *m*
hazard symbol	Gefahrensymbol *n*
hazardous	gefährlich
hazardous goods equipment	Gefahrgutausrüstung *f*
Hazardous Goods Ordinance – Road (GGVS) Waste Transportation	GGVS Abfalltransporte *mpl*
hazardous goods store	Gefahrgutlager *n*
hazardous material /HAZMAT	Gefahrgut *n* (Beförderung)
hazardous substance	Gefahrstoff *m*
hazardous substances list	Gefahrstoffliste *f*
Hazardous Substances Ordinance/ GefStoffV	Gefahrstoffverordnung/GefStoffV *f*
hazardous waste	gefährlicher Abfall *m* Giftmüll *msg* Sonderabfall *m* Sondermüll *msg*
head (leader)	Chef *m*
head of department	Abteilungsleiter *m*
headache	Kopfschmerz *m*
headlight glass/headlamp glass	Scheinwerferglas *n*
headlight/headlamp	Scheinwerfer *m*
headquarter	Hauptgeschäftsstelle *f*
health consequences *pl*	gesundheitliche Folgen *fpl*

H

health insurance	Krankenversicherung *f*
heat *sg*	Hitze *fsg*
heat source	Wärmequelle *f*
heat-treated	hitzebehandelt
	wärmebehandelt
heated container	beheizter Container *m*
heating oil	Heizöl *n*
heavy	schwer (Gewicht)
heavy goods vehicle	Schwerlastwagen *m*
heavy haulage	Schwertransport *m*
heavy transport	Schwertransport *m*
height	Höhe *f*
Heligoland	Helgoland
helium *sg*	Helium *nsg*
help, to	helfen
helpful	hilfsbereit
herbicide	Herbizid *n*
Hermes cover	Hermesdeckung *f*
hidden damage	verdeckter Schaden *m*
high consequence dangerous goods *pl*	gefährliches Gut mit hohem Gefahrenpotential *n*
high tech	Hochtechnologie *f*
high technology	Hochtechnologie *f*
high-beam headlamp (*AE*)	Fernscheinwerfer *m*
high-beam headlight (*AE*)	1. Fernlicht *n*
	2. Fernscheinwerfer *m*
high-cube-container	höherer Standardcontainer *m*
high-tech product	Hochtechnologieprodukt *n*
high-technology product	Hochtechnologieprodukt *n*
highest value principle	Höchstwertprinzip *n*
highly flammable	hochentzündlich

H

highly visible	1. gut einsehbar 2. gut sichtbar
highway hypnosis	Autobahntrance *f* Autobahnhypnose *f* Polderblindheit *fsg* (*ugs.*)
highways pl (*AE*)	Kraftfahrstraßen *fpl*
hill	Hügel *m*
hinge	Scharnier *n*
hired car (*BE*)	Leihwagen *m* Mietwagen *m* (Selbstfahrer)
hit and run offence (*BE*)	Fahrerflucht *fsg*
hit and run offense (*AE*)	Fahrerflucht *fsg*
hitch-hiking	Trampen *n* Autostopp *m* Fahren per Anhalter *n*
hitch, to	aufsatteln
hoarfrost	Raureif *msg*
hoisting equipment	Hebezeug *n*
holiday	Feiertag *m*
holiday (*BE*) / vacation (*AE*) entitlement	Urlaubsanspruch *m*
holiday destination travel (*BE*)	Ferienzielreisen *fpl*
Holiday Travel Ordinance (*BE*)	Ferienreiseverordnung/FerReiseV *f*
holidays pl (*BE*)	Urlaub *m*
hollow charge	Hohlladung *f*
home touch	Heimatberührung *f*
honest	ehrlich
honorable businessman (*AE*)	ehrbarer Kaufmann *m* hanseatischer Kaufmann *m*
honorary consul	Honorarkonsul *m*
honorary consulate	Honorarkonsulat *n*
honourable businessman (*BE*)	ehrbarer Kaufmann *m* hanseatischer Kaufmann *m*

H

hood (*AE*)	Motorhaube *f*
hooded vehicle	Haubenfahrzeug *n*
hook	Haken *m*
horizontal rule of financing	horizontale Finanzierungsregel *f*
horn	Hupe *f*
horsepower/hp	Pferdestärke/PS *f*
hose	Schlauch *m*
hospital	Krankenhaus *n*
hot	heiß
house B/L	Spediteurkonnossement *n*
house bill of lading	Spediteurkonnossement *n*
house number	Hausnummer *f*
human smuggling	Menschenschmuggel *msg*
human trafficking	Menschenhandel *msg*
humidity	Luftfeuchte *fsg*
	Luftfeuchtigkeit *fsg*
humorous	humorvoll
hybrid electric vehicle/HEV	Hybridelektrofahrzeug *n*
hybrid vehicle	Hybridfahrzeug *n*
hydraulic	hydraulisch
hydraulic cylinder	Hydraulikzylinder *m*
hydraulic fluid	Hydraulikflüssigkeit *f*
hydraulic motor	Hydraulikmotor *m*
	Hydromotor *m*
hydraulic oil	Hydrauliköl *n*
hydraulic steering	hydraulische Lenkung *f*
hydraulic system	Hydrauliksystem *n*
hydraulic valve	Hydraulikventil *n*
hydraulic, pneumatic and electric braking systems *pl*	Hydraulische, pneumatische und elektrische Bremssysteme *npl*
hydrochloric acid	Salzsäure *f*

H

hydrocyanic acid *sg*	Blausäure *fsg*
hydrofluoric acid *sg*	Flusssäure *fsg*
hydrogen peroxide	Wasserstoffperoxid *n*
hydrogen *sg*	Wasserstoff *msg*
hydrogen vehicle	Wasserstofffahrzeug *n*
hydrostatic front axle drive	hydrostatischer Vorderachsantrieb *m*
hypergolic propellant	hypergoler Treibstoff *m*
	hypergolischer Treibstoff *m*
hypoid axle	Hypoidachse *f*

I

IATA Dangerous Goods Regulations/IATA-DGR *pl*	IATA-Gefahrgutvorschriften/ IATA-DGR *fpl*
Iberian Peninsula	Iberische Halbinsel *f*
	Pyrenäenhalbinsel *f*
ICC clauses *pl* (International Cargo Clauses)	ICC-Klauseln *fpl* (International Cargo Clauses)
ice class	Eisklasse *f*
ice floe	Eisscholle *f*
ice *sg*	Eis *nsg*
iceberg	Eisberg *m*
iceberg model (communication)	Eisbergmodell *n* (Kommunikation)
icy road	vereiste Fahrbahn *f*
	vereiste Straße *f*
ID card	Personalausweis *m*
identification	Nämlichkeitssicherung *f*
identity card	Personalausweis *m*
identity of goods	Nämlichkeit *f*
identity of the consignment	Identität der Sendung *f*
idle speed	Leerlaufdrehzahl *f*
idling speed	Leerlaufdrehzahl *f*

I

ignition cable	Zündkabel *n*
ignition coil	Zündspule *f*
ignition device	Anzündmittel *n*
ignition distributor	Zündverteiler *m*
ignition key	Zündschlüssel *m*
ignition lock	Zündschloss *n*
ignition source	Zündquelle *f*
ignition wire	Zündkabel *n*
illness	Krankheit *f*
imaginary profit	imaginärer Gewinn *m*
immediately (e.g. report to the employer)	unverzüglich (z.B. melden beim Arbeitgeber)
immobiliser *(BE)*	Wegfahrsperre/WFS *f*
immobilizer *(AE)*	Wegfahrsperre/WFS *f*
impact attenuator	Anpralldämpfer *m*
implied action	konkludentes Handeln *n*
import	Einfuhr *f*
import ban	Einfuhrverbot *n*
import clearance	Einfuhrabfertigung *f*
import contingents *pl*	Importkontigente *npl*
import control	Einfuhrkontrolle *f*
import declaration	Einfuhranmeldung *f*
import duty	Einfuhrabgabe *f*
import levy	Einfuhrabschöpfung *f*
import licence *(BE)*	Einfuhrgenehmigung *f*
import license *(AE)*	Einfuhrgenehmigung *f*
import permit	Einfuhrgenehmigung *f*
import procedure	Einfuhrverfahren *n*
import restriction	Einfuhrbeschränkung *f*
import restrictions *pl*	Importbeschränkungen *fpl*
import sales tax	Einfuhrumsatzsteuer/EUSt *f*

import tax	Einfuhrabgabe *f*
importer	Einführer *m*
impregnation	Imprägnierung *f*
improper storage	unsachgemäße Lagerung *f*
imputed depreciation	kalkulatorische Abschreibung *f*
imputed entrepreneurial salary	kalkulatorischer Unternehmerlohn *m*
imputed interest	kalkulatorische Zinsen *mpl*
imputed rent	kalkulatorische Miete *f*
imputed risks *pl*	kalkulatorische Wagnisse *npl*
in bond	unter Zollverschluss
in city limits	innerorts
in favor of (*AE*)	zu Gunsten von
in favour of (*BE*)	zu Gunsten von
in the middle of nowhere (*coll.*)	mitten in der Pampa (*ugs.*) mitten in der Walachei (*ugs.*)
in time	rechtzeitig
incapacity for work	Arbeitsunfähigkeit/AU *f*
incident	Zwischenfall *m*
incipient fire	Entstehungsbrand *m*
inclusion clauses *pl*	Einschlussklauseln *fpl*
income	Einkommen *n*
income statement	Erfolgsrechnung *f*
income statement (*AE*)	Gewinn- und Verlustrechnung/ GuV *f*
incoming invoice	Eingangsrechnung *f*
incompatible	unverträglich
inconsistent	inkonsequent
incorporation	Inkorporation *f*
Incoterms *pl*	Internationale Handelsklauseln *fpl* Incoterms *fpl*
independent suspension	Einzelradaufhängung *f*

I

Indian subcontinent	Indischer Subkontinent *m*
indicator (*BE*)	Blinker *m*
indirect cost center (*AE*) (general)	Hilfskostenstelle *f* (allgemein)
indirect cost center (*AE*) (initial costs)	Hilfskostenstelle *f* (Vorkosten)
indirect cost center (*AE*) (special)	Hilfskostenstelle *f* (besondere)
indirect cost centre (*BE*) (initial costs)	Hilfskostenstelle *f* (Vorkosten)
indirect cost centre (*BE*)(general)	Hilfskostenstelle *f* (allgemein)
indirect cost centre (*BE*)(special)	Hilfskostenstelle *f* (besondere)
indirect tax	indirekte Steuer *f*
individual evaluation	Einzelbewertung *f*
individual policy	Einzelpolice *f*
indivisible load	unteilbare Ladung *f*
Indo-Australian Archipelago	Indischer Archipel *m* Indonesischer Archipel *m* Malaiischer Archipel *m* Ostindischer Archipel *m* Südostasiatischer Archipel *m*
Indonesian Archipelago	Indischer Archipel *m* Indonesischer Archipel *m* Malaiischer Archipel *m* Ostindischer Archipel *m* Südostasiatischer Archipel *m*
induction loop	Induktionsschleife *f*
industrial company	Industriebetrieb *m*
industrial gas	industrielles Gas *n* technisches Gas *n*
industrial packaging IP-1	Industrieverpackung IP-I *f*
industrial packaging IP-2	Industrieverpackung IP-II *f*
industrial packaging IP-3	Industrieverpackung IP-III *f*
industrial pallet	Industriepalette *f*
industrial truck	Flurförderzeug *n*
industry	Industrie *f*

I

inert gas	Inertgas *n*
inform, to	informieren
informal entry	formlose Zollanmeldung *f*
informal notification	formlose Mitteilung *f*
information and communication devices *pl*	Informations- und Kommunikationsgeräte *npl*
information devices *pl*	Informationsgeräte *npl*
information flow	Informationsfluss *m*
information logistics	Informationslogistik *f*
information on the list of items	Auskunft zur Güterliste/AzG *f*
information *sg*	Information *f*
information sheets *pl*	Merkblätter *npl*
inhale, to	einatmen
inheritance compensation	Erbgutschädigung *f*
inherited property	Erbgut *n*
initials *pl*	Initialen *fpl*
injection process	Einspritzverfahren *n*
injection technology	Einspritztechnik *f*
injury	Verletzung *f*
inland container	Binnencontainer *m*
inland customs office	Binnenzollstelle *f*
inland vessel	Binnenschiff *n*
inner packaging (dangerous goods)	Innenverpackung *f* (Gefahrgut)
inorganic	anorganisch
inquiry (*AE*)	Anfrage *f*
insecticide	Insektizid *n*
inspection book	Prüfbuch *n*
Institute Cargo Clauses/ICC *pl*	Klauseln der Seeversicherung/ICC *fpl*
instruction	Anleitung *f* Unterweisung *f* Weisung *f*

I

instructions in writing *pl*	1. schriftliche Weisungen *fpl* 2. Unfallmerkblatt/UMB *n*
insulated container	Isoliercontainer *m*
insurable	versicherbar versicherungsfähig
insurable risk	versicherbares Risiko *n*
insurance	Versicherung *f*
insurance agent	Versicherungsagent *m* Versicherungsvertreter *m*
insurance and financial services broker	Kaufmann für Versicherungen und Finanzen *m*
insurance broker	Versicherungsmakler *m*
insurance clause	Versicherungsklausel *f*
insurance company	Versicherungsgesellschaft *f*
insurance cover	Versicherungsschutz *m* Versicherungsdeckung *f*
insurance coverage	Versicherungsschutz *m* Versicherungsdeckung *f*
insurance fraud	Versicherungsbetrug *m*
insurance holder	Versicherungsnehmer *m*
insurance note	vorläufiger Versicherungsschein *m*
insurance policy	Versicherungspolice *f* Versicherungsschein *m*
insurance policy number	Versicherungsnummer *f*
insurance rating	Tarifierung *f* Versicherungseinstufung *f* Versicherungstarifierung *f*
insurance sum	Versicherungssumme *f*
insurance tariff	Versicherungstarif *m*
insurance tax	Versicherungssteuer *f*
insurance value	Versicherungswert *m*
insured	versichert
insurer	Versicherungsgesellschaft *f*

I

integrated driving trainer	integrierter Fahrtrainer m
integrated electric axle	integrierte elektrische Achse f
Integrated tariff of the European Communities/TARIC	Integrierter Tarif der Europäischen Gemeinschaften/TARIC m
integrity	Integrität fsg
Intelligent Headlamp Control/ICH	Intelligent Headlamp Control/ICH
intended use	bestimmungsgemäße Verwendung f
intensity of receivables	Forderungsintensität f
intensive care helicopter	Intensivtransporthubschrauber/ ITH m
intent	Vorsatz m
intention	Absicht f
intentional	vorsätzlich
interbus trip sheet	Interbus-Fahrtenblatt n
intercommunication	Wechselverkehr m
intercooler	Intercooler m
intercooling	Ladeluftkühlung f
interest	Zins m
interest rate	Zinsrate f
interesting	interessant
interface	Schnittstelle f
interface control	Schnittstellenkontrolle f
interior	Interieur n
interior cleaning	Innenreinigung f
intermediary	Vermittler m (z.B. Aufträge)
intermediate bulk container/IBC	Großpackmittel/IBC n
intermediate forwarder	Zwischenspediteur m
intermodal transport	intermodaler Verkehr m
internal	intern
internal common transit procedure (T2 procedure)	internes gemeinsames Versandverfahren n (T2-Verfahren)

I

internal community transit procedure (T2 procedure)	internes gemeinschaftliches Versandverfahren *n* (T2-Verfahren)
internal customer	interner Kunde *m*
internal market	Binnenmarkt *m*
internal shut-off device	innere Absperreinrichtung *f*
internal union transit procedure sg (T2 procedure)	internes Unionsversandverfahren *n* (T2-Verfahren)
International Atomic Energy Agency/IAEA	Internationale Atomenergie-Organisation/IAEO *f*
International Bank Account Number/IBAN	internationale Kontonummer/IBAN *f*
International Cargo Clauses/ICC	International Cargo Clauses/ICC
international certificate for motor vehicles/ICMV	internationaler Fahrzeugschein *m*
International Chamber of Commerce/ICC	Internationale Handelskammer/ICC *f*
International Commercial Terms *pl*	Internationale Handelsklauseln *fpl* Incoterms *fpl*
International Conditions of Loading and Transportation/ICLT *pl*	Internationale Verlade- und Transportbedingungen für die Binnenschifffahrt/IVTB *fpl*
International Convention for Safe Containers/CSC	Internationales Übereinkommen über sichere Container/CSC *n*
International Council of Chemical Associations/ICCA	Internationaler Rat der Chemieverbände/ICCA *m*
International Criminal Police Organization/ICPO	Internationale kriminalpolizeiliche Organisation/IKPO *f*
International Criminal Police Organization/ICPO	Interpol/IKPO *f*
international driver's license law (*AE*)	internationales Führerscheinrecht *n*
international driving licence (*BE*) / driver's license (*AE*)	internationaler Führerschein *m*
international driving licence law (*BE*)	internationales Führerscheinrecht *n*

International Federation of Freight Forwarders Associations/FIATA

Internationale Föderation der Spediteurorganisationen/FIATA *f*

International Maritime Dangerous Goods Code/IMDG-Code

Gefahrgutkennzeichnung für gefährliche Güter im internationalen Seeschiffsverkehr *f*/IMDG-Code *m*

international motor insurance card (coll. green insurance card)

Internationale Versicherungskarte für Kraftverkehr *f* (ugs. grüne Versicherungskarte)

International Organization for Standardization/ISO

Internationale Organisation für Normung/ISO *f*

International Plant Protection Convention/IPPC

Internationales Pflanzenschutz-übereinkommen/IPPC *n*

International Regulations for Preventing Collisions at Sea, 1972/COLREGs *pl*

Internationale Regeln von 1972 zur Verhütung von Zusammenstößen auf See *pl* Kollisionsverhütungsregeln/KVR *fpl*

International Road and Transport Union/IRU

Internationale Straßentransport-union/IRU *f*

International Standard of Phyto-sanitary Measures/ISPM

Internationaler Standard für Pflan-zenschutzmaßnahmen/ISPM *m*

International Union of combined Road-Rail transport companies/UIRR

Internationale Vereinigung der Gesellschaften für den Kombi-nierten Verkehr Schiene-Straße/UIRR *f*

Interpol/ICPO

Internationale kriminalpolizeiliche Organisation/IKPO *f* Interpol/IKPO *f*

interpretation of a contract

Vertragsauslegung *f*

intersection (*AE*)

Straßenkreuzung *f*

interstate highway (*AE*)

Autobahn *f*

interstate road (*AE*)

Bundesstraße *f*

intra-Community supply of goods

innergemeinschaftliche Lieferung *f*

intra-Community trade

innergemeinschaftlicher Handel *msg*

I

intra-Community trade statistics *pl* Intrastat *sg*	Innergemeinschaftliche Handelsstatistik *fsg*
intra-Community trade statistics *pl*	Intrastat *fsg*
intra-European Union trade	Intrahandel *msg* (EU)
intralogistics	Intralogistik *f*
Intrastat *sg*	Intrastat *fsg*
inventory sheet	Bestandsverzeichnis *n*
investment intensity	Anlagenintensität *f*
invisible	unsichtbar
invoice receipt	Rechnungseingang *m*
ionizing radiation	ionisierende Strahlung *f*
irrevocable	unwiderruflich
irrevocable L/C	unwiderrufliches Akkreditiv *n*
irrevocable letter of credit	unwiderrufliches Akkreditiv *n*
irritation	Reizung *f*
irritation of the mucous membrane	Schleimhautreizung *f*
ISO currency code	ISO-Währungscode *m*
issue date	Ausstellungsdatum *n*
issue, to	ausstellen (admin.)
issuer	Aussteller *m* (admin.)
item	Artikel *m*

J

jack (tool)	Wagenheber *m*
jacking point	Wagenheberaufnahme *f*
January	Januar *m*
jerry can	Kanister *m*
jet fuel	Kerosin *n*
joint and several (liability)	gesamtschuldnerisch (Haftung)
joint investigation team	Gemeinsame Ermittlungsgruppe *f*
joints *pl* (technical)	Gelenke *fpl* (technisch)

JOLODA loading system (® Joloda International Ltd.)	JOLODA Verladesystem *n* (® Joloda International Ltd.)
journey	Reise *f*
judge	Richter *m*
July	Juli *m*
jump leads *pl* (*BE*)	Starthilfekabel *n* Startkabel *n* Überleitungskabel *n*
jumper cables *pl* (*AE*)	Starthilfekabel *n* Startkabel *n* Überleitungskabel *n*
June	Juni *m*

K

keg	kleines Fass *n*
Kemler number	Kemlerzahl *f*
kerb (*BE*)	1. Bordstein *m* 2. Seitenstreifen *fpl*
kerbside (*BE*)	Bordsteinkante *f*
kerbstone (*BE*)	Bordstein *m*
key	Schlüssel *m*
kilometer-dependent toll (*AE*)	kilometerabhängige Maut *f*
kilometre-dependent toll (*BE*)	kilometerabhängige Maut *f*
kilowatt/kW	Kilowatt/kW *n*
king pin	Königszapfen *m*
knife	Messer *n*
knock, to (door)	anklopfen (Tür)
known consignor	bekannter Versender *m*
known shipper	bekannter Versender *m*
knuckle boom crane	Knickarmkran *m* (z.B. LKW-Ladekran)

K

L

label	Etikett *n*
label printer	Etikettendrucker *m*
labeling (*AE*)	Bezettelung *f* Etikettierung *f* Kennzeichnung *f*
labelling (*BE*)	Bezettelung *f* Etikettierung *f* Kennzeichnung *f*
labor court (*AE*)	Arbeitsgericht *n*
labor law (*AE*)	Arbeitsrecht *n*
labour court (*BE*)	Arbeitsgericht *n*
labour law (*BE*)	Arbeitsrecht *n*
ladder frame	Leiterrahmen *m*
Landlocked Developing Countries/ LLDC *pl*	Entwicklungsländer ohne Meerzugang/LLDC *npl*
lane	Fahrstreifen *m* Fahrspur *f*
lane change assistant	Spurwechselassistent *m*
lane departure warning system LDWS	Spurverlassungswarnung *f* (ugs.) Spurhalteassistent *m* Spurassistent *m*
lap belt	Beckengurt *m*
lapse, to	1. ablaufen 2. erlöschen 3. hinfällig werden 4. verfallen
lapsed policy	verfallene Police *f*
large	groß
large containers *pl* (capacity of more than 3 m^3)	Großcontainer *m* (Fassungsraum von mehr als 3 Kubikmetern)
large packaging (dangerous goods)	Großverpackung *f* (Gefahrgut)
large radioactive source	Großquelle *f*

L

large volume transport	Großraumtransporte *mpl*
lash down, to	niederzurren
	verzurren
lash, to	zurren
	laschen
lashing angle	Zurrwinkel *m*
lashing chain	Zurrkette *f*
lashing chains *pl*	Zurrketten *fpl*
lashing down procedure	Niederzurrverfahren *n*
lashing equipment	Zurrmittel *n*
lashing point	Zurrpunkt *m*
lashing point sign	Zurrpunktschild *f*
lashing strap	Zurrgurt *m*
	Spanngurt *m*
lashing straps *pl*	Zurrgurte *mpl*
lashing winches *pl* (load securing permanently installed in the vehicle)	Zurrwinden *fpl* (Ladungssicherung fest im Fahrzeug installiert)
lashing wire rope strap	Zurr-Drahtseilgurt *m*
lashing wire ropes *pl*	Zurrdrahtseile *npl*
last month	letzter Monat
last week	letzte Woche
last year	letztes Jahr
Latin America	Lateinamerika *n*
latitude circles *pl* (geographical)	Breitenkreise *mpl* (geographisch)
law	Gesetz *n* (allgemein)
Law of the Carriage of Goods	Beförderungsrecht *n*
lawyer	Rechtsanwalt *m* (Oberbegriff)
	Anwalt *m* (Oberbegriff)
lazy	faul
lead *sg*	Blei *nsg*
leading and trailing axle	Vor- und Nachlaufachse *f*
leakage	Leckage *f*

L

leaked out	ausgelaufen (Flüssigkeit)
learn the hard way, to (*coll.*)	Lehrgeld zahlen (*ugs.*)
leasing cover	Leasingdeckung *f*
Least Developed Countries/LDC *pl*	am wenigsten entwickelte Länder/ LDC *npl*
leather	Leder *n*
leather goods *pl*	Lederwaren *fpl*
left	linker
	linkere
	linkeres
	links
left-hand traffic	Linksverkehr *m*
left, on the	links
legal basis	Rechtsgrundlage *f*
legal framework	Rechtsrahmen *m*
legal regulation	Rechtsvorschrift *f*
lend, to	ausborgen
	ausleihen
length	Länge *f*
length and girth combined	Gurtmaß *n*
less than container load/full container load / LCL/FCL	Vorlauf nicht containerisiert als Stückgut und Nachlauf containerisiert / LCL/FCL *m*
less than container load/less than container load / LCL/LCL	Vor- und Nachlauf nicht containerisiert als Stückgut / LCL/LCL *m*
Lesser Antilles *pl*	Kleine Antillen *pl*
letter of credit	Akkreditiv *n*
	Dokumentenakkreditiv *n*
letter of intent/LOI	Absichtserklärung *f*
level crossing (*BE*)	Bahnübergang/BÜ *m*
leverage effect	Leverage-Effekt *m*
liability	1. Haftung *f*
	2. Verbindlichkeit *f*

L

liability corridor	Haftungskorridor *m*
liability for fault	Verschuldenshaftung *f*
liability for fault with reversal of the burden of proof	Verschuldenshaftung mit umgekehrter Beweislast *f*
liability insurance	Haftpflichtversicherung *f*
liability insurance (general)	Haftpflichtversicherung *f* (allgemein)
licence certificate part I (*BE*)	Zulassungsbescheinigung Teil I *f* Fahrzeugschein *m*
licence certificate part II (*BE*)	Zulassungsbescheinigung Teil II *f* Fahrzeugbrief *m*
license certificate part I (*AE*)	Zulassungsbescheinigung Teil I *f* Fahrzeugschein *m*
license certificate part II (*AE*)	Zulassungsbescheinigung Teil II *f* Fahrzeugbrief *m*
license plate (*AE*)	Kfz-Kennzeichen *n* (Schild) Nummernschild *n*
license plate number (*AE*)	Kfz-Kennzeichen *n* (Nummer)
license tag (*AE*)	Kfz-Kennzeichen *n* (Schild) Nummernschild *n*
lien	Pfandrecht *n*
life of the engine	Motorlebensdauer *f*
lift axle	Liftachse *f*
lift axles pl	Liftachsen *fpl*
lift bridge	Hubbrücke *f*
lift cylinder	Hubzylinder *m*
lift height	Hubhöhe *f*
lift, to	anheben (Last)
lifting cradle coupling	Hubsattelkupplung *f*
lifting cylinder	Hubzylinder *m*
lifting equipment	Hebezeug *n*
lifting height	Hubhöhe *f*
lifting means *pl*	Anschlagmittel *n*

L

light (weight)	leicht (Gewicht)
light assistant	Lichtassistent *m*
light damage	leichter Schaden *m*
light running	Leerfahrt *f*
light-gauge metal packaging	Feinstblechverpackung *f*
lighting	Beleuchtung *f*
lighting device	Beleuchtungseinrichtung *f*
lightning	Blitz *m*
lightning damage	Blitzschaden *m*
limit value list	Grenzwerteliste *f*
limitation	Verjährung *f*
limitation of a claim	Verjährung eines Anspruchs *f*
limitation of liability	Begrenzung der Haftung *f*
limitation period	Verjährungsfrist *f*
Limited Cover (DTV Cargo 2000/2011)	Eingeschränkte Deckung *f* (DTV-Güter 2000/2011)
limited quantity/LQ	begrenzte Menge/LQ *f*
liquefied natural gas/LNG *sg* (*BE*)	Flüssigerdgas/LNG *nsg*
liquefied petroleum gas/LPG *sg* (*BE*)	Flüssiggas/LPG *nsg*
liquid	Flüssigkeit *f*
liquid aluminium *sg* (*BE*)	flüssiges Aluminium *nsg*
liquid aluminum *sg* (*AE*)	flüssiges Aluminium *nsg*
liquid explosive	Flüssigsprengstoff *m*
liquid fire	Flüssigkeitsbrand *m*
liquid goods *pl*	flüssige Güter *npl*
liquidity	Liquidität *f*
liquidity indicators *pl*	Kennzahlen der Liquidität *fpl*
liquified natural gas/LNG *sg* (*AE*)	Flüssigerdgas/LNG *nsg*
liquified petroleum gas/LPG *sg* (*AE*)	Flüssiggas/LPG *nsg*
list of cargo (goods manifest)	Ladungsverzeichnis *n* (Warenmanifest)

L

lithium *sg*	Lithium *nsg*
little	klein
live animals *pl*	lebende Tiere *npl*
live plants *pl*	lebende Pflanzen *fpl*
living animals *pl*	lebende Tiere *npl*
living plants *pl*	lebende Pflanzen *fpl*
load backrest	Lastschutzgitter *n*
load capacity	Ladefähigkeit *f*
load center *(AE)*	Lastschwerpunkt *m*
load center distance *(AE)*	Lastschwerpunktabstand *m*
load centre *(BE)*	Lastschwerpunkt *m*
load centre distance *(BE)*	Lastschwerpunktabstand *m*
load chain	Lastkette *f*
load distribution plan	Lastverteilungsplan *m*
load handling device	Lastaufnahmemittel *n*
load limit	Lastgrenze *f*
load monitoring system/LMS	Load Monitoring-System/LMS *n*
load securing	Ladungssicherung *f*
load securing equipment	Ladungssicherungsmittel *n*
loading	Beladen *n*
loading activity	Ladetätigkeit *f*
loading aids *pl*	Ladehilfen *fpl*
loading area	1. Ladefläche *f* 2. Ladezone *f*
loading device	Ladehilfsmittel/LHM *n*
loading equipment	Ladehilfsmittel/LHM *n*
loading flap	Ladeklappe *f*
loading list	Ladeliste *f*
loading meter *(AE)*	Lademeter/LDM *m*
loading metre *(BE)*	Lademeter/LDM *m*
loading period	Ladefrist *f*

L

loading plan	Ladeplan *m*
loading platform	Ladebühne *f*
loading racks *pl*	Ladegestelle *f*
loading ramp	1. Ladebühne *f*
	2. Verladerampe *f* / Laderampe *f* / Rampe *f*
loading timbers *pl*	Ladehölzer *npl*
loading time	Ladezeit *f*
loading troughs *pl* (load securing permanently installed in the vehicle)	Lademulden *fpl* (Ladungssicherung fest im Fahrzeug installiert)
loading unit	Ladeeinheit/LE *f*
local public transport	öffentlicher Personennahverkehr/ ÖPNV *m*
local public transport plans *pl*	ÖPNV-Nahverkehrspläne *npl*
local traffic plans *pl*	Nahverkehrspläne *mpl*
local vehicle network (LVN) (currently under development)	*Local Vehicle Network (LVN) (befindet sich in der Entwicklung)*
lockout	Aussperrung *f*
logistics	Logistik *f*
logistics chain	Logistikkette *f*
London Stock Exchange (fin.)	Londoner Börse *f* (fin.)
long lorry (*BE*) / truck (*AE*) (vehicle combination up to 25.25m total length)	Lang-Lkw *m* (Fahrzeugkombination bis 25,25m Gesamtlänge)
long vehicle	Fahrzeug mit Überlänge *n*
long-distance bus (*AE*)	Reisebus *m*
long-distance travel	Fernlinienverkehr *m*
long-term	langfristig
long-term lowest price limit	Preisuntergrenze *f* (langfristig)
Longer Combination Vehicle/LCV	überlanger LKW mit einem oder zwei Anhängern, z.B. in Kanada, USA

L

longitudinal circles *pl* (geographical)	Längenkreise *mpl* (geografisch)
longshoreman (*AE*)	Stauer *m*
	Hafenarbeiter *m*
lorry (*BE*)	Laster *m*
	Lastkraftwagen/LKW *m*
	Lastwagen *m*
lorry driver (*BE*)	LKW-Fahrer *m*
	Lastwagenfahrer *m*
lorry mounted crane (*BE*)	LKW-Ladekran *m*
lorry mounted forklift (*BE*)	Mitnahmestapler *m* (LKW)
lorry park (*BE*)	Autohof *m*
lorry wash (*BE*)	LKW-Waschstraße *f*
loss	Schaden *m*
	Verlust *m*
loss in transit	Transportschaden *m*
loud	laut
low noise certificate	Lärmarmzertifikat *n*
low specific activity/LSA	geringe spezifische Aktivität/LSA *f*
low value assets *pl*	geringwertige Wirtschaftsgüter/ GWG *npl*
low-beam headlamp (*AE*)	Frontscheinwerfer *m*
	Hauptscheinwerfer *m*
low-beam headlight (*AE*)	1. Abblendlicht *n*
	2. Hauptscheinwerfer *m* / Frontscheinwerfer *m*
low-emission	abgasarm
	emissionsarm
	schadstoffarm
low-floor bus	Niederflurbus *m*
low-floor technology	Niederflurtechnik *f*
low-maintenance	wartungsarm
low-noise	geräuscharm
loyal	loyal

L

lubricant	Schmierstoff *m*
lubricate, to	abschmieren
lubrication gun	Fettpresse *f*
	Schmierpresse *f*
lug wrench (*AE*)	Radkreuz *n*
	Kreuzschlüssel *m*
	Drehkreuz *n*
luggage insurance (*BE*)	Gepäckversicherung *f*
	Reisegepäckversicherung *f*
luggage *sg* (*BE*)	Gepäck *nsg*
lumber	Bauholz *n*
lunch break	Mittagspause *f*
lye	Lauge *f*

M

machine	Maschine *f*
mafia	Mafia *f*
Maghreb *sg*	Maghreb *msg*
magnesium *sg*	Magnesium *nsg*
main carriage	Hauptlauf *m*
main customs office	Hauptzollamt *n*
main hazard	Hauptgefahr *f*
main inspection	Hauptuntersuchung/HU *f*
main route	Hauptstrecke *f*
maintainability *sg*	Wartungsfreundlichkeit *fsg*
maintenance	Wartung *f*
maintenance work	Wartungsarbeit *f*
major damage	großer Schaden *m*
malaria *sg*	Malaria *fsg*

Malay Archipelago	Indischer Archipel *m* Indonesischer Archipel *m* Malaiischer Archipel *m* Ostindischer Archipel *m* Südostasiatischer Archipel *m*
Malay Peninsula	Goldene Halbinsel *f* Malaien-Halbinsel *f* Malaiische Halbinsel *f*
malice *sg*	Arglist *fsg*
malicious deceit	arglistige Täuschung *f*
managing director	Geschäftsführer *m*
mandatory legal provision	zwingende Rechtsvorschrift *f*
mandatory reporting	Meldepflicht *f*
mandatory sign	Gebotszeichen *n*
mandatory warning vest	Warnwestenpflicht *f*
manhole	Mannloch *n*
manifest	Ladungsverzeichnis *n* Manifest *n*
manipulation (processing)	Bearbeitung *f* (Waren) Verarbeitung *f* (Waren)
manners *pl*	Manieren *fpl*
manning (e.g. bus and coach)	Besetzung *f* (z.B. KOM)
manoeuvring (*BE*) / maneuvering (*AE*) assistant (currently under development)	Rangierassistent *m* (befindet sich in der Entwicklung)
manoeuvring (*BE*) / maneuvering (*AE*), recovery and towing coupling	Rangier-, Berge- und Abschleppkupplung *f*
manometer	Manometer *n*
manual gearbox	Schaltgetriebe *n*
manual transmission	Schaltgetriebe *n*
manufacturer	Hersteller *m*
manufacturing	Fertigung *f*
manufacturing costs *pl*	Herstellkosten *pl*

manufacturing risk cover	Fabrikationsrisikodeckung *f*
March	März *m*
margin	Marge *f*
marginal costing	Teilkostenrechnung *f*
marine insurance	Seetransportversicherung *f*
marine salvage	Bergung *f* (Schiff)
marine weather service	Seewetterdienst *m*
maritime law	Seerecht *n*
maritime salvage	Bergung *f* (Schiff)
mark	Markierung *f*
mark, to	markieren
Market Access Regulation/MAR	Marktzugangsverordnung/MZV *f*
market organisation (*BE*)	Marktordnung *f*
market organization (*AE*)	Marktordnung *f*
market price	Marktpreis *m*
market regulation goods *pl*	Marktordnungswaren *fpl*
market regulations *pl*	Marktordnung *f*
market trips *pl*	Marktfahrten *fpl*
market value	1. Marktwert *m*
	2. Verkehrswert *m*
marking	Markierung *f*
marriage property	Heiratsgut *n*
mass force	Massenkraft *f*
Master Craftsman/Craftswoman for motorised (BE)/ motorized (AE) transport	Kraftverkehrsmeister/-in *m/f*
mate's receipt	Bordempfangsschein *m*
	Steuermannsquittung *f*
	Verladebescheinigung *f*
material damage	Sachschaden *m*
material flow	Materialfluss *m*
maturity	Fälligkeit *f*

maturity date	Fälligkeitstag *m*
maximum activity	maximale Aktivität *f*
maximum design speed	bauartbestimmte Höchstgeschwindigkeit *f*
maximum liability limit	Haftungshöchstgrenze *f*
maximum principle	Maximalprinzip *n*
maximum speed	Höchstgeschwindigkeit *f*
maximum width	maximale Breite *f*
May	Mai *m*
means of transport *pl*	Transportmittel *n* Verkehrsmittel *n*
measurement	1. Messung *f* 2. Messwert *m*
measuring tape	Bandmaß *n* Maßband *n*
meat products *pl*	Fleischerzeugnisse *npl* Fleischwaren *fpl*
meat *sg*	Fleisch *nsg*
mechanical	mechanisch
medicine	Medikament *n*
Mediterranean Basin *sg*	Mittelmeerraum *msg*
Mediterranean region *sg*	Mittelmeerraum *msg*
meet the requirement, to	der Anforderung entsprechen
Melanesia	Melanesien *nsg*
membership	Mitgliedschaft *f*
merchandise	Handelsware *f* Ware *f*
mercury *sg*	Quecksilber *nsg*
message	Botschaft *f* (Nachricht)
metal drum	Metallfass *n*
metal fire	Metallbrand *m*
metal hydride storage system	Metallhydrid-Speichersystem *n*

methane *sg*	Methan *nsg*
methanol *sg*	Methanol *nsg*
method of payment	Zahlungsart *f*
methyl bromide/MB	Methylbromid/MB *n*
micro sleep	Sekundenschlaf *m*
Micronesia	Mikronesien *n*
Middle America	Mittelamerika *n*
Middle East	Mittlerer Osten *m*
Mideast	Mittlerer Osten *m*
military load classfication/MLC	militärische Lastenklasse *f* MLC-Klasse *f*
military vehicle	Militärfahrzeug *n*
milk *sg*	Milch *fsg*
mine	Mine *f*
mineral	mineralisch
minimum distance	Mindestabstand *m*
minimum engine power	Mindestmotorleistung *f*
minimum principle	Minimalprinzip *n*
minor damage	Bagatellschaden *m*
minor injury	kleine Verletzung *f*
misloading	Fehlverladung *f*
mixed loading	Zusammenladen *nsg*
mixed packing	Zusammenpacken *nsg*
mixed pallet	Mischpalette *f*
mobile brush washer	mobile Bürstenwaschanlage *f*
mobile crane	Autokran *m* Fahrzeugkran *m*
mobile explosives manufacturing unit/MEMU	Mischladefahrzeug *n* Mobile Einheit zur Herstellung von explosiven Stoffen oder Gegenständen mit Explosivstoff/MEMU *f*

mobile phone (*BE*)	Handy *n* Mobiltelefon *n*
mobile phone number (*BE*)	Handynummer *f* Mobilnummer *f* Mobiltelefonnummer *f*
mode of dispatch	Versandart *f*
modest	bescheiden
modification	Änderung *f* Modifikation *f*
moisture *sg*	Feuchtigkeit *fsg*
moisture-proof	feuchtigkeitsbeständig feuchtigkeitsresistent
moisture-sensitive	feuchtigkeitsempfindlich
moldy (*AE*)	schimmelig
Monday	Montag *m*
monitor, to	überwachen
monsoon	Monsun *m*
monsoon rain	Monsunregen *m*
month	Monat *m*
month after next, the *sg*	übernächster Monat
month before last, the *sg*	vorletzter Monat
monthly	monatlich
Montreal Convention	Montrealer Übereinkommen/MÜ *n*
moonlighting	Schwarzarbeit *f*
moose test (*coll.*)	Elchtest *m* (*ugs.*)
moped	1. Mofa *n* 2. Moped *n*
moped with a kick starter	Mokick *n*
mores *pl*	Gebräuche *mpl* Gepflogenheiten *fpl* Sitten *fpl*
morning	1. Morgen *m* 2. Vormittag *m*

morning break	Frühstückspause *f*
MOT test	TÜV-Hauptuntersuchung *f*
motel	Motel *n*
motor car	Auto *n*
	Automobil *n*
	Kraftwagen *m*
	Personenkraftwagen/PKW *m*
motor coach (*BE*)	Reisebus *m*
motor speed	Motordrehzahl *f*
motor vehicle	Kraftfahrzeug/Kfz *n*
motor vehicle liability insurance	Kfz-Haftpflicht *f* (*ugs.*)
	Kfz-Haftpflichtversicherung *f*
motorail	Autoreisezug *m*
motorail train	Autoreisezug *m*
motorbike	Kraftrad *n*
	Motorrad *n*
motorcycle	Kraftrad *n*
	Motorrad *n*
motorcycle combination	Motorradgespann *n*
motorcycle helmet	Motorradhelm *m*
	Schutzhelm *m* (Motorrad)
	Sturzhelm *m* (*ugs.*) (Motorrad)
motorized bicycle	Fahrrad mit Hilfsmotor *n*
motorway (*BE*)	Autobahn *f*
motorway exit (*BE*)	Autobahnausfahrt *f*
motorway junction (*BE*)	Autobahnkreuz *n*
motorway service area/MSA (*BE*) rest area (*AE*)	Autobahnrastanlange *f*
	Autobahnrasthof *m*
	Autobahnrastplatz *m*
	Autobahnraststätte *f*
motorway triangle (*BE*)	Autobahndreieck *n*
motorways pl (*BE*)	Kraftfahrstraßen *fpl*
mouldy (*BE*)	schimmelig

mountain	Berg *m*
mountain bike/MTB	Geländefahrrad *n* Mountainbike/MTB *n*
mountain pass road	Passstraße *f*
moveable bridge	bewegliche Brücke *f*
movement certificate	Warenverkehrsbescheinigung/ WVB *f*
movement certificate a. tr	Warenverkehrsbescheinigung A. TR *f*
movement certificate euro 1	Warenverkehrsbescheinigung Euro 1 *f*
moving company	Umzugsspedition *f*
moving firm	Umzugsspedition *f*
moving floor	Schiebeboden *m* Schubboden *m*
mucous membrane	Schleimhaut *f*
mud on road *sg*	verschmutzte Fahrbahn *f*
multi element gas container/MEGC	Gascontainer mit mehreren Elementen/MEGC *m*
multi-circuit protection valve	Mehrkreisschutzventil *n*
multi-compartment tank	Mehrkammertank *m*
multi-disc clutch	Mehrscheibenkupplung *f*
multi-driver operation	Mehrfahrerbetrieb *m*
multi-manning	Mehrfahrerbetrieb *m*
multi-modal traffic	Multimodaler Verkehr *m*
multi-modal transport	Multimodaler Verkehr *m*
multi-state cost distribution sheet	mehrstufiger Betriebsabrechnungs- bogen *m*
multi-storey car park (*BE*)	Parkhaus *n*
multifunction steering wheel	Multifunktionslenkrad *n*
multilateral	mehrseitig

N

multilateral approval (CEMT approval)	multilaterale Genehmigung *f* (CEMT-Genehmigung)
multiple citizenship	mehrfache Staatsangehörigkeit *f* mehrfache Staatsbürgerschaft *f*
multiple element gas container/ MEGC	Gascontainer mit mehreren Elementen/MEGC *m*
multiple vehicle collision	Massenkarambolage *f*
municipal roads *pl*	Gemeindestraßen *fpl*
mutual insurance association	Versicherungsverein auf Gegenseitigkeit/VVaG *m*
mutual insurance company	Versicherungsverein auf Gegenseitigkeit/VVaG *m*
mutual insurance corporation (*AE*)	Versicherungsverein auf Gegenseitigkeit/VVaG *m*
mutual insurance society (*BE*)	Versicherungsverein auf Gegenseitigkeit/VVaG *m*

N

naked flame	offene Flamme *f*
naked light	offenes Licht *n*
named B/L	Namenskonnossement *n* Rektakonnossement *n*
named bill of lading	Namenskonnossement *n* Rektakonnossement *n*
national roads *pl*	Landesstraßen *fpl*
national treasure	nationales Kulturgut *n*
natural gas	Erdgas *n*
natural gas vehicle/NGV	Erdgasfahrzeug *n* Erdgasauto *n*
natural hazard	Elementarrisiko *n*
nautical fault	nautisches Verschulden *nsg*
navigation system	Navigationssystem *n*
Near East	Naher Osten *m*

N

necessary	notwendig
	erforderlich
negative booking	Stornobuchung *f*
negligence *sg*	Fahrlässigkeit *f*
negotiable	begebbar
	negoziierbar
negotiable FIATA Multimodal Transport Bill of Lading/FBL	begebbares FIATA-Durchkonnossement des kombinierten Transports/FBL *n*
negotiable L/C	begebbares Akkreditiv *n*
	negoziierbares Akkreditiv *n*
negotiable letter of credit	begebbares Akkreditiv *n*
	negoziierbares Akkreditiv *n*
negotiation	Gesprächsführung *f*
nervous	nervös
net	Netz *n*
net (load securing)	Netz *n* (Ladungssicherung)
net asset indicators *pl*	Kennzahlen zur Vermögenslage *fpl*
net explosive content/NEC	Nettoexplosivstoffmasse/NEM *f*
net explosive quantity/NEQ	Nettoexplosivstoffmasse/NEM *f*
net explosive weight/NEW	Nettoexplosivstoffmasse/NEM *f*
net loss	Reinverlust *m*
net profit	Reingewinn *m*
net sales *pl* (*AE*)	Nettoumsatz *m*
net turnover (*BE*)	Nettoumsatz *m*
net weight	Nettogewicht *n*
	Reingewicht *n*
neutral (gear)	Leerlauf *m* (Motor)
New Computerized Transit System/ NCTS	EDV-gestütztes Versandverfahren/ NCTS *n*
news *pl*	Nachricht *f*
newton meter/Nm (*AE*)	Newtonmeter/Nm *m/n*

N

newton metre/Nm (*BE*)	Newtonmeter/Nm *m/n*
next month	nächster Monat
next week	nächste Woche
next year	nächstes Jahr
nickel *sg*	Nickel *nsg*
night	Nacht *f*
night vision assistant	Nachtsichtassistent *m*
nitric acid *sg*	Salpetersäure *fsg*
nitrogen *sg*	Stickstoff *msg*
nitroglycerin/NG *sg*	Nitroglycerin/NG *nsg*
	Nitroglyzerin/NG *nsg*
no hard feelings *pl* (*coll.*)	nichts für ungut (*ugs.*)
	Schwamm drüber (*ugs.*)
no news is good news *pl* (*coll.*)	keine Nachricht ist eine gute Nachricht (*ugs.*)
no overtaking (*BE*)	Überholverbot *n*
no parking	Parkverbot *n*
no passing (*AE*)	Überholverbot *n*
no stopping and standing	Halteverbot *n*
	Haltverbot *n*
no stopping and standing zone	Halteverbotszone *f*
	Haltverbotszone *f*
no value declared/NVD	keine Wertangabe
no-parking zone	Parkverbotszone *f*
noble gas	Edelgas *n*
noise barrier	Lärmschutzwand *f*
noise certificate	Lärmzertifikat *n*
noise level	Lärmpegel *m*
Nomenclature of Goods for the External Trade Statistics of the Community and Statistics of Trade between Member States/NIMEXE	Warenverzeichnis für die Statistik des Außenhandels der Gemeinschaft und des Handels zwischen ihren Mitgliedstaaten/NIMEXE *n*
nominal account	Sachkonto *n*

nominal capacity	Nennkapazität *f*
nominal capital corpus	Stammkapital *n*
nominal voltage	Nennspannung *f*
non-community goods	Nichtgemeinschaftsware *f*
non-deductible franchise	Integralfranchise *f* (Versicherung zahlt erst ab einer bestimmten Schadenshöhe)
non-flammable	nicht brennbar
non-insurable	nicht versicherbar
non-insurable commercial goods	nicht versicherbare Handelsgüter *npl*
non-liability clause *sg*	Haftungsausschlussklausel *f*
non-negotiable	nicht begebbar nicht negoziierbar
non-negotiable FIATA Multimodal Transport Waybill/FWB	nicht begebbares FIATA-Transportdokument des kombinierten Transports/FWB *n*
non-operating result	neutrales Ergebnis *n*
non-payment (*BE*)	Nichtzahlung *f*
non-preferential origin	nichtpräferenzieller Ursprung *m*
non-preferential right of origin	nicht präferenzielle Ursprungsrecht *n*
non-recognisable (*BE*) / non-recognizable (*AE*) defects pl	nicht erkennbare Mängel *mpl*
non-returnable packaging (*BE*)	Einwegverpackung *f*
nonpayment (*AE*)	Nichtzahlung *f*
nonreturnable packaging (*AE*)	Einwegverpackung *f*
noon	Mittag *m*
normal fifth wheel coupling	normale Sattelkupplung *f*
normal tire (*AE*)	Sommerreifen *m*
normal tyre (*BE*)	Sommerreifen *m*

N

north	Nord Norden *m*
North Africa	Nordafrika *n*
North America	Nordamerika *n*
North Range (Hamburg/Bremen/ Bremerhaven/Rotterdam/Antwerp)	Nordrange *f* (Hamburg/Bremen/ Bremerhaven/Rotterdam/ Antwerpen) / Hamburg-Antwerpen- Range/HA-Range *f* (Hamburg/ Bremen/Bremerhaven/Rotterdam/ Antwerpen)
Northern Africa	Nordafrika *n*
Northern Europe	Nordeuropa *n*
not otherwise specified/N.O.S.	nicht anderweitig genannt/N.A.G.
notary	Notar *m*
notice of change	Änderungskündigung *f*
notice of claim	Schadensanzeige *f*
notice of defects	Mängelanzeige *f*
notice of liability	Haftbarhaltung *f*
notice of loss	Schadensanzeige *f*
notifying bank	avisierende Bank *f*
November	November *m*
nuclear	nuklear
nuclear fuel	Kernbrennstoff *m*
nuclear radiation	radioaktive Strahlung *f*
nuclide	Nuklid *n*
number of axles	Achszahl *f*
number plate (*BE*)	Nummernschild *n* Kfz-Kennzeichen *n* (Schild)
nursing care insurance	Pflegeversicherung *f*
nutrition	Ernährung *f*
nylon tape	Nylonband *n*

O

obligation to carry	Beförderungspflicht *f*
obligation to contract	Kontrahierungszwang *m* Abschlusszwang *m*
obligations of the employer *pl*	Pflichten des Arbeitgebers *fpl*
obliging	zuvorkommend
occasional carriage	Gelegenheitsverkehr *m*
occupation	Besetzung *f* (z.B. KOM)
occupational health medical examination/OHME	arbeitsmedizinische Vorsorge- untersuchung *f*
occupational medicine	Arbeitsmedizin *f*
occupational safety	Arbeitssicherheit *f*
ocean marine insurance	Seetransportversicherung *f*
Oceania	Ozeanien *nsg*
octane number	Oktanzahl *f*
octane rating	Oktanzahl *f*
October	Oktober *m*
odds and ends *pl* (*coll.*)	Kleinigkeiten *fpl* Krimskrams *msg* (*ugs.*)
odds with oneself, to be at	mit sich selbst uneins sein
odds with something, to be at	mit etwas in Konflikt stehen mit jemandem uneinig sein
odometer fraud	Tachomanipulation *f*
odor (*AE*)	Geruch *m*
odor-absorbing (*AE*)	geruchsaufnehmend
odor-free (*AE*)	geruchsneutral
odor-releasing (*AE*)	geruchsabgebend
odour (*BE*)	Geruch *m*
odour-absorbing (*BE*)	geruchsaufnehmend
odour-free (*BE*)	geruchsneutral
odour-releasing (*BE*)	geruchsabgebend
off-field landing	Außenlandung *f*

O

0

off-road vehicle	Geländewagen *m*
offer	Angebot *n*
office hours *pl*	Bürozeit *f*
office premises *pl*	Geschäftsräume *mpl*
oil	Öl *n*
oil bath air filter	Ölbadluftfilter *m*
oil change	Ölwechsel *m*
oil cooler	Ölkühler *m*
oil dipstick	Ölpeilstab *m*
oil embargo	Ölembargo *n*
oil filter	Ölfilter *m*
oil on road	Ölspur *f*
old	alt
old banger (*BE*) (*coll.*) (car)	Rostlaube *f* (*ugs.*)
	Rostmühle *f* (*ugs.*)
ombudsman	Ombudsmann *m*
omnibus	Bus *m*
	Omnibus *m*
	Kraftomnibus/KOM *m*
on schedule	im Zeitplan
on the job	bei der Arbeit
on time	pünktlich
on-board unit/OBU	On-Board Unit/OBU *f*
on-board-weighting system / OBWS	Wiegesystem *n* (On-Board-Weighting System / OBWS)
on-call bus	Anrufbus *m*
on-carriage	Nachlauf *m*
oncoming traffic	Gegenverkehr *m*
one-to-one rule	Eins-zu-Eins-Regel *f*
one-way packaging	Einwegverpackung *f*
one-way pallet	Einwegpalette *f*
one-way street	Einbahnstraße *f*

oodles of something *pl* (*coll.*)	Unmenge von etwas *f*
open customs warehouse	offenes Zollager/OZL *n*
open depot	Freilager *n* (räumlich)
open items list	Offene-Posten-Liste *f*
open policy	Generalpolice *f* laufende Police *f* offene Police *f*
Open Policy (DTV Cargo 2000/2011)	Bestimmungen für die laufende Versicherung *fpl* (DTV-Güter 2000/2011)
open side container	seitlich offener Container *m*
open top container	oben offener Container *m*
open vehicle	offenes Fahrzeug *n*
open, to (e.g. a package)	öffnen (z.B. ein Versandstück)
opening bank	eröffnende Bank *f*
operating expense	1. Betriebsaufwand *m* (betriebliche Aufwendungen) 2. Zweckaufwand *m*
operating instructions *pl*	Betriebsanweisung *f*
operating licence (*BE*)	Betriebserlaubnis *f* Betriebsgenehmigung *f*
operating license (*AE*)	Betriebserlaubnis *f* Betriebsgenehmigung *f*
operating results *pl*	Betriebsergebnis *n*
operating safety	Betriebssicherheit *f*
operating supplies *pl*	Betriebsstoff *m*
operating time	1. Betriebszeit *f* 2. Einsatzzeit *f* 3. Betriebsdauer *f*
operational purpose	Betriebszweck *m*
Operational Regulations of Undertakings engaged in Road Passenger Transport services	Betriebsordnung für Kraftfahrunter- nehmen/BOKraft *f*

0

0

operational safety	Betriebssicherheit *f*
option	Wahlmöglichkeit *f*
oral customs declaration	mündliche Zollanmeldung *f*
orange plate	orangefarbene Gefahrentafel *f*
order	Auftrag *m*
	Bestellung *f*
order acknowledgement (*BE*)	Auftragsbestätigung *f*
order acknowledgment (*AE*)	Auftragsbestätigung *f*
order B/L	Orderkonnossement *n*
order bill of lading	Orderkonnossement *n*
order clause	Orderklausel *f*
order confirmation	Auftragsbestätigung *f*
ordinance	Verordnung *f*
Ordinance on Frozen Foods	Verordnung über tiefgefrorene Lebensmittel *f* (TLMV)
Ordinance on Industrial Safety and Health/BetrSichV	Betriebssicherheitsverordnung/ BetrSichV *f*
Ordinance on the Transport of Dangerous Goods by Road, Rail and Inland Waterways/GGVSEB	Gefahrgutverordnung Straße, Eisenbahn und Binnenschifffahrt/ GGVSEB *f*
Ordinance on the Transport of Dangerous Goods by Sea/GGVSee	Gefahrgutverordnung See/ GGVSee *f*
Ordinance on Transport Licences/ TgV	Transportgenehmigungs- verordnung/TgV *f*
organic	organisch
organisational fault (*BE*)	Organisationsverschulden *nsg*
organise, to (*BE*)	organisieren
organised crime *sg* (*BE*)	organisierte Kriminalität *fsg*
organised smuggling (*BE*)	organisierter Schmuggel *msg*
organizational fault (*AE*)	Organisationsverschulden *nsg*
organize, to (*AE*)	organisieren
organized crime *sg* (*AE*)	organisierte Kriminalität *fsg*

organized smuggling (*AE*)	organisierter Schmuggel *msg*
original	Original *n*
Other Beneficiary Countries/OBC *pl*	übrige Entwicklungsländer/OBC *npl*
other costs *pl*	Anderskosten *pl*
out of town	außerorts
outer packaging	Umverpackung *f*
outer packaging (dangerous goods)	Außenverpackung *f* (Gefahrgut)
Outermost Regions/OMR *pl*	Regionen in äußerster Randlange/ OMR *fpl*
outgoing invoice	Ausgangsrechnung *f*
outside business hours	außerhalb der Geschäftszeit
outside office hours	außerhalb der Bürozeit
oval tank	elliptischer Tank *m* Ovaltank *m*
overall profitability	Gesamtrentabilität *f*
overdue	überfällig
overhead absorption rate	Zuschlagssatz für Gemeinkosten *m*
overhead costs *pl*	Overhead-Kosten *pl*
overhead expenses *pl*	Gemeinkosten *pl*
overhead guard	Fahrerschutzdach *n*
overheight	Überhöhe *f*
overinsure, to	überversichern
overlength	Überlänge *f*
overload	Überladung *f*
overlook, to	übersehen
overnight delivery (in transshipment traffic)	Nachtsprung *m* (im Begegnungs- verkehr)
overpack (dangerous goods)	Umverpackung *f* (Gefahrgut)
overpressure	Überdruck *m*
overpressure valve	Überdruckventil *n*

0

overproduction	Überproduktion *f*
overseas	1. Übersee
	2. überseeisch
	3. in/aus Übersee
Overseas Countries and Territories/ OCT *pl*	Überseeische Länder und Gebiete/ ÜLG *pl*
oversized and heavy goods transport	Großraum- und Schwertransporte *mpl*
oversized transport	Großraumtransport *m*
overtake, to (*BE*)	überholen
overweight	Übergewicht *n*
overwidth	Überbreite *f*
owner	Inhaber *m*
owner-operated (coll.)	Inhabergebunden (ugs.)
oxidation catalytic converter	Oxidationskatalysator *m*
oxidising	brandfördernd
oxygen *sg*	Sauerstoff *msg*
oxyhydrogen	Knallgas *n*

P

Pacific Coast of the United States	Westküste der Vereinigten Staaten *f*
pack, to	1. verpacken
	2. einpacken
package	Kollo *n*
package policy	Paketpolice *f*
packaged good	Packgut *n*
packaging	1. Packmittel *n*
	2. Konfektionierung *f*
	3. Verpackung *f*
packaging aid	Packhilfsmittel *n*
packaging film	Verpackungsfolie *f*

packaging foil	Verpackungsfolie *f*
packaging material	Packstoff *m*
Packaging Ordinance	Verpackungsverordnung/VerpackV *f*
packaging waste	Verpackungsabfall *m* Verpackungsmüll *msg*
packing group	Verpackungsgruppe *f*
packing group I substances presenting high danger *pl*	Verpackungsgruppe I *f* Stoffe mit hoher Gefahr *mpl*
packing group II substances presenting medium danger *pl*	Verpackungsgruppe II *f* Stoffe mit mittlerer Gefahr *mpl*
packing group III substances presenting low danger *pl*	Verpackungsgruppe III *f* Stoffe mit geringer Gefahr *mpl*
padlock	Vorhängeschloss *n*
pail	Eimer *m*
pallet	Palette *f*
pallet frame	Palettenrahmen *m*
pallet jack	Handhubwagen *m* Hubwagen *m*
pallet truck	Handhubwagen *m* Hubwagen *m*
pallet wide container	palettenbreiter Container *m*
pallet width	Palettenbreite *f*
palletising (*BE*)	Palettierung *f*
palletizing (*AE*)	Palettierung *f*
paper	Papier *n*
papers *pl* (e.g. passport)	Papiere *npl* (z.B. Ausweis)
paraffin	Paraffin *n*
parcel	Paket *n*
parcel service	Paketdienst *m*

P

parking	Parken *n*
parking disc (*BE*)	Parkscheibe *f*
parking disk (*AE*) (unknown in the USA)	Parkscheibe *f*
parking garage (*AE*)	Parkhaus *n*
parking guidance system	Parkleitsystem *n*
parking heater (*BE*)	Standheizung *f*
parking lot (*AE*)	Parkplatz *m*
parking meter	Parkuhr *f*
parking ticket	Parkschein *m*
part load	Teilladung *f*
partial B/L	Teilkonnossement *n*
partial bill of lading	Teilkonnossement *n*
partial coverage insurance	Teilkasko *f* Teilkaskoversicherung *f*
partial disability	Teilinvalidität *f*
partial embargo	Teilembargo *n*
partial load characteristics *pl*	Teillastkennlinien *fpl*
partial load transport	Teilladungsverkehr *m*
partial loss	Teilverlust *m*
partial refund	teilweise Rückerstattung *f*
partial shipment	Teilsendung *f*
partial transportation	Teilbeförderung *f*
participant identification number/ BIN	Beteiligten-Identifikations-Nummer/ BIN *f*
particle filter	Partikelfilter *m*
particular average / P/A	besondere Havarie *f*
particularly vulnerable commercial goods	besonders gefährdete Handels- güter *npl*
partnership	Personengesellschaft *f*
pass, to (*AE*)	überholen

passage	1. Durchfahrt *f*
	2. Passage *f*
passenger	Passagier *m*
passenger assistance	Fahrgastbetreuung *f*
passenger car (road)	Personenkraftwagen/PKW *m*
	Auto *n*
	Kraftwagen *m*
	Automobil *n*
passenger information system	Fahrgastinformationssystem/FIS *n*
passenger list	Passagierliste *f*
passenger manifest	Passagierliste *f*
passenger traffic	Personenverkehr *m*
passenger transport	Personenbeförderung *f*
Passenger Transportation Act	Personenbeförderungsgesetz/
	PBefG *n*
passenger vehicle	Personenkraftwagen/PKW *m*
	Auto *n*
	Automobil *n*
	Kraftwagen *m*
passengers *pl*	Fahrgäste *mpl*
passengers *pl* with reduced mobility	mobilitätseingeschränkte
	Fahrgäste *mpl*
passing place	Ausweichbucht *f*
	Ausweichstelle *f*
passive refinement	passive Veredelung *f*
passport	Reisepass *m*
passport photo	Passbild *n*
passport photograph	Passbild *n*
Patagonia	Patagonien *n*
patient sample	Patientenprobe *f*
pavement (*BE*)	Bürgersteig *m*
pay and display machine	Parkscheinautomat *m*
pay customs, to	Zoll bezahlen

P

P

payable at maturity	zahlbar bei Fälligkeit
payable when due	zahlbar bei Fälligkeit
payload	Nutzlast *f*
payment	Zahlung *f*
payment of charges	Zahlung der Kosten *f*
payment of freight charges	Frachtzahlung *f*
payment on receipt of invoice	Zahlung bei Rechnungseingang *f*
payment receipt	Zahlungseingang *m*
payment term	Zahlungsbedingung *f*
pedal lining	Pedalgummi *n*
pedestrian	Fußgänger *m*
pedestrian area	Fußgängerzone *f*
pedestrian crossing	Fußgängerübergang *m*
	Fußgängerüberweg *m*
	Zebrastreifen *m*
pedestrian zone	Fußgängerzone *f*
pension insurance	Rentenversicherung *f*
people smuggling	Menschenschmuggel *msg*
people with disabilities *pl*	Menschen mit Behinderungen *mpl*
pepper	Pfeffer *m*
perforated	1. durchbohrt
	2. durchlöchert
	3. perforiert
performance characteristic	Leistungskennlinie *f*
performance classes *pl*	Leistungsklassen *fpl*
performance ratio	erfolgswirtschaftliche Kennzahlen *fpl*
performance-related heavy vehicle charge	Leistungsabhängige Schwerverkehrsabgabe/LSVA *f*
perimeter	Umfang *m*
period of complaints	Reklamationsfrist *f*
perishable	verderblich

perjury	Meineid *m*
permanent all-wheel drive	permanenter Allradantrieb *m*
permanent brake	Dauerbremse *f*
permanent four-wheel drive	permanenter Allradantrieb *m*
permissible maximum weight	zulässige Gesamtmasse/zGM *f* zulässiges Gesamtgewicht/zGG *n*
peroxide	Peroxid *n*
person responsible for exports	Ausfuhrverantwortlicher *m*
personal dose	Personendosis *f*
personal dosimeter	Personendosimeter *n*
personal injury	Personenschaden *m*
personal protective equipment/PPE	persönliche Schutzausrüstung/ PSA *f*
pesticide	Pestizid *n*
petrol (*BE*)	Benzin *n*
petrol engine (*BE*)	Benzinmotor *m* Ottomotor *m*
petrol pump (*BE*)	Tanksäule *f* Zapfsäule *f*
petrol station (*BE*)	Tankstelle *f*
petrol station attendant (*BE*)	Tankwart *m*
petroleum	Erdöl *n*
phenol *sg*	Phenol *nsg*
phone	Telefon *n*
phone number	Telefonnummer *f*
phosphorus *sg*	Phosphor *msg*
physical basics *pl*	physikalische Grundlagen *fpl*
phytosanitary certificate	phytosanitäres Zeugnis *n*
pickup truck	Kleintransporter mit offener Ladefläche *m*
piggyback car	Huckepackwagen *m*
piggyback traffic	Huckepackverkehr *m*

P

pipe tobacco	Pfeifentabak *m*
pipeline	Rohrleitung *f*
piracy	Piraterie *f*
placard	Großzettel *m*
place	Ort *m*
place of departure	Abgangsort *m*
place of destination	Bestimmungsort *m*
place of fulfillment (*AE*)	Erfüllungsort *m*
	Leistungsort *m*
place of fulfilment (*BE*)	Erfüllungsort *m*
	Leistungsort *m*
place of introduction	Ort des Verbringens *m*
	Verbringungsort *m*
place of jurisdiction	Gerichtsstand *m*
place of payment	Zahlungsort *m*
plan, to	Planen *n*
plane	Flugzeug *n*
plank	Bohle *f*
plant fire brigade (*BE*)	Werkfeuerwehr *f*
plant fire department (*AE*)	Werkfeuerwehr *f*
plastic	Kunststoff *m*
plastic explosive	Plastiksprengstoff *m*
plastic strapping	Kunststoffumreifungsband *n*
platform (container)	Plattform *f*
	Plattform-Container *m*
platform lorry (*BE*)	Pritschenwagen *m*
platform truck (*AE*)	Pritschenwagen *m*
plutonium *sg*	Plutonium *nsg*
plywood container	Sperrholzcontainer *m*
	Plywood-Container *m*
plywood floor	Sperrholzboden *m*
pneumatic	pneumatisch

point system	Punktsystem *n*
pointed	spitz
poison	Gift *n*
poisoning	Vergiftung *f*
police	Polizei *f*
police car	Polizeiwagen *m*
	Streifenwagen *m*
	Polizeiauto *n*
police check	Polizeikontrolle *f*
policy	Versicherungspolice *f*
	Versicherungsschein *m*
policy holder	Versicherungsnehmer *m*
policy owner	Versicherungsnehmer *m*
polite	höflich
political unrest	politische Unruhen *fpl*
pollutant emission	Schadstoffausstoß *m*
poly-V-belt	Keilrippenriemen *m*
Polynesia	Polynesien *nsg*
Polynesian Triangle *sg*	Polynesisches Dreieck *nsg*
pool grid box	Pool-Gitterbox *f*
poor work	schlechte Arbeit *f*
port	Hafen *m*
port logistics expert	Fachkraft für Hafenlogistik *f*
port of destination	Bestimmungshafen *m*
port of discharge	Entladehafen *m*
	Löschhafen *m*
port of entry	Empfangshafen *m*
portable tank	ortsbeweglicher Tank *m*
position	Position *f*
	Standort *m*
post pallet	Rungenpalette *f*
potash lye	Kalilauge *f*

P

P

potassium *sg*	Kalium *nsg*
pothole	Schlagloch *n*
powder	Pulver *n*
powder extinguisher	Pulverlöscher *m*
power steering	Servolenkung *f*
pre-carriage	Vorlauf *m*
pre-contract	Vorvertrag *m*
pre-departure check (truck/lorry or bus)	Abfahrtskontrolle *f* (LKW oder Bus)
pre-glow system	Vorglühanlage *f*
pre-packaging	Vorverpackung *f*
pre-shift group transmission	Vorschaltgruppe *f*
pre-tax transfer	Vorsteuerumbuchung *f*
pre-trial detention	Untersuchungshaft *fsg*
precise	genau präzise
preference	Präferenz *f*
preference certificate	Präferenznachweis *m*
preference portal	Präferenzportal *n*
preferential agreement	Präferenzabkommen *n*
preferential origin	präferenzieller Ursprung *m*
preferential right of origin	präferenzielle Ursprungsrecht *n*
preinsure, to	vorversichern
preload	Vorspannkraft *f*
premises *pl*	Betriebsgelände *n* Geschäftsräume *mpl*
premium	Prämie *f*
prepaid	vorausbezahlt
preparatory closing entry	vorbereitende Abschlussbuchung *f*
prepared balance	aufbereitete Bilanz *f*
presentation to customs	Gestellung *f*

presenting bank	vorlegende Bank *f*
pressure	Druck *m*
pressure drum	Druckfass *n*
pressure gauge	Manometer *n*
pressure regulator	Druckregler *m*
pressure-sensitive	druckempfindlich
presumption of loss	Verlustvermutung *f*
price	Preis *m*
primary costs *pl*	Selbstkosten *pl*
primary explosive	Initialsprengstoff *m* Zündstoff *m*
primary packaging	Primärverpackung *f*
primary route	Hauptstrecke *f*
prime costs *pl*	Selbstkosten *pl*
primer	Treibladungsanzünder *m*
principal	Hauptverpflichteter *m*
principal bank	Hausbank *f*
principle of causation	Verursachungsprinzip *n*
principle of liability	Haftungsprinzip *n*
principle of the lower of cost or market	Niederstwertprinzip *n*
principles of proper bookkeeping *pl*	Grundsätze der ordnungsgemäßen Buchführung *fpl*
priority	Priorität *f* Vorrang *m*
priority of a claim	Priorität eines Anspruchs *f* Vorrang eines Anspruchs *m*
private customs warehouse	privates Zolllager *n*
private haulage	Werkverkehr *m*
private law	Privatrecht *n*
privately financed route	privat finanzierte Strecke *f*
pro forma invoice	Proforma-Rechnung *f*

P

probability	Wahrscheinlichkeit *f*
probability calculation	Wahrscheinlichkeitsberechnung *f* Wahrscheinlichkeitsrechnung *f*
probable	vermutlich wahrscheinlich
problem	Problem *n*
processing under customs control	Umwandlungsverfahren *n*
procurement	Beschaffung *f*
procurement logistics	Beschaffungslogistik *f*
procurement market	Beschaffungsmarkt *m*
producer	Hersteller *m*
product counterfeiting	Produktfälschung *f* Produktpiraterie *f*
product moisture content *sg*	Warenfeuchte *fsg*
product piracy	Produktfälschung *f* Produktpiraterie *f*
production logistics	Produktionslogistik *f*
professional driver	Berufskraftfahrer *m*
professional driver qualification	Berufskraftfahrer-Qualifikation *f*
Professional Driver Qualification Act	Berufskraftfahrer-Qualifikations- gesetz/BKrFQG *n*
profiled kerbstone	Buskapstein *m*
profit and loss account	1. Erfolgskonto *n* 2. Erfolgsrechnung *f*
profit and loss account (*BE*)	Gewinn- und Verlustrechnung/ GuV *f*
profit and loss construction § 275 HGB	Aufbau der GuV nach § 275 Handelsgesetzbuch/HGB *m*
profit center (*AE*)	Profitcenter *n*
profit centre (*BE*)	Profitcenter *n*
profitability	Rentabilität *f*
proforma invoice	Proforma-Rechnung *f*

prohibit, to	untersagen verbieten
prohibition of mixed loading	Zusammenladungsverbot *n*
prohibition of mixed packing	Zusammenpackverbot *n*
prohibition of on-the-road service (coll.)	Unterwegsbedienungsverbot *n* (ugs.)
prohibition of transhipment	Umladungsverbot *n*
prohibition sign	Verbotszeichen *n*
prohibitions and restrictions *pl*	Verbote und Beschränkungen/VuB *pl*
prohibitory sign	Verbotszeichen *n*
prompt critical	prompt kritisch
proof of delivery/POD	Ablieferbeleg *m* Ablieferungsnachweis *m*
propane *sg*	Propan *nsg*
propellant	Treibladung *f*
property right	Schutzrecht *n*
proposal	Angebot *n* (ausführlich)
prosecutor	Staatsanwalt *m*
protect, to	schützen beschützen
protectionism *sg*	Protektionismus *msg*
protective clothing	Schutzkleidung *f*
protective equipment	Schutzausrüstung *f*
protective footwear	Schutzschuhe *f*
protective glove	Schutzhandschuh *m*
protective gloves	Schutzhandschuhe *f*
protective measures *pl*	Schutzmaßnahmen *fpl*
protective shoe	Sicherheitsschuh *m*
provisional arrest	vorläufige Festnahme *f*
provisional authorisation (*BE*) / authorization (*AE*)	einstweilige Erlaubnis *f*

P

provisional cover	vorläufige Deckung *f*
	vorläufiger Versicherungsschutz *m*
provisional insurance	Vorsorgeversicherung *f*
provisions *pl* (fin.)	Rückstellungen *fpl*
prussic acid *sg*	Blausäure *fsg*
public authorities *pl*	öffentliche Hand *fsg*
public bus	Stadtbus *m*
	Stadtlinienbus *m*
public customs warehouse	öffentliches Zolllager *n*
public document	öffentliche Urkunde *f*
public liability insurance	Betriebshaftpflichtversicherung/
	BHV *f*
pump-line-nozzle	Pumpe-Leitung-Düse/PLD *f*
pump-nozzle unit	Pumpe-Düse-Einheit/PDE *f*
punctually	pünktlich
purchase contract (fin.)	Kaufvertrag *m* (fin.)
purchase invoice	Eingangsrechnung *f*
purchase price reduction	Anschaffungspreisminderung *f*
purchasing	Beschaffung *f*
purchasing (department)	Einkauf *m* (Abteilung)
purchasing power (fin.)	Kaufkraft *f* (fin.)
pure financial loss	reiner Vermögensschaden *m*
Pure Financial Losses Clause (DTV Cargo 2000/2011)	Vermögensschadenklausel *f* (DTV-Güter 2000/2011)
push-start, to	anschieben
pyrotechnic article	pyrotechnischer Gegenstand *m*
pyrotechnic composition	pyrotechnischer Satz *m*
pyrotechnics	Pyrotechnik *f*

Q

quad	Quad *n*
qualified fault	qualifiziertes Verschulden *nsg*

quality	Qualität *f*
quality certificate	Qualitätszertifikat *n*
quarantine	Quarantäne *f*
quarantine regulations *pl*	Quarantänebestimmungen *fpl*
quarterly financial statement	Quartalsabschluss *m*
questionnaire	Fragebogen *m*
quiet	leise
quota	1. Quote *f* 2. Kontingent *n*
quotation	Angebot *n* (Kostenvoranschlag/ Preisangebot)
quote, to	ein Preisangebot machen

R

R

racing bicycle	Rennrad *n*
racing start	Kavalierstart *m*
radar detector	Radarwarner *m* Radarwarnanlage *f*
radar gun	Radarpistole *f*
radiation dose	Strahlendosis *f*
radiation exposure	Strahlenbelastung *f* Strahlenexposition *f*
radiation protection	Strahlenschutz *m*
radiation protection officer	Strahlenschutzbeauftragter/SSB *m*
Radiation Protection Ordinance/ StrlSchV	Strahlenschutzverordnung/ StrlSchV *f*
radiation protection principle	Strahlenschutzgrundsatz *m*
radiation protection supervisor	Strahlenschutzverantwortlicher/ SSV *m*
radiator	Autokühler *m*
radio	1. Radio *n* 2. Funkgerät *n*

radio-frequency identification/RFID	Radiofrequenz-Identifikation/RFID *f*
	Funkerkennung/RFID *f*
radioactive	radioaktiv
Radioactive Isotopes Clause (DTV Cargo 2000/2011)	Isotopenklausel *f* (DTV-Güter 2000/2011)
radioactive radiation	radioaktive Strahlung *f*
radioactive substance	radioaktiver Stoff *m*
radioactive waste	radioaktiver Abfall *m*
radionuclide	Radionuklid *n*
radius	Radius *m*
rail	Eisenbahn *f*
rail accident	Zugunfall *m*
	Zugunglück *n*
rail bridge	Eisenbahnbrücke *f*
rail strike	Bahnstreik *m*
rail tunnel	Eisenbahntunnel *m*
railroad (*AE*)	Eisenbahn *f*
railroad bill of lading (*AE*)	Eisenbahnfrachtbrief *m*
railroad bridge (*AE*)	Eisenbahnbrücke *f*
railroad car (*AE*)	Eisenbahnwagen *m* (Güter)
	Eisenbahnwaggon *m* (Güter)
	Güterwagen *m*
	Güterwaggon *m*
	Waggon *m* (Güter)
railroad crossing (*AE*)	Bahnübergang/BÜ *m*
railroad crossing sign (*AE*)	Andreaskreuz *n*
railroad station (*AE*)	Bahnhof/Bf/Bhf *m*
railroad tunnel (*AE*)	Eisenbahntunnel *m*
railroad-owned (*AE*)	bahneigen
railway (*BE*)	Eisenbahn *f*
railway bridge (*BE*)	Eisenbahnbrücke *f*
railway consignment note (*BE*)	Eisenbahnfrachtbrief *m*

R

railway crossing (*BE*)	Bahnübergang/BÜ *m*
railway crossing sign (*BE*)	Andreaskreuz *n*
railway station (*BE*)	Bahnhof/Bf/Bhf *m*
railway tunnel (*BE*)	Eisenbahntunnel *m*
railway wagon (*BE*)	Eisenbahnwagen *m* (Güter)
	Eisenbahnwaggon *m* (Güter)
	Güterwagen *m*
	Güterwaggon *m*
	Waggon *m* (Güter)
railway-owned (*BE*)	bahneigen
rain	Regen *m*
ramp traction aid	Rampenanfahrhilfe *f*
range group (coll.)	Rangegruppe *f* (ugs.)
ranking	Ranking *n*
rate	Rate *f*
rate of compensation	Entschädigungssatz *m*
rated lifting capacity	Nenntragfähigkeit *f*
rated loading capacity	Nenntragfähigkeit *f*
ratio of current assets to total assets	Umlaufintensität *f*
re-exportation	Wiederausfuhr *f*
re-importation	Wiedereinfuhr *f*
reach stacker	Containerstapler *m*
	Greifstapler *m*
reaction path	Reaktionsweg *m*
ready for collection	abholbereit
ready for delivery	versandbereit
ready for despatch	versandbereit
ready for dispatch	versandbereit
ready for shipment	versandbereit
real-time monitoring	Echtzeit-Überwachung *f*

R

rear area monitoring (e.g. when docking at a ramp)	*Rückraumüberwachung f (z.B. beim Andocken an einer Rampe)*
rear axle	Hinterachse f
rear axle transmission	Hinterachsgetriebe n
rear axles pl (lorry – BE, truck – AE)	Hinterachsen fpl (LKW)
rear door	Hecktür f (LKW)
rear fog light	Nebelschlussleuchte f
rear lighting	Heckbeleuchtung f
rear underride guard	hintere Unterfahrschutz m
rear wall door	Rückwandtür f (LKW)
rear-end collision	Auffahrunfall m
rear-engine with rear-wheel drive	Heckantrieb m
rear-wheel drive	Hinterradantrieb m
reason for complaint	Beschwerdegrund m
reasonable	vernünftig
reasonable compensation	angemessene Entschädigung f
rebook a flight, to	einen Flug umbuchen
rebooking fee	Umbuchungsgebühr f
receipt, to	empfangen quittieren
received B/L	Übernahmekonnossement n
received bill of lading	Übernahmekonnossement n
receiving address	Empfängeradresse f
receiving forwarding agent	Empfangsspediteur m
recommended speed limit	Richtgeschwindigkeit f
reconditioned packaging	rekonditionierte Verpackung f
record sheet	Schaublatt n
recovery drum	Bergungsfass n
recovery procedure sg (e.g. in the event of theft during transport to the customs office of destination)	Zurückgewinnungsverfahren n (z.B. bei Diebstahl während des Transports zur Bestimmungszollstelle)
recutting tyres (BE) / tires (AE)	nachschneiden von Reifen

R

Recycling Act	Kreislaufwirtschaftsgesetz/KrWG *n*
Recycling and Waste Management Act	Kreislaufwirtschafts- und Abfallgesetz/KrW-/AbfG *n*
recycling logistics	Recyclinglogistik *f*
red clause L/C	Vorschussakkreditiv *n* (Kreditierung des Exporteurs)
red clause letter of credit	Vorschussakkreditiv *n* (Kreditierung des Exporteurs)
red goods *pl*	rote Ware *f*
Red List *sg*	Rote Liste *fsg*
red phase (St. Gotthard/ St. Bernardino)	Phase Rot *f* (St. Gotthard/ St. Bernardino)
redelivery	Rücklieferung *f*
reduced tax rate	ermäßigter Steuersatz *m*
reduced-emission	abgasarm emissionsarm schadstoffarm
reefer (container)	Kühlcontainer *m*
refrigerated chain	Kühlkette *f*
refrigerated container	Kühlcontainer *m*
refrigerated lorry (*BE*)	Kühlfahrzeug *n* Kühlwagen *m* (LKW)
refrigerated trailer	1. Kühlanhänger *m* 2. Kühlauflieger *m*
refrigerated truck (*AE*)	Kühlfahrzeug *n* Kühlwagen *m* (LKW)
refrigeration unit	Kühlaggregat *n*
refuel, to	tanken
refugee	Flüchtling *m*
refund	Rückerstattung *f*
refusin	ablehnend
regional freight forwarder	Gebietsspediteur *m*
register of companies	Handelsregister *n*

R

R

registered letter	Einschreiben *n*
registered letter with acknowledgement of receipt	Einschreiben mit Rückschein *n*
registered letter with advice of delivery	Einschreiben mit Rückschein *n*
registration number (*BE*)	Kfz-Kennzeichen *n* (Nummer)
registration plate (*BE*)	Nummernschild *n* Kfz-Kennzeichen *n* (Schild)
registry	Registratur *f*
regular customer	Stammkunde *m*
regular on-demand services *pl* (local public transport)	Linienbedarfsverkehr *m* (ÖPNV)
regular service	Linienverkehr *m*
regulated agent	reglementierter Beauftragter *m*
regulation	1. Abkommen *n* 2. Übereinkommen *n* 3. Verordnung *f*
Regulation on Exemptions of the Provisions on Dangerous Goods Transport/GGAV	Gefahrgut-Ausnahmeverordnung/ GGAV *f*
Regulations concerning the International Carriage of Containers by Rail/RICo *pl*	Ordnung für die internationale Eisenbahnbeförderung von Containern/RICo *f*
Regulations concerning the International Carriage of Dangerous Goods by Rail/RID *pl*	Ordnung für die internationale Eisenbahnbeförderung gefährlicher Güter/RID *f*
reinsurance	Rückversicherung *f*
reinsure, to	nachversichern rückversichern
reinsurer	Rückversicherer *m*
reject, to	ablehnen
relative contribution margin	Deckungsbeitrag *m* (relativ)
relaxed	entspannt
release for free circulation	zollrechtlich freier Verkehr *m*

released by customs	vom Zoll freigegeben
reliable	zuverlässig
remaining stock	Restposten *m*
remold tire (*AE*)	runderneuerter Reifen *m*
remolded tire (*AE*)	runderneuerter Reifen *m*
remote monitoring	Fernüberwachung *f*
remould tyre (*BE*)	runderneuerter Reifen *m*
remouldet tyre (*BE*)	runderneuerter Reifen *m*
removal contract	Umzugsvertrag *m*
removal firm	Umzugsspedition *f*
removal goods	Umzugsgut *n*
removal traffic	Umzugsverkehr *m*
remover	Umzugsspediteur *m*
remuneration (fin.)	Entgelt *n* (fin.)
rent out, to	vermieten
rent, to	mieten
rental car (*AE*)	Leihwagen *m* Mietwagen *m* (Selbstfahrer)
repack, to	wieder verpacken
repackage, to	neu verpacken
repair	Reparatur *f*
repair certificate (customs)	Ausbesserungsschein *m* (Zoll)
repair work	Ausbesserungsarbeit *f*
repair, to	reparieren
replacement value	Neuwert *m*
request stop	Bedarfshalt *m* Halt auf Verlangen *m*
requirement	Anforderung *f*
rescheduled inventory	verlegte Inventur *f*
rescheduled stocktaking	verlegte Inventur *f*

R

rescue cruiser	Seenotkreuzer/SK *m* Seenotrettungskreuzer/SRK *m*
rescue helicopter	Rettungshubschrauber *m*
reservation	Vorbehalt *m*
reserves *pl* (financial)	Rücklagen *fpl*
residual value	Restwert *m*
residues *pl*	Rückstände *mpl*
respirator mask	Atemschutzmaske *f*
respiratory protection	Atemschutz *m*
respited freight	gestundete Fracht *f*
responsibility	Verantwortlichkeit *f* Zuständigkeit *f*
responsible for something, to be	verantwortlich sein für etwas
rest period	Ruhezeit *f*
restraint system	Rückhaltesystem *n*
restroom (*AE*)	Toilette *f* WC *n*
result of accrual	Ergebnis der Abgrenzung *n*
retail consignment	Einzelsendung *f*
retained earnings and accumulated losses *pl*	Gewinn- und Verlustvortrag *m*
retained earnings *pl*	Gewinnrücklagen *fpl*
retarder	Dauerbremsanlage *f*
retention	Selbstbehalt *m*
retractable tail lift	unterfahrbare Hebebühne *f* unterfahrbare Ladebordwand *f*
retread tire (*AE*)	runderneuerter Reifen *m*
retread tyre (*BE*)	runderneuerter Reifen *m*
retreaded tire (*AE*)	runderneuerter Reifen *m*
retreaded tyre (*BE*)	runderneuerter Reifen *m*
return address	Absenderadresse *f*
return command	Rückkehrgebot *n*

R

return delivery	Rücklieferung *f*
return on equity/ROE	Eigenkapitalrentabilität/EKR *f*
Return on Investment/ROI	1. Gesamtkapitalrentabilität/GKR *f*
	2. Anlagenrendite *f*
	3. Return-on-Investment *n*
return on sales/ROS	Umsatzrendite *f*
	Umsatzrentabilität *f*
return shipment	Rücklieferung *f*
returnable packaging	Mehrwegverpackung *f*
reusable packaging	Mehrwegverpackung *f*
reusable pallet	Mehrwegpalette *f*
rev counter	Drehzahlmesser *m*
reversal of the burden of proof	Beweislastumkehr *f*
reverse, to	rückwärts fahren
reversing device (coll.)	Reversiereinrichtung *f* (ugs.)
reversing light (*BE*)	Rückfahrscheinwerfer *m*
reversing video system	Rückfahrvideosystem *n*
revocable	widerruflich
revocable L/C	widerrufliches Akkreditiv *n*
revocable letter of credit	widerrufliches Akkreditiv *n*
revocation	Widerruf *m*
revolutions per minute/rpm *pl*	Umdrehungen pro Minute / 1/min / U/min *fpl* (*ugs.*)
revolving buyer credit cover	revolvierende Finanzkreditdeckung *f*
revolving L/C	revolvierendes Akkreditiv *n*
revolving letter of credit	revolvierendes Akkreditiv *n*
revolving supplier credit cover	revolvierende Lieferanten-kreditdeckung *f*
ride-sharing	Fahrgemeinschaft *f*

R

right	rechter
	rechtere
	rechteres
	rechts
right of origin	Ursprungsrecht *n*
right of retention	Zurückbehaltungsrecht *n*
right of revocation	Widerrufsrecht *n*
right of withdrawal	Rücktrittsrecht *n*
right-hand traffic	Rechtsverkehr *m*
right, on the	rechts
rigid axle	Starrachse *f*
rigid drawbar trailer	Starrdeichselanhänger *m*
riot	Aufruhr *m*
risk	Risiko *n*
risk class	Risikoklasse *f*
risk of bursting	Berstgefahr *f*
risk of skidding	Schleudergefahr *f*
risk of transport	Transportrisiko *n*
road	Straße *f*
road block	Straßensperre *f* (ungeplant z.B. nach Unfall)
road closure	Straßensperrung *f* (geplant)
road conditions *pl*	Fahrbahnverhältnisse *npl*
Road Construction Financing Act	Straßenbaufinanzierungsgesetz/ StrFinG *n*
road feeder service/RFS	Luftfrachtersatzverkehr *m*
Road Haulage Act	Güterkraftverkehrsgesetz/GüKG *n*
road junction (*BE*)	Straßenkreuzung *f*
road map	Straßenkarte *f*
road maps *pl*	Straßenkarten *fpl*
road marking	Fahrbahnmarkierung *f*

R

road salt	Auftausalz *n* Streusalz *n* Tausalz *n*
road sign	Verkehrszeichen *n*
road tax	Kfz-Steuer *f* Kraftfahrzeugsteuer *f*
road tax vignette	Autobahnvignette *f* Vignette *f*
road tractor	Sattelzugmaschine *f*
Road Traffic Act	Straßenverkehrsgesetz/StVG *n*
road traffic authority	Straßenverkehrsamt *n* Straßenverkehrsbehörde *f*
road traffic law	Straßenverkehrsrecht *n*
Road Traffic Registration Ordinance	Straßenverkehrszulassungs-ordnung/StVZO *f*
Road Traffic Regulations *pl*	Straßenverkehrsordnung/StVO *f*
road train	Straßenzug *m* (LKW mit mehr als einem Anhänger, z.B. in Australien, Israel)
road transport	Straßengüterverkehr *m*
road usage fees *pl*	Straßenbenutzungsgebühren *fpl*
road works *pl*	Straßenarbeiten *fpl*
road-rail vehicle	Zweiwegefahrzeug *n*
roadside assistance (*AE*)	1. Pannendienst *m* 2. Pannenhilfe *f*
roadside ditch	Straßengraben *m*
roadway noise	Straßenlärm *m* Straßenverkehrslärm *m*
robbery	Raub *m*
rod	Stange *f*
roll container	Rollcontainer *m*
roll-off container	Abrollcontainer *m*

R

roll-off container transport system/ ACTS	Abrollcontainer-Transportsystem/ ACTS *n*
rolling friction	Rollreibung *f*
rolling resistance	Rollwiderstand *m*
rolling road	rollende Landstraße/RoLa *f*
rolling technology (unaccompanied transport)	Rolltechnik *f* (unbegleiteter Verkehr)
roof	Dach *n*
roof bow	Dachspriegel *m*
roof panel	Dachverkleidung *f*
room ventilation	Raumlüftung *f*
rope	Seil *n*
roughly	geschätzt grob ungefähr
round trip time	Umlaufzeit *f*
roundabout (*BE*)	Kreisel *m* Kreisverkehr *m*
route	1. Fahrtverlauf *m* 2. Linie *f* 3. Strecke *f* 4. Weg *m*
route number	Liniennummer *f*
route planner	Routenplaner *m*
route planning	Routenplanung *f*
route sign	Streckenschild *n*
routes group (local public transport)	Linienbündel *n* (ÖPNV)
row	Row *f* (Containerreihe in Längsrichtung)
rubber boot	Gummistiefel *m*
rubber glove	Gummihandschuh *m*
rubber mat	Gummimatte *f*
rude	unhöflich

R

Ruhr area	Ruhrgebiet *n*
run-flat system	Notlaufsystem *n*
runaway truck lane	Notfallspur *f*
runaway truck ramp	Notfallspur *f*
running under load (engine)	Lastlauf *m* (Motor)
rush hour	Hauptverkehrszeit/HVZ *f*
	Stoßzeit *f*
rust	Rost *m*
rust bucket (*coll.*) (vehicle)	Rostlaube *f* (*ugs.*)
	Rostmühle *f* (*ugs.*)
rut	Spurrille *f*
	Spurrinne *f*

S

sabotage	Sabotage *f*
sack	Sack *m*
sack barrow	Sackkarre *f*
	Stechkarre *f*
sack truck (*BE*)	Sackkarre *f*
	Stechkarre *f*
safe	Safe *m/n*
	Tresor *m*
safe for transport	beförderungssicher
safe loading	betriebssichere Verladung *f*
safe loading (according to road traffic regulations)	Verkehrssichere Verladung *f* (nach StVO)
safe third country	sicherer Drittstaat *m*
safe to operate	betriebssicher
safety approval plate	Sicherheits-Zulassungsschild *n*
safety belt	Sicherheitsgurt *m*
	Gurt *m*
	Sitzgurt *m*
safety check	Sicherheitsprüfung *f*

S

safety deficiency	Sicherheitsmangel *m*
safety device	Sicherheitseinrichtung *f*
safety electronics	Sicherheitselektronik *f*
safety equipment	Sicherheitsausstattung *f*
safety fifth wheel coupling	Sicherheitssattelkupplung *f*
safety glasses *pl*	Schutzbrille *f*
safety pressure	Sicherungsdruck *m*
safety regulation	Sicherheitsvorschrift *f*
safety shoe	Sicherheitsschuh *m*
safety sign	Sicherheitszeichen *n*
safety solution	Sicherheitslösung *f*
safety system	Sicherheitssystem *n*
safety trailer coupling	Sicherheitsanhängerkupplung *f*
safety valve	Sicherheitsventil *n*
safety vest	Warnweste *f*
said to contain clause/STC	Unbekannt-Klausel *f* (Inhalt unbekannt/Inhalt wie angegeben/ beinhaltet angeblich)
salami tactics *pl* (*coll.*)	Salamitaktik *f* (*ugs.*)
sales	Verkauf *m* Vertrieb *m*
sales market	Absatzmarkt *m*
sales packaging	Verkaufsverpackung *f*
sales *pl* (*AE*)	Umsatz *m* Verkauf *m* Vertrieb *m*
salt	Salz *n*
Salvage and Debris Removal Clause (DTV Cargo 2000/2011)	Bergungs- und Beseitigungs-klausel *f* (DTV-Güter 2000/2011)
salvage fee	Bergelohn *m*
salvage value	Restwert *m*
sample	1. Muster *n* 2. Probe *f*

S

sample consignment	Mustersendung *f* Warenprobenversand *m*
sample shipment	Mustersendung *f* Warenprobenversand *m*
Sanctions Clause (DTV Cargo 2000/2011)	Sanktionsklausel *f* (DTV-Güter 2000/2011)
sandwich-pallet	Sandwich-Palette *f*
Saturday	Samstag *m*
savings *pl*	Einsparung *f* Ersparnis *f*
scalding	Verbrühung *f*
scale method	Mengenschlüssel *m*
scales *pl*	Waage *f*
Scandinavia	Skandinavien *n*
schedule	1. Fahrplan *m* 2. Zeitplan *m*
scheduled	1. planmäßig 2. geplant 3. festgesetzt (zeitlich) 4. anberaumt (zeitlich)
scheduled cargo traffic	Systemverkehr *m*
scheduled departure	Planabfahrt *f*
Schengen Agreement	Schengener Abkommen *n*
Schengen area *sg*	Schengenraum *msg*
school bus	Schulbus *m*
school crossing patrol officer (*BE*)	Schülerlotse *m* Verkehrshelfer *m*
school traffic	Schülerverkehr *m*
school transport	Schülerbeförderung *f*
scissors *pl*	Schere *f*
scooter	Motorroller *m* Roller *m*
scope	Geltungsbereich *m*

S

scrap	Schrott *m*
scrap metal	Schrott *m*
scrap value	Schrottwert *m*
screen wash (*BE*)	Scheibenwaschwasser *n*
	Scheibenwischwasser *n*
sea mile/SM	Seemeile/SM *f*
seal	Plombe *f*
seal number	Plombennummer *f*
	Siegelnummer *f*
sealed	verplombt
sealing washer	Dichtungsring *m*
search, to	suchen
seat adjuster	Sitzversteller *m*
seat adjustment	Sitzverstellung *f*
seat belt	Gurt *m*
	Sicherheitsgurt *m*
	Sitzgurt *m*
seat belt pretensioner	Gurtstraffer *m*
seaworthiness	Seetüchtigkeit *f*
second degree liquidity	Liquidität 2 *f*
secondary packaging	Sekundärverpackung *f*
	Umverpackung *f*
secondary route	Nebenstrecke *f*
section control (speed)	Abschnittskontrolle *f* (Geschwindigkeit)
securing force	Sicherungskraft *f*
securitisation guarantee (*BE*)	Verbriefungsgarantie *f*
securitization guarantee (*AE*)	Verbriefungsgarantie *f*
security deposit (customs amount) (fin.)	Sicherheitsleistung *f* (Zollbetrag) (fin.)
security plan	Sicherheitsplan *m*
security regulation	Sicherheitsvorschrift *f*

S

security system	Sicherheitssystem *n*
segregation regulations *pl*	Trennvorschriften *fpl*
select, to	auswählen
selectable all-wheel drive	zuschaltbarer Allradantrieb *m* (wählbar)
selectable four-wheel drive	zuschaltbarer Allradantrieb *m* (wählbar)
selective catalytic reduction/SCR	Selektive Katalytische Reduktion/ SCR *f*
selenium *sg*	Selen *nsg*
self-contracting	Selbsteintritt *m*
self-financing	Selbstfinanzierung *f*
self-insurance	Eigenversicherung *f* Selbstversicherung *f*
self-monitoring	Eigenüberwachung *f*
self-propelled modular transporter/ SPMT	selbstfahrender Modultransporter/ SPMT *m*
self-propelled working machine	selbstfahrende Arbeitsmaschine *f*
self-standing warning sign	selbststehendes Warnzeichen *n*
semi-autonomous driving	teilautonomes Fahren *n*
semi-synthetic	teilsynthetisch
semi-trailer	Auflieger *m* Sattelauflieger *m*
semi-trailer truck (*AE*)	Sattelzug *m*
Semtex (® Explosia a.s.)	Semtex *n* (® Explosia a.s.)
sender liability	Absenderhaftung *f*
sender obligation	Absenderpflicht *f*
sensitive	empfindlich
sensitive goods *pl*	empfindliche Ware *f*
separate, to	trennen
September	September *m*
serial number	Seriennummer *f*

S

serious	ernst
serpentine belt	Keilrippenriemen *m*
service brake	Betriebsbremse *f*
service braking system	Betriebsbremsanlage *f*
service company	Dienstleistungsbetrieb *m*
service profession	Dienstleistungsberuf *m*
service provider	Dienstleister *m*
set down, to	absetzen (Last)
settlement (fin.)	Abrechnung *f* (fin.)
severability clause	salvatorische Klausel *f*
severe chemical burn	schwere Verätzung *f*
severe injury	ernste Verletzung *f*
	schwere Verletzung *f*
shafts *pl*	Wellen *fpl*
shale oil	Schieferöl *n*
shaped charge	Hohlladung *f*
sharp-edged	scharfkantig
shed load	verlorene Ladung *f*
sheeted vehicle	bedecktes Fahrzeug *n*
shell diagram	Muscheldiagramm *n*
shift of cargo	Verrutschen der Ladung *n*
shift of center of gravity (*AE*)	Schwerpunktverlagerung *f*
shift of centre of gravity (*BE*)	Schwerpunktverlagerung *f*
ship	Schiff *n*
ship, to	1. befördern
	2. verladen
	3. verschiffen
	4. versenden
	5. ausliefern (Produkt)
shipment	Beförderung *f*
	Sendung *f*
shipped B/L	Bordkonnossement *n*

S

shipped bill of lading	Bordkonnossement *n*
shipper	1. Ablader *m*
	2. Absender *m*
	3. Befrachter *m*
	4. Verlader *m*
Shippers Declaration for the Transport of Dangerous Goods/ FIATA SDT	Deklaration des Verladers für den Transport von gefährlichen Gütern/ FIATA SDT *f*
Shippers Intermodal Weight Certificate/FIATA SIC	Zertifikat für die Gewichtsbescheinigung im USA-Verkehr/ FIATA SIC *n*
shipping date	Versanddatum *n*
shipping document	Versanddokument *n*
shipping forecast	Seewetterbericht *m*
shipwreck	Schiffswrack *n* Wrack *n*
shock absorber (*BE*)	Stoßdämpfer *m*
short-term	kurzfristig
short-term approval	Kurzzeitgenehmigung *f*
short-term income statement	kurzfristige Erfolgsrechnung *f*
short-term lowest price limit	Preisuntergrenze *f* (kurzfristig)
shortage	Fehlmenge *f*
shorten, to	verkürzen
shortfall	1. Deckungslücke *f* (fin.)
	2. Fehlmenge *f* (Bestand)
shoulder (road)	Seitenstreifen *m* Standspur *f* Standstreifen *m*
shovel	Schaufel *f* Schippe *f* Schüppe *f*
shower	Dusche *f*
shrink film	Schrumpffolie *f*
shrink wrap	Schrumpffolie *f*

S

shrink-wrapping machine	Schrumpfverpackungsmaschine *f*
shrinkage	Schwund *msg*
shrinking machine	Schrumpfmaschine *f*
shut-off valve	Absperrventil *n*
Siberia	Sibirien *n*
side	Seite *f*
side bow	Seitenspriegel *m*
side lighting	Seitenbeleuchtung *f*
side loading	Seitenbeladung *f*
side shift	Seitenschieber *m*
side underride guard	seitlicher Unterfahrschutz *m*
side unloading	Seitenentladung *f*
side wall	Seitenwand *f*
side-loading platform	Seitenrampe *f*
side-loading ramp	Seitenrampe *f*
sidecar	Beiwagen *m*
	Seitenwagen *m*
sidewalk (*AE*)	Bürgersteig *m*
sievert/Sv	Sievert/Sv *n*
sight draft	Sichttratte *f*
sight draft	Sichtwechsel *m*
sight glass	Schauglas *n*
sight L/C	Sichtakkreditiv *n*
sight letter of credit	Sichtakkreditiv *n*
sign, to	unterzeichnen
signage	Beschilderung *f*
signal	Signal *n*
signal ammunition	Signalmunition *f*
signal failure	Signalversagen *n*

S

signal flag	Signalfahne *f*
	Signalflagge *f*
	Warnfahne *f*
	Warnflagge *f*
signature	Unterschrift *f*
signing of a contract	Vertragsunterzeichnung *f*
silo lorry (*BE*)	Silofahrzeug *n*
silo trailer	1. Siloanhänger *m*
	2. Ssiloauflieger *m*
silo truck (*AE*)	Silofahrzeug *n*
silo vehicle (*BE*)	Silofahrzeug *n*
similar	ähnlich
single administrative document	Einheitspapier *n*
single axle load	Einzelachslast *f*
single compartment tank	Einkammertank *m*
single currency	Einheitswährung *f*
single shipment	Einzelsendung *f*
single trip permit (coll.)	Einzelfahrtgenehmigung *f* (ugs.)
single wall corrugated board	einwellige Wellpappe *f*
single-hull tanker	Einhüllentanker *m*
sink, to	sinken
siren	Sirene *f*
size	Größe *f*
skibox (bus)	Skibox *f* (Bus)
skid marks *pl*	Bremsspur *f*
skin	Haut *f*
skin burn	Hautverätzung *f*
skin contact	Hautkontakt *m*
skin disease	Hauterkrankung *f*

S

skip	Absetzmulde *f* Mulde *f* Muldencontainer *m* Schuttmulde *f*
sleet	Graupel *f*
sliding friction	Gleitreibung *f*
sliding wheel gear	Schieberadgetriebe *n*
sling gear	Anschlagmittel *n*
sling point	Anschlagpunkt *m*
sling, to	anschlagen
slope resistance	Steigungswiderstand *m*
slow	langsam
slow-moving traffic	zähfließender Verkehr *m*
slush *sg*	Schneematsch *msg*
small	klein
small containers *pl* (capacity of at least 1 m^3 and a maximum of 3 m^3)	Kleincontainer *m* (Fassungsraum von mindestens 1 Kubikmeter und höchstens 3 Kubikmetern)
small hours *pl*	frühe Morgenstunden *fpl*
small quantities *pl* (dangerous goods up to 1000 kg/litres (BE)/ liters (AE) or 1000 points)	geringe Mengen *fpl* (Gefahrgut bis zu 1000 kg/l oder 1000 Punkten)
smart money (*AE*)	Schmerzensgeld *n*
smoke detector	Rauchmelder *m*
smoke hood	Brandfluchthaube *f* Fluchthaube *f*
smoke poisoning	Rauchgasvergiftung *f* Rauchvergiftung *f*
smoke *sg*	Rauch *msg*
smoking	Rauchen *nsg*
smoking ban	Rauchverbot *n*
smoldering fire (*AE*)	Schwelbrand *m*
smouldering fire (*BE*)	Schwelbrand *m*

S

smuggling	Schmuggel *msg*
snow blower	Schneefräse *f*
	Schneeschleuder *f*
snow chains *pl*	Schneekette *f*
snow drift	Schneeverwehung *f*
snow grains *pl*	Griesel *msg*
snow plough (*BE*)	Schneepflug *m*
snow plow (*AE*)	Schneepflug *m*
snow *sg*	Schnee *msg*
snow thrower	Schneefräse *f*
	Schneeschleuder *f*
snow tire (*AE*)	Winterreifen *m*
snow tyre (*BE*)	Winterreifen *m*
snowfall	Schneefall *m*
social market economy (fin.)	Soziale Marktwirtschaft *f* (fin.)
social security	Sozialversicherung *f*
social security system	Sozialversicherungssystem *n*
social studies	Sozialkunde *f*
soda lye	Natronlauge *f*
sodium *sg*	Natrium *nsg*
soft (consistency)	weich (Konsistenz)
soft goods *pl*	Textilien *fpl*
soil contamination	Bodenverunreinigung *f*
solar cell	Solarzelle *f*
solar radiation	Sonneneinstrahlung *f*
sole proprietorship	Einzelunternehmen *n*
solicitor (*AE*)	Rechtsreferent *m*
solicitor (*BE*)	Anwalt *m* (untere Instanzen)
	Rechtsanwalt *m* (untere Instanzen)
solid fire	Feststoffbrand *m*
solid rubber tire (*AE*)	Vollgummireifen *m*

S

solid rubber tyre (*BE*)	Vollgummireifen *m*
source of funds	Mittelherkunft *f*
south	Süd
	Süden *m*
South America	Südamerika *n*
South Pacific	Südsee *fsg*
South Sea	Südsee *fsg*
South Seas *pl*	Südsee *fsg*
Southeast Asia	Südostasien *n*
Southeast Europe	Südosteuropa/SOE *n*
Southeastern Asia	Südostasien *n*
Southeastern Europe	Südosteuropa/SOE *n*
Southern Africa	südliches Afrika *n*
Southern Europe	Südeuropa *n*
sovereign body	hoheitliche Stelle *f*
space blanket	Rettungsdecke *f*
spare canister	Reservekanister *m*
spare part	Ersatzteil *n*
spare tire (*AE*)	Ersatzreifen *m*
	Reserverad *n*
spare tyre (*BE*)	Ersatzreifen *m*
	Reserverad *n*
spark plug	Zündkerze *f*
special card	Spezialkarte *f*
special commercial goods	besondere Handelsgüter *npl*
special container	Spezialcontainer *m*
special drawing right/SDR	Sonderziehungsrecht/SZR *n*
special economic area	Sonderwirtschaftszone *f*
special economic zone/SEZ	Sonderwirtschaftszone *f*
special equipment	Sonderausrüstung *f*
special goods	spezielle Güter *npl*

S

special permit	Sondergenehmigung *f*
special rate	Spezialtarif *m*
Special Terms and Conditions for the Insurance of Removal Goods *pl* (DTV Cargo 2000/2011)	Besondere Bedingungen für die Versicherung von Umzugsgut *fpl* (DTV-Güter 2000/2011)
Special Terms and Conditions for the Open Policy of Goods at Exhibitions and Trade Fairs *pl* (DTV Cargo 2000/2011)	Besondere Bedingungen für die laufende Versicherung von Ausstellungen und Messen *fpl* (DTV-Güter 2000/2011)
special toll	Sondermaut *f*
specialist for port logistics	Fachkraft für Hafenlogistik *f*
specialist for wahrehouse logistics	Fachkraft für Lagerlogistik *f*
specially	besonders speziell
specified	1. angegeben 2. festgelegt
speed	Geschwindigkeit *f*
speed limit	Geschwindigkeitsbegrenzung *f* Tempolimit *n*
speed limiter	Geschwindigkeitsbegrenzer *m*
speed trap	Radarfalle *f*
speedometer	Tachometer *m/n* Tacho *m/n* (*ugs.*)
spike tyre (*BE*)	Spikereifen *m*
spirit	Spirituose *f*
split group (coll.)	Splitgruppe *f* (ugs.)
split, to	aufteilen
spoiled	verdorben
spoilt	verdorben
sport utility vehicle/SUV	Sport Utility Vehicle/SUV *m/n* (Geländelimousine)
spray-tight	spritzwasserdicht
squared timber	Kantholz *n*

S

stability	Standfestigkeit *f* Standsicherheit *fsg*
stack	Stapel *m*
stack, to	stapeln
stacking crush pressure	Stapelstauchdruck *m*
stacking height	Stapelhöhe *f*
stacking load	Stapellast *f*
stainless	rostfrei
stainless steel	Edelstahl *m*
stairs *pl*	Treppe *f*
stairway	Treppe *f*
stake	Runge *f*
stanchion	Runge *f*
stanchion extension (load securing permanently installed in the vehicle)	Rungenverlängerung *f* (Ladungssicherung fest im Fahrzeug installiert)
stanchions *pl* (load securing permanently installed in the vehicle)	Rungen *fpl* (Ladungssicherung fest im Fahrzeug installiert)
standard	Norm *f*
standardised (*BE*) / standardized (*AE*) customs declaration	einheitliche Zollanmeldung *f*
standardised questionnaire (*BE*)	standardisierter Fragebogen *m*
standardized questionnaire (*AE*)	standardisierter Fragebogen *m*
standby L/C	Beistandsakkreditiv *n*
standby letter of credit	Beistandsakkreditiv *n*
standby time	Bereitschaftszeit *f*
start-up aid	Anfahrthilfe *f* Starthilfe *f*
starter	Anlasser *m* (Starter)
starter battery	Starterbatterie *f*
starting aid	Anfahrthilfe *f* Starthilfe *f*
starting switch	Anlassschalter *m*

starting-up aid	Anfahrthilfe *f* Starthilfe *f*
state road (*AE*)	Landesstraße *f* Landstraße *f* Staatsstraße *f* (Bayern/Sachsen)
state treasury	Staatskasse *f*
stateless	staatenlos
statement of claim (*BE*)	Klageschrift *f* Klagebegründung *f*
static friction	Haftreibung *f*
station	Bahnhof/Bf/Bhf *m*
station of destination	Bestimmungsbahnhof *m*
statutory and company regulations on the handling of operating and auxiliary materials *pl*	gesetzliche und betriebliche Vorschriften zum Umgang mit Betriebs- und Hilfsstoffen *fpl*
statutory health insurance	gesetzliche Krankenversicherung *f*
statutory regulation	gesetzliche Vorschrift *f*
statutory social insurance	gesetzliche Sozialversicherung *f*
steadiness	Standsicherheit *fsg*
steam	Dampf *m*
steel container	Stahlcontainer *m*
steel floor	Stahlboden *m*
steel strapping	Stahlband *n*
steering	Lenkung *f*
steering axle	Lenkachse *f*
steering column	Lenksäule *f*
steering control systems *pl*	Lenkleitsysteme *npl*
steering gear	Lenkgetriebe *n*
steering geometry	Lenkgeometrie *f*
steering play	Lenkungsspiel *n*
stevedore (*BE*)	Stauer *m*
stevedoring company	Stauerei *f*

S

stillage	Gitterboxpalette *f*
stipulated	vereinbart
stipulation	vertragliche Abmachung *f*
	vertragliche Festlegung *f*
	vertragliche Regelung *f*
	vertragliche Vereinbarung *f*
stock account	Bestandskonto *n*
stocktaking procedure	Inventurverfahren *n*
stop facilities *pl*	Haltestelleneinrichtungen *fpl*
stop the engine, to	Motor abstellen
stopping distance	Anhalteweg *m*
storm	Sturm *m*
storm damage	Sturmschaden *m*
storm drain	Gully *m/n*
	Straßenablauf *m*
storm sewer (*AE*)	Gully *m/n*
	Straßenablauf *m*
storm surge	Sturmflut *f*
storm tide	Sturmflut *f*
stowage factor	Räumte *f*
	Staufaktor *m*
stowage loss	Stauverlust *m*
stowage plan	Stauplan *m*
stowaway	blinder Passagier *m*
straddle carrier	Portalhubstapelwagen *m*
	Portalhubwagen *m*
	Portalstapelwagen *m*
straight B/L	Rektakonnossement *n*
	Namenskonnossement *n*
straight bill of lading	Rektakonnossement *n*
	Namenskonnossement *n*
stranding (ship)	Strandung *f*

strange	eigenartig
	merkwürdig
	seltsam
strapping	Umreifung *f*
strapping band	Umreifungsband *n*
street	Straße *f*
street broom	Straßenbesen *m*
street lamp	Straßenbeleuchtung *f*
	Straßenlaterne *f*
street light	Straßenbeleuchtung *f*
	Straßenlaterne *f*
street name	Straßenname *m*
street number	Hausnummer *f*
street sign	Straßennamensschild *n*
	Straßenschild *n*
streetcar (*AE*)	Straßenbahn *f*
stress	Spannung *f*
stretch packaging	Stretchverpackung *f*
stretch wrap, to	stretchen
stretching frame	Spannbrett *n*
strike	Streik *m*
Strikes, Riots and Civil Commotions Clause (DTV Cargo 2000/2011)	Streik- und Aufruhrklausel *f* (DTV-Güter 2000/2011)
strip a container, to	einen Container entladen
strontium *sg*	Strontium *nsg*
structural balance	Strukturbilanz *f*
structure of balance sheet	Bilanzaufbau *m*
stub axles *pl*	Faustachsen *fpl*
studded tire (*AE*)	Spikereifen *m*
studded tyre (*BE*)	Spikereifen *m*
stuff a container, to	einen Container beladen

S

Styrofoam *sg* (® Dow Chemical Company)	Styropor *nsg* (® BASF)
sub-freight contract	Unterfrachtvertrag *m*
Sub-Saharan Africa	Afrika südlich der Sahara *n* Schwarzafrika *n* subsaharisches Afrika *n*
subclass	Unterklasse *f*
subcontractor	Subunternehmer *m*
submersible bridge	Senkbrücke *f*
subrogation	Subrogation *f*
subsequent instruction	nachträgliche Weisung *f*
subsequent order	nachträgliche Verfügung *f*
subsidiary	Tochtergesellschaft *f* Tochterunternehmen *n*
subsidiary risk	Nebengefahr *f*
substance	Substanz *f*
substantiation	Begründung *f*
substantiation of a claim	Begründung eines Anspruchs *f*
subtropics *pl*	Subtropen *pl*
successful	erfolgreich
suction boom	Saugausleger *m*
suction devices	Absaugvorrichtungen *f*
sugar	Zucker *msg*
suitcase	Koffer *m*
sulfur dioxide (*AE*)	Schwefeldioxid *n*
sulfur *sg* (*AE*)	Schwefel *msg*
sulfuric acid (*AE*)	Schwefelsäure *f*
sulfuryl fluoride	Sulfuryldifluorid *n* Sulfurylfluorid *n*
sulphur dioxide (*BE*)	Schwefeldioxid *n*
sulphur *sg* (*BE*)	Schwefel *msg*
sulphuric acid (*BE*)	Schwefelsäure *f*

S

sulphuryl fluoride	Sulfuryldifluorid *n*
	Sulfurylfluorid *n*
sum insured	Versicherungssumme *f*
summary declaration	summarische Anmeldung *f*
summer tire (*AE*)	Sommerreifen *m*
summer tyre (*BE*)	Sommerreifen *m*
sun	Sonne *f*
Sunday	Sonntag *m*
Sunday work	Sonntagsarbeit *f*
sundown	Sonnenuntergang *m*
sunglasses *pl*	Sonnenbrille *f*
sunrise	Sonnenaufgang *m*
sunset	Sonnenuntergang *m*
super wide tyres (*BE*) / tires (*AE*) / super single	Superbreitreifen/Super-Single *m*
superficial	oberflächlich
supplement	Ergänzung *f*
supplier	Lieferant *m*
supplier credit cover	Lieferantenkreditdeckung *f*
supplier's declaration	Lieferantenerklärung *f*
support device (semi-trailer)	Stützvorrichtung *f* (Auflieger)
surcharge	Aufpreis *m*
	Aufschlag *m*
	Zuschlag *m*
surety	1. Bürge *m*
	2. Bürgschaft *f*
surface contaminated objects/SCO *pl*	oberflächenkontaminierte Gegenstände/SCO *mpl*
surprised	überrascht
surrender a document, to	ein Dokument übergeben
surrender of goods	Überlassung von Gütern *f*

S

surrogate	Ersatz *m*
	Surrogat *n*
suspension	Federung *f*
suspension system	Nichterhebungsverfahren *n*
swap body	Wechselaufbau/WAB *m*
	Wechselaufbaubrücke *f*
	Wechselbehälter *m*
	Wechselbrücke *f*
	Wechselkoffer *m*
	Wechselpritsche *f*
SWIFT Bank Identifier Code/ SWIFT-BIC	SWIFT-Adresse/SWIFT-BIC *f*
swing axle	Pendelachse *f*
	Schwingachse *f*
swing bridge	Drehbrücke *f*
switching systems (e.g. in combined transport)	Wechselsysteme (z.B. im kombinierten Verkehr)
synchronised (*BE*) / synchronized (*AE*) gearbox	Synchrongetriebe *n*

T

T-account	T-Konto *n*
table	1. Tabelle *f*
	2. Tisch *m*
table of contents	Inhaltsverzeichnis *n*
tachograph	Fahrtenschreiber *m*
	Tachograf *n*
tachograph chart	Diagrammscheibe *f*
	Tachoscheibe *f*
tachograph disc (*BE*)	Diagrammscheibe *f*
	Tachoscheibe *f*
tachograph disk (*AE*)	Diagrammscheibe *f*
	Tachoscheibe *f*

tail lift	Hebebühne *f*
	Ladebordwand *f*
tailgate (vehicle)	1. Heckklappe *f*
	2. Hecktür *f* (PKW)
tailgate, to	dicht auffahren
	zu dicht auffahren
tall (height)	groß
tandem trailer	Tandemanhänger *m*
tank and silo cleaning	Tank- und Siloreinigung *f*
tank car (*AE*)	Kesselwagen *m*
tank cleaning	Tankreinigung *f*
tank code	Tankcodierung *f*
tank container	Tankcontainer *m*
tank farm	Tanklager *n*
tank lorry (*BE*)	Tanklastwagen *m*
tank truck (*AE*)	Tanklastwagen *m*
tank wagon (*BE*)	Kesselwagen *m*
tanker	Tanker *m*
	Tankschiff *n*
tankship	Tanker *m*
	Tankschiff *n*
tape gun	Packbandabroller *m*
tape measure	Bandmaß *n*
	Maßband *n*
tare	Tara *f*
target sign	Zielschild *f*
tariff	Tarif *m*
tariff criteria	Tarifmerkmal *n*
tariff quota	Zollkontingent *n*
tariff union	Zollunion *f*
tarpaulin	Plane *f*
task	Aufgabe *f*

T

tautliner (® Boalloy Industries Ltd.)	Schiebeplanenauflieger *m*
tax	Steuer *f*
tax deferment	Steuerstundung *f*
tax deferral	Steuerstundung *f*
tax exemption	Steuerbefreiung *f*
tax rate	Steuersatz *m*
tax territory	Steuergebiet *n*
tax-free	steuerfrei
taxi	Taxi *m/n*
taxicab	Taxi *m/n*
tea	Tee *m*
tear gas	Tränengas *n*
technical data *pl*	technische Daten *fpl*
technical defect	technischer Defekt *m*
technical gas	industrielles Gas *n*
	technisches Gas *n*
technical protective measures *pl*	technische Schutzmaßnahmen *fpl*
technical reserve	technische Reserve *f*
telematics *pl*	Telematik *fsg*
telematics system	Telematiksystem *n*
telemetry *sg*	Telemetrie *fsg*
telephone	Telefon *n*
telephone number	Telefonnummer *f*
telescopic crane	Teleskopkran *m*
temperature	Temperatur *f*
temperature monitoring	Temperaturüberwachung *f*
temperature-controlled transportation	temperaturgeführte Transporte *mpl*
temporary disability	vorübergehende Invalidität *f*
temporary use	vorübergehende Verwendung *f*
tension	Spannung *f*

terminal handling charge/THC	Umschlagsentgelt im Seehafen/ THC *n*
termination agreement	Aufhebungsvertrag *m*
termination for operational reasons	betriebsbedingte Kündigung *f*
termination without notice	fristlose Kündigung *f*
terminus	Endhaltestelle *f* (Bus)
terms of payment	Zahlungsbedingung *f*
territorial waters *pl*	Hoheitsgewässer *npl*
terrorism *sg*	Terrorismus *msg*
test badge	Prüfplakette *f*
test period	Prüffrist *f*
textiles *pl*	Textilien *fpl*
Thai-Malay Peninsula	Goldene Halbinsel *f* Malaien-Halbinsel *f* Malaiische Halbinsel *f*
The Air Cargo Tariff/TACT	Luftfrachttarif/TACT *m*
the forwarding, logistics and storage insurance certificate	Der Speditions-, Logistik- und Lagerversicherungsschein/SLVS *m*
theatre *pl* (*BE*) / theater (*AE*) trips	Theaterfahrten *fpl*
theft	Diebstahl *m*
theft warning system	Diebstahlwarnsystem *n*
thick	dick
thin	dünn
third country	Drittstaat *m*
third country authorisation (*BE*) / authorization (*AE*)	Drittstaatengenehmigung *f*
third country product	Drittlandsware *f*
this month	diesen Monat
this week	diese Woche
this year	dieses Jahr
thousand	tausend
three days ago	vorvorgestern

T

through B/L	Durchfrachtkonnossement *n* Durchkonnossement *n*
through bill of lading	Durchfrachtkonnossement *n* Durchkonnossement *n*
through-crack	durchgehender Riss *m*
through-loading trailer	Durchlader *m* (LKW)
thunderstorm	Gewitter *n*
Thursday	Donnerstag *m*
ticket	Fahrkarte *f*
ticket inspector	Fahrkartenkontrolleur *m*
ticket machine	Fahrkartenautomat *m*
ticket office	Fahrkartenschalter *m*
ticket vending machine/TVM	Fahrkartenautomat *m*
tier	Tier *f* (Containerlage)
tight	fest stramm
tilt indicator	Kippindikator *m*
tilt valve	Kippventil *n*
tilting danger	Kippgefahr *f*
tilting edge	Kippkante *f*
timber	Bauholz *n*
time difference	Zeitunterschied *m* Zeitverschiebung *f*
time of arrival	Ankunftszeit *f*
time of departure	Abfahrtszeit *f*
time of dispatch	Zeitpunkt der Absendung *m* Zeitpunkt der Versendung *m*
time of purchase	Anschaffungszeitpunkt *m*
time permit	Zeitgenehmigung *f*
time zone	Zeitzone *f*
time-based toll	zeitabhängige Maut *f*

T

timetable	1. Fahrplan *m*
	2. Zeitplan *m*
timing belt	Steuerriemen *m*
	Zahnriemen *m*
timing chain	Steuerkette *f*
tin *sg*	Zinn *nsg*
tincture	Tinktur *f*
tipper trailer	Sattelkipper *m*
tipping safety	Kippsicherheit *f*
TIR board	TIR-Tafel *f*
TIR cable	Zollschnur *f*
	Zollseil *n*
TIR carnet	Carnet TIR *n*
TIR plate	TIR-Plakette *f*
TIR procedure	TIR-Verfahren *n*
tire (*AE*)	Reifen *m*
tire chains *pl* (*AE*)	Schneekette *f*
tire damage (*AE*)	Reifenschaden *m*
tire fire (*AE*)	Reifenbrand *m*
tire pressure (*AE*)	Reifendruck *m*
	Reifenluftdruck *m*
tire pressure gauge (*AE*)	Reifendruckmesser *m*
	Reifenluftdruckmesser *m*
tire tread depth gauge (*AE*)	Profiltiefenmesser *m*
tire valve (*AE*)	Reifenventil *n*
tire wear (*AE*)	Reifenverschleiß *m*
tired	müde
titanium *sg*	Titan *nsg*
tobacco	Tabak *m*
today	heute
toilet (*BE*)	Toilette *f*
	WC *n*

T

toll	Maut *f*
toll collection	Mauterhebung *f*
toll costs *pl* (fin.)	Mautkosten *fpl* (fin.)
toll debtor (fin.)	Mautschuldner *m* (fin.)
toll device	Mautgerät *n*
toll exemption	Mautbefreiung *f*
toll system	Mautsystem *n*
tomorrow	morgen
tongue	Zugdeichsel *f*
toothed strips *pl* (load securing permanently installed in the vehicle)	Zahnleisten *fpl* (Ladungssicherung fest im Fahrzeug installiert)
top	oberster oberstere obersteres
top loading	Obenbefüllung *f*
top, on the	oben
topography-based adaptive cruise control (GPS and Cloud)	*topografiebasierte Adaptive Cruise Control (GPS und Cloud)*
torpedo (*AE*) (rail)	Knallkapsel *f*
torque characteristic	Drehmomentkennlinie *f*
total activity	Gesamtaktivität *f*
total balance	Summenbilanz *f*
total loss	Totalschaden *m* Totalverlust *m*
total transport index	Gesamttransportkennzahl *f*
tour guidance	Reiseleitung *f*
tour guide	Reiseleiter *m*
tour operator	Reiseveranstalter *m*
tourism	Fremdenverkehr *msg* Tourismus *msg* Touristik *fsg*
tourist	Tourist *m*
tow bar	Abschleppstange *f*

T

tow bar (*BE*)	Anhängerkupplung *f* (PKW)
tow hitch	Anhängerkupplung *f* (PKW)
tow hook	Abschlepphaken *m*
tow rope	Abschleppseil *n*
tow tractor	Schlepper *m* (Straße)
tow truck (*AE*)	Abschleppwagen *m*
tow-start, to	anschleppen
tow, to	abschleppen
	schleppen
towing capacity	Anhängelast *f*
towing tractor	Schlepper *m* (Straße)
toxic	giftig
toxin	Gift *n*
	Toxin *n*
tracking	Verfolgung *f*
tracking and tracing	Sendungsverfolgung *f*
traction	Traktion *f*
Traction Control System/TCS	Antriebsschlupfregelung/ASR *f*
	Traktionskontrolle *f*
tractor	Traktor *m*
	Trecker *m*
tractor unit	Sattelzugmaschine *f*
trade terms *pl*	Handelsbedingungen *fpl*
trade union	Gewerkschaft *f*
traffic	Verkehr *m*
traffic accident	Verkehrsunfall *m*
traffic census	Verkehrserhebung *f*
	Verkehrszählung *f*
traffic circle (*AE*)	Kreisel *m*
	Kreisverkehr *m*
traffic congestion	Stau *m*
	Verkehrsstau *m*

T

traffic control	Verkehrskontrolle *f*
traffic count	Verkehrserhebung *f*
	Verkehrszählung *f*
traffic flow	Verkehrsstrom *m*
traffic geography	Verkehrsgeografie *f*
traffic guard	Warnposten *m*
traffic island	Verkehrsinsel *f*
traffic jam	Stau *m*
	Verkehrsstau *m*
traffic jam assistant	Stauassistent *m*
traffic law	Verkehrsrecht *n*
traffic light	Ampel *f*
	Lichtsignalanlage/LSA *f*
	Lichtzeichenanlage/LZA *f*
	Verkehrsampel *f*
traffic management in scheduled services	Verkehrsmanagement im Linienverkehr *n*
Traffic Message Channel/TMC	Traffic Message Channel/TMC *m*
traffic mirror	Verkehrsspiegel *m*
traffic news *pl*	Verkehrsmeldungen *fpl*
	Verkehrsnachrichten *fpl*
traffic obstruction	Verkehrsbehinderung *f*
	Verkehrshindernis *n*
traffic paddle	Haltekelle *f*
	Polizeikelle *f*
	Winkerkelle *f*
traffic planning	Verkehrsplanung *f*
traffic ratio	Verkehrsverhältnis *n*
traffic regulation	Verkehrsregel *f*
traffic route	Verkehrsweg *m*
traffic rule	Verkehrsregel *f*
traffic safety	Verkehrssicherheit *f*
traffic sign	Verkehrszeichen *n*

T

traffic sign recognition	Verkehrszeichenerkennung *f*
traffic telematics	Verkehrstelematik *f*
traffic-calmed	verkehrsberuhigt
trailer	Anhänger *m*
trailer bus	Sattelbus *m*
	Sattelomnibus *m*
	Sattelzugomnibus *m*
trailer coupling	Anhängerkupplung *f*
trailer hitch (*AE*)	Anhängerkupplung *f* (PKW)
train accident	Zugunfall *m*
	Zugunglück *n*
train coordination	Zugabstimmung *f*
train robbery	Zugraub *m*
train station	Bahnhof/Bf/Bhf *m*
train tunnel	Eisenbahntunnel *m*
trainee	1. Auszubildender *m* / Azubi *m* / Lehrling *m*
	2. Praktikant *m*
training	Fortbildung *f*
training company	Ausbildungsbetrieb *m*
training regulations pl.	Ausbildungsordnung *f*
tram (*BE*)	Straßenbahn *f*
transaction value	Transaktionswert/TAW *m*
transatlantic traffic	Transatlantikverkehr *m*
transboundary shipment	grenzüberschreitende Verbringung *f*
transfer case	Verteilergetriebe *n*
transfer of costs	Kostenübergang *m*
transfer of risk	Gefahrenübergang *m*
transfer to a customs procedure	Überführung in ein Zollverfahren *f*
transferable L/C	übertragbares Akkreditiv *n*
transferable letter of credit	übertragbares Akkreditiv *n*

T

transit	Durchfuhr *f*
transit accompanying document	Versandbegleitdokument/VBD *n*
transit bus (*AE*)	Stadtbus *m*
	Stadtlinienbus *m*
transit country	Durchgangsland *n*
transit declaration	Versandanmeldung *f*
transit procedure	Versandverfahren *n*
transit traffic	Transitverkehr *m*
transmission (commercial vehicle)	Getriebe *n* (Nutzfahrzeug)
transmission oil	Getriebeöl *n*
transport	Beförderung *f*
	Transport *m*
transport association	Verkehrsverband *m*
transport authorization	Beförderungsgenehmigung *f*
	Transportgenehmigung *f*
transport cafe (*BE*)	Autohof *m*
transport category	Beförderungskategorie *f*
transport chain	Transportkette *f*
	Verkehrskette *f*
transport charge (fin.)	Beförderungsentgelt *n* (fin.)
transport company file	Verkehrsunternehmensdatei *f*
transport disruption	Beförderungshindernis *n*
transport document	Beförderungspapier *n*
	Transportdokument *n*
transport index/TI	Transportkennzahl/TI *f*
transport industry	Verkehrsgewerbe *n*
transport law *sg*	Transportrecht *nsg*
transport manager	Verkehrsleiter *m*
transport modes	Verkehrsträger *m*
transport of dangerous goods	Gefahrguttransport *m*
transport of luxury goods	Genussmitteltransport *m*
transport order	Beförderungsauftrag *m*

transport packaging	Transportverpackung *f*
transport permit	Transportgenehmigung *f*
transport safety	Beförderungssicherheit *f*
transport tariff	Beförderungstarif *m*
transport-safe loading	beförderungssichere Verladung *f*
transportation	Beförderung *f*
	Transport *m*
transportation insurance	Transportversicherung *f*
transportation market	Transportmarkt *m*
transportation of dangerous goods	Gefahrguttransport *m*
transportation risk	Transportrisiko *n*
transporter bridge	Schwebebrücke *f*
transshipment	Umladung *f*
transshipment traffic	Begegnungsverkehr *m*
transverse lashing	Schrägzurren *n*
travel agency	Reisebüro *n*
travel agent	Reisemittler *m*
	Reisevermittler *m*
travel cancelation insurance (*AE*)	Reiserücktrittskostenversicherung *f*
	Reiserücktrittsversicherung *f*
travel cancellation insurance (*BE*)	Reiserücktrittskostenversicherung *f*
	Reiserücktrittsversicherung *f*
travel center (*AE*)	Autohof *m*
traveler (*AE*)	Reisender *m*
traveller (*BE*)	Reisender *m*
tread depth of tire (*AE*)	Profiltiefe *f*
tread depth of tyre (*BE*)	Profiltiefe *f*
treasury	Fiskus *m*
trial balance	Saldenbilanz *f*
trinitrotoluene/TNT *sg*	Trinitrotoluol/TNT *nsg*
trip plan	Tourenplan *m*
trip report	Fahrtbericht *m*

T

trip report booklet	Fahrtenberichtsheft *n*
triple axle load	Dreifachachslast *f*
triple wall corrugated board	dreiwellige Wellpappe *f*
trolley	Laufkatze *f*
trolleybus	Oberleitungsbus/Obus *m*
	Oberleitungsomnibus/Obus *m*
tropics *pl*	Tropen *pl*
troubleshooting	1. Störungsbeseitigung *f*
	2. Störungssuche *f*
truck (*AE*) (road)	Laster *m*
	Lastkraftwagen/LKW *m*
	Lastwagen *m*
truck crane	Autokran *m*
	Fahrzeugkran *m*
truck crane rental	Autokranvermietung *f*
truck crane work *sg*	Autokranarbeiten *fpl*
truck driver (*AE*)	Lastwagenfahrer *m*
	LKW-Fahrer *m*
truck loading crane (*AE*)	LKW-Ladekran *m*
truck mounted forklift (*AE*)	Mitnahmestapler *m* (LKW)
truck scales *pl* (*AE*)	Fahrzeugwaage *f*
	LKW-Waage *f*
truck stop	Autohof *m*
truck wash (*AE*)	LKW-Waschstraße *f*
truck-mounted crane	Autokran *m*
	Fahrzeugkran *m*
truckload	LKW-Ladung *f*
trustworthy	vertrauenswürdig
tsunami	Tsunami *f/m*
tube trailer	Batterieauflieger *m*
tubular space frame (bus body)	Gitterrohrrahmen *m* (Aufbau Bus)
Tuesday	Dienstag *m*

T

tunnel	Tunnel *m*
tunnel category	Tunnelkategorie *f*
tunnel restriction code	Tunnelbeschränkungscode/TBC *m*
turbocharger	Turbolader *m*
turn around, to	wenden (Fahrzeug)
turn signal (*AE*)	Blinker *m*
turnbuckles *pl*	Spannschlösser *npl*
turning assistant	Abbiegeassistent *m*
turnoff	Abzweigung *f*
turnover (*BE*)	Umsatz *m*
turnover frequency of capital	Umschlagshäufigkeit des Kapitals *f*
turnover tax advance return	Umsatzsteuervoranmeldung *f*
turntable steering	Drehschemellenkung *f*
turpentine	Terpentin *m/n*
twenty foot equivalent unit/TEU	Zwanzig-Fuß-Äquivalente-Einheit/ TEU *f*
twin pedal control	Doppelpedalsteuerung *f*
twin tires *pl* (*AE*)	Zwillingsbereifung *f*
twin tyres *pl* (*BE*)	Zwillingsbereifung *f*
twist lock	Drehverriegelung *f* Drehverschluss *m*
two-weekly period	Doppelwoche *f*
type	Art *f* Typ *m*
type A packaging	Typ A-Versandstück *n*
type B packaging	Typ B-Versandstück *n*
type C packaging	Typ C-Versandstück *n*
type of packaging	Verpackungstyp *m*
type plate	Typenschild *n*
tyre (*BE*)	Reifen *m*
tyre (*BE*) / tire (*AE*) run-flat system	Reifennotlaufsystem *n*

T

tyre (*BE*) / tire (*AE*) pressure control system	Reifendruckregelsystem *n*
tyre (*BE*) / tire (*AE*) pressure monitoring	Reifendrucküberwachung *f*
tyre chains *pl* (*BE*)	Schneekette *f*
tyre damage (*BE*)	Reifenschaden *m*
tyre fire (*BE*)	Reifenbrand *m*
tyre pressure (*BE*)	Reifendruck *m* Reifenluftdruck *m*
tyre pressure gauge (*BE*)	Reifendruckmesser *m* Reifenluftdruckmesser *m*
tyre tread depth gauge (*BE*)	Profiltiefenmesser *m*
tyre valve (*BE*)	Reifenventil *n*
tyre wear (*BE*)	Reifenverschleiß *m*

U

ullage (unfilled space in tank)	Ullage *f* (füllungsfreier Raum)
UN number	UN-Nummer *f*
unaccompanied combined transport/UCT	unbegleiteter kombinierter Verkehr/ UKV *m*
unavoidable event (e.g. war)	unabwendbares Ereignis *n* (z.B. Krieg)
uncleaned	ungereinigt
uncleaned empty packaging	ungereinigte leere Verpackungen *fpl*
uncleaned empty tank	1. ungereinigter leerer Tank *m* 2. ungereinigter leerer Kessel- wagen *m*
unconfirmed	unbestätigt
unconfirmed L/C	unbestätigtes Akkreditiv *n*
unconfirmed letter of credit	unbestätigtes Akkreditiv *n*
unconscionable	sittenwidrig
unconscionable contract	sittenwidriger Vertrag *m*

uncouple, to	abkuppeln
under supervision (e.g. opening the customs seal)	unter Aufsicht *f* (z.B. öffnen der Zollplombe)
underfloor vehicle	Unterflurfahrzeug *n*
underground car park (*BE*)	Tiefgarage *f*
underground parking lot (*AE*)	Tiefgarage *f*
underinsurance	Unterversicherung *f*
underinsured	unterversichert
underwriter	1. Zeichner *m* / zeichnungsberechtigter Mitarbeiter *m* 2. Versicherer *m*
underwriting	1. Zeichnung *f* 2. Versicherung *f*
underwriting limit	Zeichnungsgrenze *f*
undesirable risk	1. unerwünschtes Risiko *n* / unerwünschtes Wagnis *n* 2. ungünstiges Wagnis *n*
undisclosed assignment	stille Zession *f*
unemployment insurance	Arbeitslosenversicherung *f*
unfair	ungerecht
unfriendly	unfreundlich
ungrateful	undankbar
unhitch, to	absatteln
Uniform Customs and Practice for Documentary Credits/UCP *pl*	Einheitliche Richtlinien und Gebräuche für Dokumenten-Akkreditive/ERA *pl*
Uniform Rules concerning Contracts of Use of Vehicles in International Rail Traffic/CUV *pl*	Einheitliche Rechtsvorschriften für Verträge über die Verwendung von Wagen im internationalen Eisenbahnverkehr/CUV *fpl*
Uniform Rules concerning the Contract for International Carriage of Passengers and Luggage by Rail/CIV *pl*	Einheitliche Rechtsvorschriften für den Vertrag über die internationale Eisenbahnbeförderung von Personen und Gepäck/CIV *fpl*

U

Uniform Rules concerning the Contract of International Carriage of Goods by Rail/CIM *pl*	Einheitliche Rechtsvorschriften für den Vertrag über die internationale Eisenbahnbeförderung von Gütern/CIM *fpl*
unilateral	einseitig
unilateral customs concessions *pl* (e.g. developing countries)	einseitige Zollvergünstigungen *fpl* (z.B. Entwicklungsländer)
uninsurable	nicht versicherbar
	nicht zu versichern
	unversicherbar
uninsurable risk	nicht versicherbares Risiko *n*
	nicht zu versicherndes Risiko *n*
	unversicherbares Risiko *n*
uninteresting	uninteressant
United Nations Convention Relating to the Status of Refugees/CRSR	Genfer Flüchtlingskonvention/GFK *f*
Union Customs Code/UCC *sg*	Unionszollkodex/UZK *m*
union transit procedure *sg* (UTP)	Unionsversandverfahren *n* (UVV)
Universal Time Coordinated/UTC	koordinierte Weltzeit/UTC *f*
unleaded gasoline (*AE*)	bleifreies Benzin *n*
unleaded petrol (*BE*)	bleifreies Benzin *n*
unlimited	unbefristet
unload, to	1. abladen
	2. ausladen
	3. entladen
	4. löschen
unloading point	Abladeplatz *m*
	Abladestelle *f*
unnecessary	nicht erforderlich
	unnötig
unreasonable	unvernünftig
unreliable	unzuverlässig
unsuccessful	erfolglos
uphill	bergauf

U

uranium hexafluoride *sg*	Uranhexafluorid *nsg*
uranium *sg*	Uran *nsg*
urgent	dringend
used oil (e.g. drained from the engine of a vehicle)	Altöl *n*
user guide	Bedienungsanleitung *f* Gebrauchsanleitung *f*
user manual	Bedienungsanleitung *f* Gebrauchsanleitung *f*
UVV vehicles *pl*	UVV Fahrzeuge *npl*

V

V-belt	Keilriemen *m*
V-ribbed belt	Keilrippenriemen *m*
vacation (*AE*)	Urlaub *m*
vacation destination travel (*AE*)	Ferienzielreisen *fpl*
Vacation Travel Ordinance (*AE*)	Ferienreiseverordnung/FerReiseV *f*
vaccination	Impfung *f*
vacuum	Unterdruck *m* Vakuum *n*
vacuum gauge	Vakuummeter *n*
vacuum lorry (*BE*)	Saugfahrzeug *n* Saugwagen *m*
vacuum servo (*BE*)	Bremskraftverstärker/BKV *m*
vacuum truck (*AE*)	Saugfahrzeug *n* Saugwagen *m*
vacuum valve	Unterdruckventil *n*
valuable	wertvoll
valuable goods *pl*	wertvolles Gut *n*
valuation principle	Bewertungsgrundsatz *m*
value	Wert *m*

V

value added tax/VAT	Mehrwertsteuer/MwSt *f* Umsatzsteuer/USt *f*
value changes *pl*	Wertveränderungen *fpl*
value of cargo	Wert der Ladung *m*
value of goods	Warenwert *m*
value scale method	Wertschlüssel *m*
value update	Wertfortschreibung *f*
value-added process	Wertschöpfungsprozess *m*
valve	Ventil *n*
van	Lieferwagen *m*
van carrier	Portalhubstapelwagen *m* Portalhubwagen *m* Portalstapelwagen *m*
vapor (*AE*)	Dampf *m*
vapor pressure (*AE*)	Dampfdruck *m*
vapour (*BE*)	Dampf *m*
vapour pressure (*BE*)	Dampfdruck *m*
variable	variabel
variable costs *pl* (fin.)	variable Kosten *pl* (fin.)
variety calculation (fin.)	Sortenkalkulation *f* (fin.)
VDI guideline	VDI-Richtlinie *f*
vegetable	Gemüse *n*
vehicle	Fahrzeug *n*
vehicle body	Fahrzeugaufbau *m*
vehicle bound	Fahrzeuggebunden
vehicle center of gravity (*AE*)	Fahrzeugschwerpunkt *m*
vehicle centre of gravity (*BE*)	Fahrzeugschwerpunkt *m*
vehicle class	Fahrzeugklasse *f*
vehicle deployment planning	Fahrzeugeinsatzplanung *f*
vehicle dimensions *pl*	Fahrzeugabmessung *f* Fahrzeugmaße *f*
vehicle documents *pl*	Fahrzeugpapiere *npl*

V

vehicle electronics	Fahrzeugelektronik *f*
vehicle equipment	Fahrzeugausrüstung *f*
vehicle excise duty/VED (UK)	Kfz-Steuer *f*
	Kraftfahrzeugsteuer *f*
vehicle fire	Fahrzeugbrand *m*
vehicle fleet	Fuhrpark *m*
vehicle height	Fahrzeughöhe *f*
vehicle identification number/VIN	Fahrgestellnummer *f*
	Fahrzeug-Identifizierungsnummer/ FIN *f*
vehicle inspection sticker	TÜV-Plakette *f*
vehicle interval warning system (coll.)	Abstandswarnsystem *n* (ugs.)
vehicle lighting	Fahrzeugbeleuchtung *f*
vehicle preparation	Fahrzeugvorbereitung *f*
Vehicle Registration Ordinance/ FZV	Fahrzeug-Zulassungsverordnung/ FZV *f*
Vehicle Registration Regulations *pl*	Fahrzeug-Zulassungsverordnung/ FZV *f*
vehicle type	Fahrzeugart *f*
vehicle weight	Fahrzeuggewicht *n*
vehicle width	Fahrzeugbreite *f*
vendor	1. Lieferant *m*
	2. Verkäufer *m*
ventilated container	ventilierter Container *m*
vertical rule of financing	vertikale Finanzierungsregel *f*
vertical-lift bridge	Hubbrücke *f*
vertigo *sg*	Schwindel *msg* (med.)
vessel	Schiff *n*
vessel bridge	Kesselbrücke *f*
veterinary certificate	Veterinärbescheinigung *f*
	Veterinärzeugnis *n*

V

vignette (road tax)	Autobahnvignette *f* Vignette *f*
virus	Virus *m*
visa	Visum *n*
visibility	Sichtverhältnis *f*
visible	1. einsehbar 2. sichtbar
visual inspection	Sichtprüfung *f*
vocational training	Berufsausbildung *f*
vocational training contract	Berufsausbildungsvertrag *m*
Volatile Corrosion Inhibitor/VCI	flüchtiger Korrosions-Verhinderer/ VCI *m*
voltage	Spannung *f*
voluntary insurance	freiwillige Versicherung *f*

W

wage payment obligation (fin.)	Lohnzahlungspflicht *f* (fin.)
waiver customer	Verzichtskunde *m*
waiver of recourse	Regressverzicht *m*
walking speed	Schrittgeschwindigkeit *f*
war	Krieg *m*
War Clause (DTV Cargo 2000/2011)	Kriegsklausel *f* (DTV-Güter 2000/2011)
war risk insurance	Kriegsrisikoversicherung *f*
war risk surcharge	Kriegsrisikozuschlag *m*
war surcharge	Kriegszuschlag *m*
War Weapons Control Act/KrWaff- KontrG	Kriegswaffenkontrollgesetz/ KrWaffKontrG *n*
warehouse insurance	Lagerversicherung *f*
warehouse logistics	Lagerlogistik *f*
warehouse logistics expert	Fachkraft für Lagerlogistik *f*
warehouse operator	Fachlagerist *m*

W

warm	warm
warning flag	Signalfahne *f* Signalflagge *f* Warnfahne *f* Warnflagge *f*
warning light	Warnleuchte *f*
warning systems *pl*	Warnsysteme *npl*
warning triangle	Pannendreieck *n* Warndreieck *n*
warning vest	Warnweste *f*
Warsaw Convention/WC	Warschauer Abkommen/WAK/WA *n*
waste	Abfall *m*
waste oil (has not been used, but is found to be unsuitable for its originally intended purpose)	Altöl *n*
Waste Oil Ordinance	Altölverordnung/AltölV *f*
waste product	Abfallstoff *m*
waste transport	Abfalltransport *m*
water	Wasser *n*
water contamination	Wasserverunreinigung *f*
water damage	Wasserschaden *m*
water gauge	Schauglas *n*
water hazard class	Wassergefährdungsklasse/WGK *f*
water ingress	Wassereinbruch *m*
water protection area/WSG	Wasserschutzgebiet/WSG *n*
water vapor (*AE*)	Wasserdampf *m*
water vapour (*BE*)	Wasserdampf *m*
water-polluting cargo	wassergefährdende Ladung *f*
weak spot (*coll.*)	Achillesferse *f* (*ugs.*)
weapon	Waffe *f*
Weapons Act/WaffG	Waffengesetz/WaffG *n*
weather	Wetter *n*

W

weather conditions	Witterung *f*
weather forecast	Wettervorhersage *f*
web site	Web-Präsenz *f*
	Website *f*
Wednesday	Mittwoch *m*
week	Woche *f*
week after next, the *sg*	übernächste Woche
week before last, the *sg*	vorletzte Woche
weekend	Wochenende *n*
weekly	wöchentlich
weekly driving time	Wochenlenkzeit *f*
	wöchentliche Lenkzeit *f*
weighbridge	Fahrzeugwaage *f*
	LKW-Waage *f*
weight	Gewicht *n*
weight determination	Gewichtsermittlung *f*
weight force	Gewichtskraft *f*
welfare state (pol.)	Sozialstaat *m* (pol.)
Well done!	Gut gemacht!
Wellington boot	Gummistiefel *m*
west	West
	Westen *m*
West Africa	Westafrika *n*
West Coast of the United States	Westküste der Vereinigten Staaten *f*
West Indies *pl*	Karibische Inseln *fpl*
	Westindische Inseln *fpl*
West-Pacific-States/WPS *pl*	West-Pazifik-Staaten/WPS *mpl*
westbound	westwärts
Western Africa	Westafrika *n*
wet	nass
WGK 1	WGK 1 *f*
low hazard to waters	schwach wassergefährdend

W

WGK 2	WGK 2 *f*
hazard to waters	wassergefährdend
WGK 3	WGK 3 *f*
severe hazard to waters	stark wassergefährdend
wheel	Rad *n*
wheel brace (*BE*)	Drehkreuz *n*
	Kreuzschlüssel *m*
	Radkreuz *n*
wheel chock	1. Radvorleger *m* (Eisenbahn)
	2. Unterlegkeil *m* (z.B. LKW)
wheel loader	Radlader *m*
wheel pairs *pl*	Radpaare *npl*
wheel wrench (*BE*)	Drehkreuz *n*
	Kreuzschlüssel *m*
	Radkreuz *n*
wheelbase	Achsabstand *m*
wheeled loader	Radlader *m*
wheels *pl*	Räder *npl*
white frost	weißer Frost *m*
white goods *pl*	weiße Ware *f*
white spirit	Terpentinersatz *msg*
	Waschbenzin *n*
white-collar worker (*coll.*)	Angestellter *m*
whole consignment	ganze Sendung *f*
wholesaler	Großhändler *m*
wholeturnover policy	Ausfuhr-Pauschal-Gewährleistung/
	APG *f*
wholeturnover policy light	Ausfuhr-Pauschal-Gewährleistung
	light/APG-light *f*
wide	breit
width	Breite *f*
wilful deceit (*BE*)	arglistige Täuschung *f*
wilful deception (*BE*)	arglistige Täuschung *f*

W

willful deceit (*AE*)	arglistige Täuschung *f*
willful deception (*AE*)	arglistige Täuschung *f*
wind	Wind *m*
wind direction	Windrichtung *f*
windproof hand lamp	windsichere Handlampe *f*
windscreen (*BE*)	Frontscheibe *f* Windschutzscheibe *f*
windscreen wiper (*BE*)	Scheibenwischer *m*
windshield (*AE*)	Frontscheibe *f* Windschutzscheibe *f*
windshield washer fluid (*AE*)	Scheibenwaschwasser *n* Scheibenwischwasser *n*
windshield wiper (*AE*)	Scheibenwischer *m*
windshield wiper fluid (*AE*)	Scheibenwaschwasser *n* Scheibenwischwasser *n*
wine	Wein *m*
wing doors *pl*	Flügeltüren *fpl* (LKW)
winter diesel	Winterdiesel *m*
winter diesel fuel	Winterdiesel *m*
winter tire (*AE*)	Winterreifen *m*
winter tyre (*BE*)	Winterreifen *m*
winter tyre (*BE*) / tire (*AE*) requirement	Winterreifenpflicht *f*
winterized diesel (*AE*)	Winterdiesel *m*
wire	Draht *m*
wire mesh crate	Gitterbox *f*
withdrawal	1. Abhebung *f* (fin.) / Kontoabhebung *f* 2. Rücktritt *m* (z.B. von einem Vertrag)
withdrawal from service discard state	Ablegereife *f*
wood preservative	Holzschutzmittel *n*

W

wood treatment	Holzbehandlung *f*
wooden barrel	Holzfass *n*
wooden box	Holzkiste *f*
wooden crate	Holzverschlag *m*
work accident	Arbeitsunfall *m*
work light	Arbeitsscheinwerfer *m*
worker	Arbeitnehmer *m*
working capital	Working Kapital *n*
working condition/relationship	Arbeitsverhältnis *n*
working day	1. Arbeitstag *m* 2. Werktag *m*
working time	Arbeitszeit *f*
Works Constitution Act	Betriebsverfassungsgesetz *n*
works council	Betriebsrat *m*
workshop	Werkstatt *f*
workshop card	Werkstattkarte *f*
workshop directory	Werkstattverzeichnis *n*
World Customs Organization/WCO	Weltzollorganisation/WZO *f*
world time	Weltzeit *f*
World Trade Organization/WTO	Welthandelsorganisation/WHO *f*
wrap, to	einwickeln
wreck	Schiffswrack *n* Wrack *n*
written agreement	schriftlicher Vertrag *m*
written confirmation of an order	schriftliche Auftragsbestätigung *f*
written customs declaration	schriftliche Zollanmeldung *f*
written employment contract	schriftlicher Arbeitsvertrag *m*
written order	schriftliche Beauftragung *f*
wrong-way driver	Falschfahrer *m* Geisterfahrer *m*

W

Y

yard goods *pl*	Meterware *f*
year	Jahr *n*
year after next, the *sg*	übernächstes Jahr
year before last, the *sg*	vorletztes Jahr
year of construction	Baujahr *n*
year of manufacture	Herstellungsjahr *n*
yellow fever *sg*	Gelbfieber *nsg*
yellow rotating beacon	gelbe Rundumleuchte *f*
yesterday	gestern
York-Antwerp-Rules/YAR *pl*	York-Antwerpener Regeln/YAR *fpl*
young	jung
Youth Employment Protection Act	Jugendarbeitsschutzgesetz/ JArbSchG *n*

Z

zebra crossing (*BE*)	Fußgängerübergang *m* Fußgängerüberweg *m* Zebrastreifen *m*
zirconium	Zirconium *n* Zirkonium *n*

Deutsch – Englisch

2+3-Regelung *f* (CEMT-Genehmigung)	2+3 regulation (CEMT permit)
20-Fuß Container/20' Container *m*	20 foot container/20' container
40-Fuß Container/40' Container *m*	40 foot container/40' container
44-Tonnen-Regelung *f* (im Vor- und Nachlauf des kombinierten Verkehrs)	44-ton regulation (pre- and on-carriage of combined transport)

A

A.TR-Formular *n*	A.TR form
Abbiegeassistent *m*	turning assistant
Abblendlicht *n*	dipped-beam headlight (*BE*) low-beam headlight (*AE*)
Abbrand *m*	burn-up
ABC Pulverlöscher *m*	ABC powder extinguisher
Abdeckfolie *f*	cover sheeting
Abend *m*	evening
Abfahrtsbahnhof *m*	departure station
Abfahrtskontrolle *f* (LKW oder Bus)	pre-departure check (truck/lorry or bus)
Abfahrtskontrolle *f* (Stapler)	check before driving (forklift)
Abfahrtszeit *f*	time of departure
Abfall *m*	waste
Abfallstoff *m*	waste product
Abfalltransport *m*	waste transport
abfertigen	dispatch, to
Abfindung *f* (fin.)	compensation (fin.)
Abflughafen *m*	airport of departure
Abfluss *m*	drain
Abgabebetrug *m*	customs fraud
Abgaben *fpl* (fin.)	charges *pl* (fin.)
Abgabenbefreiung *f* (fin.)	charge exemption (fin.)

abgabenfrei	duty-free
Abgangsland n	country of departure
Abgangsort m	place of departure
Abgangszollstelle f	customs office of departure
abgasarm	reduced-emission low-emission
Abgasgrenzwert m	exhaust emission threshold
Abgasnachbehandlung f	exhaust gas aftertreatment
Abgasrückführung/AGR f	Exhaust Gas Recirculation/EGR
Abgasuntersuchung/AU f	emissions test
abgelaufen	expired
abgesenkte Bordsteinkante f	curb cut (*AE*) dropped kerb (*BE*)
Abhebung f (fin.)	withdrawal
abholbereit	ready for collection
Abholung f	collection
Abkommen n	regulation convention
Abkommen über den Internationalen Eisenbahngüterverkehr/ SMGS n	Agreement on International Goods Transport by Rail/SMGS
abkuppeln	uncouple, to
abladen	unload, to
Abladeplatz m	unloading point
Ablader m	shipper
Abladestelle f	unloading point
ablaufen	lapse, to
ablegen	discard, to
Ablegereife f	withdrawal from service discard state
ablehnen	reject, to
ablehnend	1. refusing 2. depreciating

Ablieferbeleg *m*	proof of delivery/POD
Ablieferung *f*	delivery
Ablieferungshindernis *n*	delivery disruption
Ablieferungsnachweis *m*	proof of delivery/POD
Abmessung *f*	dimension
Abrechnung *f* (fin.)	settlement (fin.)
Abrollcontainer *m*	roll-off container
Abrollcontainer-Transportsystem/ ACTS *n*	roll-off container transport system/ ACTS
absatteln	detach, to unhitch, to
Absatzmarkt *m*	sales market
Absaugvorrichtungen *f*	suction devices
Abschiebehaft *fsg*	detention pending deportation
Abschiebung *f*	deportation
Abschiebungshaft *fsg*	detention pending deportation
abschleppen	tow, to
Abschlepphaken *m*	tow hook
Abschleppseil *n*	tow rope
Abschleppstange *f*	tow bar
Abschleppwagen *m*	breakdown lorry (*BE*) breakdown truck (*AE*) tow truck (*AE*)
Abschlussbuchungen *fpl*	annual closing entries *pl*
Abschlusskosten *pl*	acquisition costs *pl*
Abschlussprovision *f*	acquisition commission
Abschlusszwang *m*	obligation to contract
abschmieren	lubricate, to
Abschnittskontrolle *f* (Geschwindigkeit)	section control (speed)
Abschreibung *f* (fin.)	depreciation (fin.)
Abschreibungsmethoden *fpl*	depreciation methods *pl*

Absender *m*	consignor
	shipper
Absenderadresse *f*	return address
Absenderhaftung *f*	sender liability
Absenderpflicht *f*	sender obligation
absetzen (Last)	set down, to
Absetzmulde *f*	skip
Absicht *f*	intention
Absichtserklärung *f*	letter of intent/LOI
Absperrventil *n*	shut-off valve
Abstandswarnsystem *n* (ugs.)	vehicle interval warning system (coll.)
Absturzstelle *f*	crash site
Abteilung *f*	department
Abteilungsergebnis *n*	department results *pl*
abteilungsfixe Kosten *pl*	departmental fixed costs *pl*
Abteilungsleiter *m*	head of department
Abtretung *f*	assignment
Abwicklung *f*	handling
Abzugsfranchise *f*	deductible franchise
Abzweigung *f*	turnoff
Aceton *nsg*	acetone *sg*
Achillesferse *f* (*ugs.*)	Achilles' heel (*coll.*)
	weak spot (*coll.*)
Achsabstand *m*	wheelbase
Achse *f*	axle
Achsenbruch *m*	broken axle
Achslast *f*	axle load
Achsschenkellenkung *f*	Ackermann steering
Achszahl *f*	number of axles
Achtung *fsg*	attention *sg*

AdBlue *n* (® Verband der Automobilindustrie/VDA)	AdBlue (® Verband der Automobilindustrie/VDA) (*BE*) diesel exhaust fluid/DEF (*AE*)
Additive *fpl*	additives *pl*
ADR *n* (Europäisches Übereinkommen über die internationale Beförderung gefährlicher Güter auf der Straße)	ADR (European Agreement concerning the International Carriage of Dangerous Goods by Road)
ADR-Bescheinigung *f*	ADR certificate
Adresse *f*	address
Adressfeld *n*	address field
Aerosol *n*	aerosol
AfA-Tabelle *f* (Abschreibungen für Anlagegüter)	depreciation chart
Afrika *n*	Africa
Afrika südlich der Sahara *n*	Sub-Saharan Africa
Agentur *f*	agency
aggressiv	aggressive
ähnlich	similar
Akkreditiv *n*	documentary letter of credit L/C letter of credit
AKP-Gruppe *f*	ACP countries African, Caribbean and Pacific Group of States
Akquisition *f*	acquisition
aktive Veredelung *f*	active refinement
Aktivität *f*	activity
Akzept *n*	acceptance accepted bill
Akzeptakkreditiv *n*	acceptance L/C acceptance letter of credit
akzeptierter Wechsel *m*	acceptance accepted bill

Alarm *m*	alarm
Alarmanlage *f*	alarm system
Alkohol *m*	alcohol
Alkoholverbot *n*	ban on alcohol
allen Widrigkeiten zum Trotz	against all odds
Allergien *f*	allergies *pl*
Allgefahrenversicherung *f*	all-risks insurance
Allgemeine Bedingungen für den Kraftverkehr/AKB *f*	General Conditions for Road Transport
allgemeine Beförderungsbedingungen *f*	General Conditions of Carriage
Allgemeine Deutsche Binnentransport-Versicherungsbedingungen/ADB *f*	General German Inland Transport Insurance Conditions
Allgemeine Deutsche Seeversicherungsbedingungen/ADS *fpl*	German General Rules of Marine Insurance/ADS *pl*
Allgemeine Deutsche Spediteurbedingungen/ADSp *fpl*	German Freight Forwarders' Standard Terms and Conditions/ADSp *pl*
allgemeine Geschäftsbedingungen/AGB *fpl*	general terms and conditions of trade *pl*
allgemeine Handelsgüter *f*	general commercial goods *pl*
Allgemeiner Vertrag für die Verwendung von Güterwagen/AVV *m*	General Contract of Use for Wagons/GCU
Allgemeines Präferenzsystem/APS *n*	Generalised System of Preferences/GSP (*BE*) Generalized System of Preferences/GSP (*AE*)
Allradantrieb *m*	all-wheel drive four-wheel drive
Allradlenkung *f*	all-wheel steering
Alphastrahlung *f*	alpha radiation
alt	old

alternativer Antrieb *m*	alternative drive
Alternativstrecke *f*	alternative route
Altfahrzeug-Verordnung/AltfahrzeugV *f*	End-of-Life Vehicle Ordinance
Altöl *n*	1. used oil (e.g. drained from the engine of a vehicle) 2. waste oil (has not been used, but is found to be unsuitable for its originally intended purpose)
Altölverordnung/AltölV *f*	Waste Oil Ordinance
Aluminium *nsg*	aluminium *sg* (*BE*) aluminum *sg* (*AE*)
Aluminiumcontainer *m*	aluminium container (*BE*) aluminum container (*AE*)
am wenigsten entwickelte Länder/LDC *npl*	Least Developed Countries/LDC *pl*
Ameise *f* (*ugs.*) (Flurförderzeug)	electric pallet jack electric pallet truck
Ammoniak *nsg*	ammonia *sg*
Ampel *f*	traffic light
Amphibienfahrzeug *n*	amphibious vehicle amphibian
Amsterdam-Rotterdam-Antwerpen-Gent-Range/ARAG-Range *f*	Amsterdam-Rotterdam-Antwerp-Ghent-Range/ARAG-Range
Amsterdam-Rotterdam-Antwerpen-Range/ARA-Range *f*	Amsterdam-Rotterdam-Antwerp-Range/ARA-Range
Amtsplatz *m*	customs area
analoger Fahrtenschreiber *m*	analogue tachograph (*BE*) analog tachograph (*AE*)
Analyse *f*	analysis
analysieren	analyse, to (*BE*) analyze, to (*AE*)
anberaumt (zeitlich)	scheduled

anders	different
Anderskosten *pl*	other costs *pl*
Änderung *f*	modification
Änderungskündigung *f*	notice of change
Andreaskreuz *n*	railroad crossing sign (*AE*)
	railway crossing sign (*BE*)
Anerkennung eines Anspruchs *f*	acceptance of a claim
Anerkennung *f*	acceptance
Anfahrthilfe *f*	starting aid
	start-up aid
	starting-up aid
Anfahrtsbeschreibung *f*	directions *pl*
Anforderung *f*	requirement
Anfrage *f*	enquiry (*BE*)
	inquiry (*AE*)
Angebot *n*	offer
Angebot *n* (ausführlich)	proposal
Angebot *n* (Kostenvoranschlag/ Preisangebot)	quotation
angegeben	specified
angemessene Entschädigung *f*	adequate compensation
	reasonable compensation
Angestellter *m*	white-collar worker (*coll.*)
Anhalteweg *m*	stopping distance
Anhang *m*	annex
Anhängelast *f*	towing capacity
Anhänger *m*	trailer
Anhängerkupplung *f*	trailer coupling
Anhängerkupplung *f* (PKW)	tow bar (*BE*)
	tow hitch
	trailer hitch (*AE*)
anheben (Last)	lift, to

Ankerschienen f (Ladungssicherung fest im Fahrzeug installiert)	anchor rails (load securing permanently installed in the vehicle)
anklopfen (Tür)	knock, to (door)
Ankunftsbahnhof m	arrival station
Ankunftszeit f	time of arrival
ankuppeln	couple, to
Anlage f	annex
Anlagendeckungsgrad 1 m	fixed asset coverage ratio 1
Anlagendeckungsgrad 2 m	fixed asset coverage ratio 2
Anlagenintensität f	investment intensity
Anlagenrendite f	return on investment/ROI
Anlasser m (Starter)	starter
Anlassschalter m	starting switch
Anlaufschwierigkeiten fpl	growing pains pl
Anleitung f	instruction
Anmelder m (Zoll)	declarant (customs)
Anmeldung eines Anspruchs f	filling of a claim
Annahme f	acceptance
anorganisch	inorganic
anormales Risiko n	abnormal risk
Anpralldämpfer m	crash cushion impact attenuator
Anrufbus m	on-call bus
Anschaffungsnebenkosten pl	additional purchase costs pl
Anschaffungspreisminderung f	purchase price reduction
Anschaffungswert m	acquisition value
Anschaffungszeitpunkt m	time of purchase date of acquisition
anschieben	bump-start, to push-start, to
anschlagen	sling, to

Anschlagmittel *n*	sling gear
	lifting means *pl*
Anschlagpunkt *m*	sling point
	anchor point
anschleppen	tow-start, to
Anschlusszone *f*	contiguous zone
Anschrift *f*	address
Anschriftenfeld *n*	address field
Anspruch *m*	claim
Anspruchsabtretung *f*	assignment of a claim
Anspruchsberechtigter *m*	claimant
Anspruchsteller *m*	claimant
Antiblockiersystem/ABS *n*	anti-lock braking system/ABS
Antillen *pl*	Antilles *pl*
Antimakassar *m*	antimacassar
Antirutschmatte *f*	anti-slide mat
	anti-slip mat
Antirutschmatten *f*	anti-slip mats
Antriebsschlupfregelung/ASR *f*	Traction Control System/TCS
Antriebsstrang *m*	drive train
Anwalt *m*	attorney (*AE*)
Anwalt *m* (Oberbegriff)	lawyer
Anwalt *m* (obere Gerichte)	barrister (*BE*)
Anwalt *m* (untere Instanzen)	solicitor (*BE*)
Anzahlung *f*	deposit
	down payment
Anzeigepflicht *f*	duty of notification
Anzündmittel *n*	ignition device
Apostolischer Nuntius *m*	Apostolic Nuncio
April *m*	April
Aquaplaning *n*	aquaplaning
Äquivalentdosis *f*	equivalent dose

Arabien *n*	Arabia Arabian Peninsula Arabian subcontinent
Arabische Halbinsel *f*	Arabia Arabian Peninsula Arabian subcontinent
Arbeiter *m*	blue-collar worker (*coll.*)
Arbeitgeber *m*	employer
Arbeitgeberverband *m*	employer's association
Arbeitnehmer *m*	employee worker
Arbeitsgericht *n*	labour court (*BE*) labor court (*AE*)
Arbeitsgerichtsbarkeit *f*	employment jurisdiction
Arbeitskollege *m*	colleague
Arbeitslosenversicherung *f*	unemployment insurance
Arbeitsmedizin *f*	occupational medicine
arbeitsmedizinische Vorsorgeuntersuchung *f*	occupational health medical examination/OHME
Arbeitsrecht *n*	labour law (*BE*) labor law (*AE*)
Arbeitsscheinwerfer *m*	work light
Arbeitssicherheit *f*	occupational safety
Arbeitstag *m*	business day working day
Arbeitsunfähigkeit/AU *f*	incapacity for work
Arbeitsunfall *m*	accident at work work accident
Arbeitsverhältnis *n*	employment working condition/relationship
Arbeitsvertrag *m*	employment contract
Arbeitszeit *f*	working time
Archiv *n*	archive
archivieren	archive, to

arge Not *f*	dire straits *pl*
Arglist *fsg*	fraudulent intent *sg*
	malice *sg*
arglistige Täuschung *f*	fraudulent misrepresentation
	malicious deceit
	wilful deceit (*BE*)
	wilful deception (*BE*)
	willful deceit (*AE*)
	willful deception (*AE*)
Argon *nsg*	argon *sg*
Ärmelkanaltunnel *m*	Channel Tunnel
arrogant	arrogant
Arsen *nsg*	arsenic *sg*
Art *f*	type
Artikel *m*	article
	item
Artikelnummer *f*	article number
Arzt *m*	doctor
Asbest *m*	asbestos
Aschenbecher *m*	ashtray
Asien *n*	Asia
ASOR	ASOR
ASOR-Fahrtenblatt *n*	ASOR trip sheet
ASOR-Fahrtenheft *n*	ASOR trip logbook
Asphalt *m*	asphalt
Assistenzsystem *n*	assistance system
Asyl *n*	asylum
ATA-Verfahren *n*	ATA procedure
Atemschutz *m*	respiratory protection
Atemschutzmaske *f*	respirator mask
Äthen *nsg*	ethylene *sg*
Äthylen *nsg*	ethylene *sg*
Atomgesetz/AtG *n*	Atomic Energy Act *sg*

ätzend	corrosive
Ätznatron *nsg*	caustic soda *sg*
auf eigene Rechnung	for own account
auf tönernen Füßen stehen (*ugs.*)	built on sand, to be (*coll.*)
Aufbau der GuV nach § 275 Handelsgesetzbuch/HGB *m*	profit and loss construction § 275 HGB
aufbereitete Bilanz *f*	prepared balance
Aufbringung *f* (Schiff)	capture (ship)
Auffahrunfall *m*	rear-end collision
auffordern	challenge, to
Aufgabe *f*	task
aufgegebenes Gepäck *nsg*	checked baggage *sg* (*AE*) checked luggage *sg* (*BE*)
Aufhebungsvertrag *m*	termination agreement
Aufliegelast *f*	fifth-wheel load
Auflieger *m*	semi-trailer
Aufmerksamkeitsassistent *m* (ugs.)	attention assist (coll.)
Aufpreis *m*	additional charge extra charge surcharge
Aufruhr *m*	riot
aufsatteln	hitch, to
Aufsatzbretter *npl* (Ladungssicherung fest im Fahrzeug installiert)	attachment boards *pl* (load securing permanently installed in the vehicle)
Aufsatzrahmen für Paletten *m*	collar
aufschieben	delay, to
Aufschlag *m*	additional charge extra charge surcharge
Aufschub *m*	deferring
Aufschubkonto *n*	deferment account
Aufsetzrahmen für Paletten *m*	collar

Aufsetztank *m* (Fassungsraum von mehr als 450 Litern, ist für den Umschlag gebaut)	demountable tank *sg* donning tank (capacity of more than 450 litres (BE) liters (AE), built for transshipment)
Auftausalz *n*	de-icing salt road salt
aufteilen	split, to
Auftrag *m*	order
Auftraggeber *m*	client
Auftragsbestätigung *f*	confirmation of order order acknowledgement (*BE*) order acknowledgment (*AE*) order confirmation
Aufwand *m*	expenditure expense
Aufwandsart *f* (Kraftstoffverbrauch, Verwaltungsaufwand, usw.)	expense type (fuel consumption, administration expense, etc.)
aufwandsgleiche Kosten *pl*	cash outlay costs *pl*
Aufwendungen *pl*	expenses *pl* expenditures *pl*
Auge *n*	eye
Augenreizung *f*	eye irritation
Augenschutz *m*	eye protection
Augenspüleinrichtung *f*	eye wash unit
Augenspülflasche *f*	eye wash bottle
August *m*	August
aus Übersee	overseas
Ausbesserungsarbeit *f*	repair work
Ausbesserungsschein *m* (Zoll)	repair certificate (customs)
Ausbildungsbetrieb *m*	training company
Ausbildungsordnung *f*	training regulations pl.
ausborgen	lend, to

Ausfall *m* (z.B. des Kühlaggregates im LKW)	failure (e.g. of the refrigeration unit in the lorry (*BE*)/truck (*AE*))
Ausfallfracht *f*	dead freight
Ausflugfahrten *fpl* (Bus)	excursions *pl* (bus)
Ausfuhr *f*	export
Ausfuhr- und Abnehmerbescheinigung für Umsatzsteuerzwecke bei Ausfuhren im nicht kommerziellen Reiseverkehr *f*	export and customer certificate for sales-tax purposes in export in non-commercial travel
Ausfuhr-Pauschal-Gewährleistung light/APG-light *f*	wholeturnover policy light
Ausfuhr-Pauschal-Gewährleistung/ APG *f*	wholeturnover policy
Ausfuhrabfertigung *f*	export clearance
Ausfuhrabgabe *f*	export duty export tax
Ausfuhrabschöpfung *f*	export levy
Ausfuhranmeldung *f*	export declaration
Ausfuhrbürgschaft *f*	export guarantee
ausführender Frachtführer *m* (Unterfrachtführer)	exporting carrier (sub-carrier)
Ausführer *m*	exporter
Ausfuhrerklärung *f*	export declaration
Ausfuhrerstattung *f*	export refund
Ausfuhrgarantie *f*	export guarantee
Ausfuhrgenehmigung *f*	export licence (*BE*) export license (*AE*) export permit
Ausfuhrgewährleistung *f*	export guarantee
Ausfuhrkontrolle *f*	export control
Ausfuhrliste *f*	commerce control list/CCL (*AE*) export control list
Ausfuhrrisiko *n*	export risk
Ausfuhrverantwortlicher *m*	person responsible for exports

Ausfuhrverbot *n*	export ban
Ausfuhrverfahren *n*	export procedure
Ausfuhrzollschuld *f*	customs debt of exportation
Ausfuhrzollstelle *f*	export customs office
Ausgangsrechnung *f*	outgoing invoice
Ausgangszollstelle *f*	customs office of exit
ausgebucht	booked up
	fully booked
ausgelaufen (Flüssigkeit)	leaked out
ausgelaufen (Vertrag, Lizenz)	expired
ausgezeichnet	excellent
Ausgleichszinsen *mpl*	compensatory interest
Auskunft zur Güterliste/AzG *f*	information on the list of items
ausladen	unload, to
ausländische Zielgebiete *npl*	foreign destinations *pl*
Auslandsgenehmigungen *fpl*	foreign permits *pl*
Auslandshandelskammer/AHK *f*	German Chambers of Commerce Abroad/CCA
ausleihen	lend, to
ausliefern (Produkt)	ship, to
Ausnahmegenehmigung *f*	certificate of exemption
ausrangieren	discard, to
ausscheiden	discard, to
Ausschließliche Wirtschaftszone/ AWZ *f*	exclusive economic zone/EEZ
Ausschluss *m*	exclusion
Ausschlussklausel *f*	exclusion clause
aussondern	discard, to
Aussperrung *f*	lockout
Ausstellungsdatum *n*	date of issue
	issue date

aussuchen	choose, to
Australien *n*	Australia
auswählen	choose, to
	select, to
Ausweichbucht *f*	passing place
Ausweichstelle *f*	passing place
Ausweichstrecke *f*	alternative route
auswerten	analyse, to (*BE*)
	analyze, to (*AE*)
Auszubildender *m*	trainee
Außenhandel *msg*	external trade
	foreign trade
Außenlandung *f*	off-field landing
Außenplanetengetriebe *n*	external planetary gear
Außenverpackung *f* (Gefahrgut)	outer packaging (dangerous goods)
Außenwirtschaftsgesetz/AWG *n*	Foreign Trade and Payments Act/ AWG
Außenwirtschaftsprüfung *f*	foreign trade audit
Außenwirtschaftsverordnung/AWV *f*	Foreign Trade and Payments Regulation/AWV
äußere Absperreinrichtung *f*	external shut-off device
außergewöhnlich	extraordinary
außerhalb der Bürozeit	outside office hours
außerhalb der Geschäftszeit	outside business hours
äußerlich erkennbare Mängel *mpl*	externally recognisable (*BE*) / recognizable (*AE*) defects pl.
außerordentliche Kündigung *f*	extraordinary termination
außerorts	out of town
ausstellen (admin.)	issue, to
Aussteller *m* (admin.)	issuer

A

Auto n	automobile car motor car passenger car (road) passenger vehicle
Autobahn f	freeway (AE) interstate highway (AE) motorway (BE)
Autobahnausfahrt f	freeway exit (AE) motorway exit (BE)
Autobahndreieck n	freeway triangle (AE) motorway triangle (BE)
Autobahnhypnose f	highway hypnosis driving without attention mode/ DWAM
Autobahnkreuz n	freeway interchange (AE) motorway junction (BE)
Autobahnrastanlage f	motorway service area/MSA (BE) rest area (AE)
Autobahnrasthof m	motorway service area/MSA (BE) rest area (AE)
Autobahnrastplatz m	motorway service area/MSA (BE) rest area (AE)
Autobahnraststätte f	motorway service area/MSA (BE) rest area (AE)
Autobahntrance f	highway hypnosis driving without attention mode/ DWAM
Autobahnvignette f	road tax vignette vignette (road tax)
Autobusanhänger m	bus trailer
Autohof m	truck stop travel center (AE) transport cafe (BE) lorry park (BE)

Autokran *m*	mobile crane truck crane truck-mounted crane
Autokranarbeiten *fpl*	truck crane work *sg*
Autokranvermietung *f*	truck crane rental
Autokühler *m*	radiator
Automatikgetriebe *n*	automatic transmission
Automatikgetriebeöl *n*	automatic transmission fluid
automatische Hakenkupplung *f*	automatic hook coupling
automatische Kennzeichener- fassung *f*	automatic license plate recognition/ ALPR (*AE*) automatic number plate recog- nition/ANPR (*BE*)
automatische Nummernschild- erkennung *f*	automatic license plate recognition/ ALPR (*AE*)automatic number plate recognition/ANPR (*BE*)
automatische Sperrfunktion *f* (CMR)	automatic locking function (CMR)
Automatischer Blockierverhinderer/ ABV *m*	automatic anti-lock braking system/ ABS
Automatisiertes Tarif- und Lokales Zoll-Abwicklungs-System/ATLAS *n*	Automated Tariff and Local Customs Processing System
Automechaniker *m*	auto mechaniccar mechanic
Automobil *n*	automobile car motor car passenger car (road) passenger vehicle
Automobilia *npl*	automobilia *pl*
autonomes Fahren *n*	autonomous driving
Autoradio *n*	car radio
Autoreisezug *m*	motorail motorail train
Autostopp *m*	hitch-hiking

B

Autowaschstraße *f*	carwash
Autowerkstatt *f*	garage
Avalgarantie *f*	bid bond
	counter guarantee
Avis *m/n*	advice
avisierende Bank *f*	advising bank
	notifying bank
Azeton *nsg*	acetone *sg*
Azubi *m*	trainee

B

Backwaren *fpl*	bakery products *pl*
Bagatellschaden *m*	minor damage
bahneigen	railroad-owned (*AE*)
	railway-owned (*BE*)
Bahnhof/Bf/Bhf *m*	station
	train station
	railroad station (*AE*)
	railway station (*BE*)
Bahnstreik *m*	rail strike
Bahnübergang/BÜ *m*	railway crossing (*BE*)
	railroad crossing (*AE*)
	level crossing (*BE*)
Bakterie *f*	bacterium
Balkan *m*	Balkan Peninsula
	Balkans *pl*
Balkanhalbinsel *f*	Balkan Peninsula
	Balkans *pl*
Balken *m*	beam
Ballen *m*	bale
Baltikum *n*	Baltic countries *pl*
	Baltic states *pl*
baltische Staaten *mpl*	Baltic countries *pl*
	Baltic states *pl*

Bandmaß n	measuring tape
	tape measure
Banjoachsen fpl	banjo axles pl
Bank f	bank
Bankbürgschaft f	bank guarantee
Bankfeiertag m	bank holiday (BE)
Bankgarantie f	bank guarantee
Bankkonto n	account
Bankscheck m	bank draft
	cashier's check (AE)
Banktratte f	bank draft
	banker's draft
Bargeld n	cash
Barzahlung f	cash
	cash payment
Base f (chem.)	base (chem.)
Batterie f	battery
Batterieaufladegerät n	battery charger
Batterieauflieger m	tube trailer
Batteriefahrzeug n	battery vehicle
Batteriekapazität f	battery capacity
Batterieladegerät n	battery charger
Batteriepol m	battery pole
Batteriesäure f	battery acid
Batteriespannung f	battery voltage
Batterietrennschalter m	battery master switch
Batterieverordnung/BattV f	Battery Ordinance
bauartbestimmte Höchstgeschwin-digkeit f	maximum design speed
Bauholz n	lumber
	timber
Baujahr n	year of construction

B

Baustellenwarnsystem *n*	construction site warning system
Bay *f* (Containerreihe in Querrichtung)	bay (container)
Bay-Row-Tier-System *n*	bay-row-tier system
Bayplan *m* (Containerstauplan)	bay plan
Bearbeitung *f* (Waren)	manipulation (processing)
Beckengurt *m*	lap belt
Becquerel/Bq *n*	becquerel/Bq
Bedarfshalt *m*	flag stop request stop
bedecktes Fahrzeug *n*	sheeted vehicle
Bedienungsanleitung *f*	user guide user manual
Bedingung *f*	condition
Befähigungsschein nach § 20 Sprengstoffgesetz *m*	certificate to transport and handle explosives in accordance with § 20 of the Explosives Act
Befestigungsbeschläge für Container *mpl* (Ladungssicherung fest im Fahrzeug installiert)	fastening fittings for containers pl (load securing permanently installed in the vehicle)
befördern	dispatch, to ship, to
Beförderung *f*	carriage carrying forwarding haulage shipment transport transportation
Beförderung lebender Tiere *f*	carriage of livestock
Beförderung stehender Passagiere *f*	carriage of standing passengers
Beförderung unter ausschließlicher Verwendung *f*	exclusive use shipment

Beförderung von Gütern aller Art *f*	carriage of goods of all kind
Beförderungsauftrag *m*	transport order
Beförderungsbedingungen *fpl*	conditions of carriage *pl*
Beförderungseinheit *f*	cargo transport unit/CTU
Beförderungsentgelt *n* (fin.)	transport charge (fin.)
Beförderungsgenehmigung *f*	transport authorization
Beförderungshindernis *n*	transport disruption
Beförderungskategorie *f*	transport category
Beförderungsklasse *f* (Güter)	class of carriage
Beförderungspapier *n*	transport document
Beförderungspflicht *f*	obligation to carry
Beförderungsrecht *n*	Law of the Carriage of Goods
beförderungssicher	safe for transport
beförderungssichere Verladung *f*	transport-safe loading
Beförderungssicherheit *f*	transport safety
Beförderungstarif *m*	transport tariff
Befrachter *m*	shipper
befristeter Arbeitsvertrag *m*	fixed-term employment contract
Befugnis *f*	authorisation (*BE*) authorization (*AE*)
Befüller *m* (Person)	filler (person)
begast mit MB	fumigated with MB fumigated with methyl bromide
begast mit Methylbromid	fumigated with methyl bromide fumigated with MB
Begasung *f*	fumigation
begebbar	negotiable
begebbares Akkreditiv *n*	negotiable L/C negotiable letter of credit
begebbares FIATA-Durchkonnossement des kombinierten Transports/FBL *n*	negotiable FIATA Multimodal Transport Bill of Lading/FBL

Begegnungsverkehr *m*	transshipment traffic
beglaubigte Abschrift *f* (z.B. von der Gemeinschaftslizenz)	certified copy (e.g. of the community licence (*BE*) / license (*AE*))
begleitendes Verwaltungs-dokument/BVD *n*	accompanying administrative document
begleiteter kombinierter Verkehr/ KV *m*	accompanied combined transport/ ACT
begleiteter Verkehr *m* (KV)	accompanied combined transport/ ACT
begleitetes Fahren *n*	accompanied driving
Begleitfahrzeug *n* (LKW)	escort vehicle
Begleitpapier *n*	accompanying document
begrenzte Menge/LQ *f*	limited quantity/LQ
Begrenzung der Haftung *f*	limitation of liability
Begründung eines Anspruchs *f*	substantiation of a claim
Begründung *f*	substantiation
beheizter Container *m*	heated container
bei der Arbeit	on the job
Beifahrer *m* (LKW/Bus)	co-driver (in lorry/truck or bus)
Beiladung *f*	additional cargo additional load
Beistandsakkreditiv *n*	standby L/C standby letter of credit
Beitragsbemessungsgrenze *f* (fin.)	contribution assessment ceiling (fin.)
Beiwagen *m*	sidecar
bekannter Versender *m*	known consignor known shipper
Beladen *n*	loading
belaufen auf, sich	amount to, to
Beleuchtung *f*	lighting
Beleuchtungseinrichtung *f*	lighting device

Benelux	Benelux Benelux countries *pl*
Beneluxländer *npl*	Benelux Benelux countries *pl*
Beneluxstaaten *mpl*	Benelux Benelux countries *pl*
Benzin *n*	gas (*AE*) gasoline (*AE*) petrol (*BE*)
Benzinmotor *m*	gasoline engine (*AE*) petrol engine (*BE*)
beraten	advise, to
berechnen (fin.)	charge, to
Bereitschaftszeit *f*	standby time
bereitstellen	available, to make
Berg *m*	mountain
bergab	downhill
bergauf	uphill
Bergelohn *m*	salvage fee
Bergung *f* (Schiff)	marine salvage maritime salvage
Bergungs- und Beseitigungsklausel *f* (DTV-Güter 2000/2011)	Salvage and Debris Removal Clause (DTV Cargo 2000/2011)
Bergungsfass *n*	recovery drum
Berstgefahr *f*	danger of bursting risk of bursting
Berufsausbildung *f*	vocational training
Berufsausbildungsvertrag *m*	vocational training contract
Berufsgenossenschaft *f* (BG)	employer's liability insurance association
Berufsgenossenschaft für Transport und Verkehrswirtschaft *f*	German Social Accident Insurance Institution for the transport industry

Berufsgenossenschaft Rohstoffe und chemische Industrie/BG RCI *f*	German Social Accident Insurance Institution for the raw materials and chemical industry/BG RCI
Berufskraftfahrer *m*	professional driver
Berufskraftfahrer-Qualifikation *f*	professional driver qualification
Berufskraftfahrer-Qualifikationsgesetz/BKrFQG *n*	Professional Driver Qualification Act
Berufsverkehr *m*	commuter traffic
beschädigte Fracht *f*	damaged cargo
beschädigte Ladung *f*	damaged cargo
beschädigtes Versandstück *n*	damaged package
Beschaffung *f*	procurement purchasing
Beschaffungslogistik *f*	procurement logistics
Beschaffungsmarkt *m*	procurement market
beschäftigt	busy
Beschäftigungspflicht *f*	employment obligation
Beschäftigungsverbot *n*	employment prohibition
bescheiden	modest
Beschilderung *f*	signage
Beschlagnahme *f*	confiscation
Beschlagnahmeklausel *f* (DTV-Güter 2000/2011)	Confiscation Clause (DTV Cargo 2000/2011)
Beschlagnahmung *f*	confiscation
beschleunigte Grundqualifikation *f*	accelerated basic qualification (German qualification for commercial bus and truck drivers)
Beschleunigungsspur *f*	acceleration lane
Beschleunigungsstreifen *m*	acceleration lane
Beschleunigungswiderstand *m*	acceleration resistance
beschützen	protect, to
Beschwerde *f*	complaint
Beschwerdegrund *m*	reason for complaint

B

Besen *m*	broom
Besetzung *f* (z.B. KOM)	occupation
	manning (e.g. bus and coach)
Besondere Bedingungen für die laufende Versicherung von Ausstellungen und Messen *fpl* (DTV-Güter 2000/2011)	Special Terms and Conditions for the Open Policy of Goods at Exhibitions and Trade Fairs *pl* (DTV Cargo 2000/2011)
Besondere Bedingungen für die Versicherung von Umzugsgut *fpl* (DTV-Güter 2000/2011)	Special Terms and Conditions for the Insurance of Removal Goods *pl* (DTV Cargo 2000/2011)
besondere Handelsgüter *npl*	special commercial goods
besondere Havarie *f*	particular average / P/A
besonders	especially
	specially
besonders gefährdete Handelsgüter *npl*	particularly vulnerable commercial goods
Bestandskonto *n*	stock account
Bestandsrechnung *f*	calculation of inventory
	calculation of stock
Bestandsverzeichnis *n*	inventory sheet
bestätigt	confirmed
bestätigtes Akkreditiv *n*	confirmed L/C
	confirmed letter of credit
Bestechungsgeld *n*	bribe
Bestellung *f*	order
Bestimmung *f* (Ort/Ziel)	destination
Bestimmungen für die laufende Versicherung *fpl* (DTV-Güter 2000/2011)	Open Policy (DTV Cargo 2000/2011)
Bestimmungsbahnhof *m*	station of destination
bestimmungsgemäße Verwendung *f*	intended use
Bestimmungshafen *m*	port of destination
Bestimmungsland *n*	country of destination

B

Bestimmungslandprinzip *nsg*	destination principle *sg*
Bestimmungsort *m*	place of destination
bestreiten	challenge, to
Betastrahlung *f*	beta radiation
Beteiligten-Identifikations-Nummer/ BIN *f*	participant identification number/ BIN
Betonschutzwand *f*	concrete safety barrier concrete step barrier
Betriebs- und Beförderungspflicht *f*	duty to operate and transport
Betriebsabrechnungsbogen *m* (einstufig)	expense distribution sheet
Betriebsanweisung *f*	operating instructions *pl*
Betriebsaufwand *m* (betriebliche Aufwendungen)	operating expense
betriebsbedingte Kündigung *f*	termination for operational reasons
Betriebsbremsanlage *f*	service braking system
Betriebsbremse *f*	service brake
Betriebsbuchhaltung *f* (fin.)	company accounting (fin.)
Betriebsdauer *f*	operating time
Betriebsergebnis *n*	operating results *pl*
Betriebserlaubnis *f*	operating licence (*BE*) operating license (*AE*)
Betriebsgelände *n*	company premises *pl* premises *pl*
Betriebsgenehmigung *f*	operating licence (*BE*) operating license (*AE*)
Betriebshaftpflichtversicherung/ BHV *f*	public liability insurance
Betriebshof *m*	bus depot bus garage
Betriebsnummer *f*	fleet number
Betriebsordnung für Kraftfahrunternehmen/BOKraft *f*	Operational Regulations of Undertakings engaged in Road Passenger Transport services

B

Betriebsrat *m*	works council
betriebssicher	safe to operate
betriebssichere Verladung *f*	safe loading
Betriebssicherheit *f*	operating safety operational safety
Betriebssicherheitsverordnung/ BetrSichV *f*	Ordinance on Industrial Safety and Health/BetrSichV
Betriebsstoff *m*	operating supplies *pl*
Betriebsvereinbarung *f*	company agreement
Betriebsverfassungsgesetz *n*	Works Constitution Act
betriebswirtschaftliche Auswertung/ BWA *f*	business assessment
betriebswirtschaftliche Grundlagen *fpl*	business management principles *pl*
Betriebszeit *f*	operating time
Betriebszweck *m*	operational purpose
Betrug *m*	fraud
Bevollmächtigung *f*	authorisation (*BE*) authorization (*AE*)
bewegliche Brücke *f*	moveable bridge
Bewegungs- und Schutzkosten- klausel *f* (DTV-Güter 2000/2011)	Cost of Relocation and Protection of Property Clause (DTV Cargo 2000/2011)
Beweislast *f*	burden of proof
Beweislastumkehr *f*	reversal of the burden of proof
Bewertungsgrundsatz *m*	valuation principle
Bezettelung *f*	labelling (*BE*) labeling (*AE*)
Bezirksdirektion *f*	general agency
BG Verkehr *f*	German Social Accident Insurance Institution for the transport industry
Bier *n*	beer
Bietungsgarantie *f*	bid bond

B

Bilanzaufbau *m*	structure of balance sheet
Bilanzauswertung *f*	balance sheet evaluation
Bilanzgliederung *f*	balance sheet classification
Bilanzierungsgrundsatz *m*	accounting principle
Bilanzverdichtung *f*	balance compaction
bilaterale Genehmigung *f*	bilateral authorisation (*BE*)
	bilateral authorization (*AE*)
Binnencontainer *m*	inland container
Binnenmarkt *m*	internal market
Binnenschiff *n*	inland vessel
	barge
Binnenzollstelle *f*	inland customs office
Biodiesel *msg*	biodiesel *sg*
biologische Grenzwerte *mpl*	biological limit values *pl*
biologischer Stoff *m*	biological substance
biometrischer Reisepass *m*	biometric passport
Bitumen *n*	bitumen
Blaulicht *n*	blue light
Blausäure *fsg*	hydrocyanic acid *sg*
	prussic acid *sg*
Blechschaden *m*	car body damage
	fender bender (*AE*) (*coll.*)
Blei *nsg*	lead *sg*
bleifreies Benzin *n*	unleaded gasoline (*AE*)
	unleaded petrol (*BE*)
blinder Passagier *m*	stowaway
Blindflansch *m*	blind flange
	blank flange
Blinker *m*	indicator (*BE*)
	turn signal (*AE*)
Blitz *m*	lightning
Blitzlichtpulver *n*	flash powder
Blitzschaden *m*	lightning damage

B

Blume *f*	flower
Blutalkoholkonzentration/BAK *f*	blood alcohol concentration/BAC blood alcohol content/BAC
Blutalkoholspiegel *m*	blood alcohol level
Boden *m*	floor
Bodenlängsträger *m*	bottom side rail
Bodenquerträger *m*	bottom crossbeam
Bodenventil *n*	bottom valve
Bodenverunreinigung *f*	soil contamination
Bohle *f*	plank
Bonner Palettentausch *m* (mit Rücklieferungspflicht)	Bonn Pallet Exchange
Bordempfangsschein *m*	mate's receipt
Bordkonnossement *n*	shipped B/L shipped bill of lading
Bordstein *m*	curb (*AE*) curbstone (*AE*) kerb (*BE*) kerbstone (*BE*)
Bordsteinkante *f*	curbside (*AE*) kerbside (*BE*)
Bordwand *f* (LKW)	board wall
borgen	borrow, to
Botschaft *f* (Landesvertretung)	embassy
Botschaft *f* (Nachricht)	message
Botschafter *m*	ambassador
Boykott *m*	boycott
Boykotterklärung *f*	boycott declaration
Brand *m*	fire
Brandfluchthaube *f*	smoke hood
brandfördernd	oxidising
Brandgas *n*	fire gas
Brandgefahr *f*	fire hazard

B

Brandklasse *f*	fire class
Brandmeldeanlage/BMA *f*	fire alarm system
Brandmelder *m*	fire alarm device
Brandschaden *m*	fire damage fire loss
Brandschutzzeichen *n*	fire protection sign
Branntweinmonopolgesetz/ BranntwMonG *n*	German Spirits Monopoly Act/ BranntwMonG
braune Ware *f*	brown goods *pl*
breit	wide
Breite *f*	width
Breitenkreise *mpl* (geographisch)	latitude circles *pl* (geographical)
Bremische Häfen *mpl* (Bremen/Bremerhaven)	Bremen ports *pl* (Bremen/Bremerhaven)
Bremsanlage *f*	braking system
Bremsassistent/BAS *m*	emergency brake assist/EBA
Bremse *f*	brake
Bremsfading *n*	brake fading
Bremsflüssigkeit *f*	brake fluid
Bremsklotz *m*	brake pad
Bremskraftverstärker/BKV *m*	brake booster (*AE*) vacuum servo (*BE*)
Bremsleuchte *f*	brake lightstop lamp
Bremslicht *n*	brake lightstop lamp
Bremspedal *n*	brake pedal
Bremsscheibe *f*	brake disc (*BE*) brake disk (*AE*)
Bremsspur *f*	skid marks *pl*
Bremssysteme *npl*	braking systems *pl*
Bremsvorgang *m*	braking process
Bremsweg *m*	braking distance
Bremswellen *fpl*	brake shafts *pl*

B

Brille *f*	glasses *pl*
Britische Inseln *fpl*	British Isles *pl*
Bruchschaden *m*	breakage
Brücke *f*	bridge
Brückenfahrer *m*	container crane operator
	gantry crane operator
Brückenkranführer *m*	container crane operator
	gantry crane operator
brutto für netto	gross for net
Bruttogewicht *n*	gross weight
Bruttoumsatz *m*	gross sales *pl* (*AE*)
	gross turnover (*BE*)
Buch *n*	book
buchen	book, to
Buchführung *f*	bookkeeping
Buchungssatz *m*	entry
Buchwert *m*	book value
Bündel *n*	bundle
	bale
Bundesamt für Güterverkehr/BAG *n*	Federal Office for Goods Transport/BAG
Bundesamt für Logistik und Mobilität/BALM *n*	Federal Office for Logistics and Mobility
Bundesamt für Migration und Flüchtlinge/BAMF *n*	Federal Office for Migration and Refugees/BAMF
Bundesamt für Strahlenschutz/BfS *n*	Federal Office for Radiation Protection/BfS
Bundesamt für Wirtschaft und Ausfuhrkontrolle/BAFA *n*	Federal Office of Economics and Export Control/BAFA
Bundesanstalt für Landwirtschaft und Ernährung/BLE *f*	Federal Office for Agriculture and Food/BLE
Bundesanstalt für Materialforschung und -prüfung/BAM *f*	Federal Institute for Materials Research and Testing/BAM

B

Bundesanstalt für Straßenwesen/ BaSt *f*	Federal Highway Research Institute/BaSt
Bundesanzeiger/BAnZ *m*	German Federal Gazette/BAnZ
Bundesautobahnen/BAB *fpl*	federal motorways *pl* (*BE*) federal highways *pl* (*AE*)
Bundesfachgruppe Schwertransporte und Kranarbeiten/BSK *f*	German Federal Working Group Heavy Haulage and Crane Work/ BSK
Bundesfernstraßenmautgesetz/ BFStrMG *n*	Federal Motorway Toll Act (*BE*) Federal Highway Toll Act (*AE*)
Bundesgesetzblatt/BGBl *n*	German Federal Law Gazette/ BGBl
Bundeskartellamt *n*	Federal Cartel Office
Bundesministerium der Finanzen/ BMF *n*	Federal Ministry of Finance/BMF
Bundesministerium für Umwelt, Naturschutz und Reaktorsicherheit *n*	Federal Ministry for the Environment, Nature Conservation and Nuclear Safety
Bundesministerium für Verkehr, Bau und Stadtentwicklung/BMVBS *n*	Federal Ministry of Transport, Building and Urban Development/ BMVBS
Bundesmonopolverwaltung für Branntwein/BfB *f*	Federal Spirits Monopoly Administration for Spirits/BfB
Bundesstelle für Flugunfalluntersuchung/BFU *f*	German Federal Bureau of Aircraft Accident Investigation/BFU
Bundesstelle für Seeunfalluntersuchung/BSU *f*	Federal Bureau of Maritime Casualty Investigation/BSU
Bundessteuerblatt/BStBl *n*	German Federal Tax Gazette/ BStBl
Bundesstraße *f*	A road (*BE*) federal highway (*AE*) interstate road (*AE*)
Bundesstraßen *fpl*	federal roads *pl*
Bundesurlaubsgesetz/BurlG *n*	Federal Holiday Act (*BE*) Federal Vacation Act (*AE*)

B

Bundesverband des Deutschen Güterfernverkehrs/BDF *m*	Federal Association of German Long-Distance Freight Transport
Bundesverband Güterkraftverkehr, Logistik und Entsorgung e.V./BGL *m*	Federal Association of Road Haulage, Logistics and Disposal/BGL
Bundeszentralamt für Steuern/BZSt *n*	Federal Central Tax Office/BZSt
Bundeszollverwaltung *f*	Federal Customs Service
Bürge *m*	guarantor surety
Bürgerkrieg *m*	civil war
Bürgersteig *m*	pavement (*BE*) sidewalk (*AE*)
Bürgschaft *f*	guarantee surety
Bürgschaftsvertrag *m*	contract of surety guarantee agreement
Bürozeit *f*	office hours *pl*
Bus *m*	bus omnibus
Busanhänger *m*	bus trailer
Busbahnhof *m*	bus station
Busdepot *n*	bus depot bus garage
Busfahrer *m*	bus driver
Bushaltestelle *f*	bus stop
Büsingen	Büsingen
Buskapstein *m*	profiled kerbstone
Busverbindung *f*	bus connection
Bußgeld *n*	fine
Bußgeldverfahren *n* (fin.)	fines procedure (fin.)
Butan *nsg*	butane *sg*

C

C-ITS *n* (Cooperative Intelligent Transport Systems)	c-its C-ITS (Cooperative Intelligent Transport Systems)
Cabrio *n*	convertible
Cabriolet *n*	convertible
Calciumcarbid *n*	calcium carbide
CAN-Bus-Technologie *f*	CAN bus technology
Cargo Aircraft Only/CAO	cargo aircraft only/CAO
Carnet A.T.A–Verfahren *n*	Carnet ATA procedure
Carnet TIR *n*	TIR carnet
Carnet TIR–Verfahren *n*	Carnet TIR procedure
Carport *m*	carport
Carsharing *nsg*	car sharing
Cashflow *m*	cash flow
Cashflowrate *f*	cash flow rate
Castorbehälter *m*	Castor cask
CB-Funk *m* (Jedermannfunk)	Citizens' Band Radio (amateur radio)
Celsius *n*	Celsius
CEMT-Genehmigung *f*	CEMT permit
CEMT-Mitgliedstaaten *mpl*	CEMT member states *pl*
CFR Kosten und Fracht ... benannter Bestimmungshafen	CFR Cost and Freight ... named port of destination
Chance *f*	chance
Chassis *n*	chassis
Chef *m*	head (leader)
Chemieindustrie *fsg*	chemical industry
Chemiewirtschaft *fsg*	chemical industry
Chemikalie *f*	chemical
Chemikalienbindemittel *n*	chemical binder
Chemikalienbinder *m*	chemical binder

chemische Industrie *fsg*	chemical industry
chemisches Gewerbe *nsg*	chemical industry
Chlor *nsg*	chlorine *sg*
Chlorbleiche *f*	chlorine bleach
CIF	CIF
Kosten, Versicherung und Fracht ... benannter Bestimmungshafen	Cost, Insurance and Freight ... named port of destination
CIP	CIP
Frachtfrei versichert ... benannter Bestimmungsort	carriage, insurance paid to ... named destination
City-Logistik *f*	city logistics
CMR *f* (Internationale Vereinbarung über Beförderungsverträge auf Straßen)	CMR (Convention on the Contract for the International Carriage of Goods by Road)
CMR-Frachtbrief *m*	CMR consignment note
CO_2-Fußabdruck *m*	CO_2 footprint
Coltainer *m*	collapsible container
Common Rail	common rail
Container *m* (nach BDF Norm)	container (according to BDF standard)
Container Security Initiative/CSI *f*	Container Security Initiative/CSI
Container-Identifizierungssystem/CIS *n*	container identification system/CIS
Containerabmessungen *fpl*	container dimensions *pl*
Containerbrücke *f*	container crane
Containerfrachtstation/CFS *f*	container freight station/CFS
Containerisierung *f*	containerisation (*BE*) containerization (*AE*)
Containerpackstation/CFS *f*	container freight station/CFS
Containerpackzertifikat *n*	container packing certificate
Containerrevolution *f*	container revolution
Containerschiff *n*	container ship container vessel

C

Containerschweiß *m*	container sweat
Containerstandgebühr für verspätete Leercontainerrück-lieferung *f*	detention
Containerstapler *m*	reach stacker
Containerterminal/CT *m/n*	container terminal/CT
Containerverkehr *m*	container traffic
Controllinginstrument *n*	controlling instrument
Controllingstrategie *f*	controlling strategy
CPT Frachtfrei ... benannter Bestim-mungsort	CPT carriage paid to ... named desti-nation
Crashtest *m*	crash test
CSC-Plakette *f* (Container Safety Convention)	CSC plate (Container Safety Convention)

D

Dach *n*	roof
Dachquerträger *m*	front top end rail
Dachspriegel *m*	roof bow
Dachverkleidung *f*	roof panel
DAF Geliefert Grenze ... benannter Ort	DAF delivered at frontier ... named place of delivery
Dampf *m*	vapor (*AE*) vapour (*BE*) steam
Dampfdruck *m*	vapor pressure (*AE*) vapour pressure (*BE*)
Dämpfung *f*	damping
dankbar	grateful
DAP Geliefert an Ort ... benannter Bestimmungsort	DAP delivered at place ... named destination

DAT	DAT
Geliefert an Terminal ... benanntes Terminal	delivered at terminal ... named terminal
Datenlogger *m*	data logger
Datowechsel *m* (nach Ausstellung)	after-date bill bill after date
Datum *n*	date
Dauerbremsanlage *f*	retarder
Dauerbremse *f*	permanent brake
DDP	DDP
Geliefert verzollt ... benannter Bestimmungsort	delivered duty paid ... named place of destination
DDU	DDU
Geliefert unverzollt ... benannter Bestimmungsort	delivered duty unpaid ... named place of destination
Debitorenziel *n*	debtor days *pl*
Deckungsbeitrag je Abteilung *m*	contribution margin per department
Deckungsbeitrag je Auftrag *m*	contribution margin per order
Deckungsbeitrag *m* (absolut)	absolute contribution margin
Deckungsbeitrag *m* (relativ)	relative contribution margin
Deckungsbeitragsanalyse *f*	contribution margin analysis
Deckungslücke *f*	coverage gap
Deckungslücke *f* (fin.)	shortfall
Deckungszusage *f* (mündlich)	confirmation of cover
Deckungszusage *f* (schriftlich)	cover note
Deflagration *f*	deflagration
Deichsel *f*	drawbar
Deichselanhänger *m*	drawbar trailer
Deklaration des Verladers für den Transport von gefährlichen Gütern/ FIATA SDT *f*	Shippers Declaration for the Transport of Dangerous Goods/ FIATA SDT
Dekontamination *f*	decontamination
Dekontaminierung *f*	decontamination

D

Depot *n* (Bus)	bus depot bus garage
DEQ Geliefert ab Kai ... benannter Bestimmungshafen	DEQ delivered ex quay ... named port of delivery
der Anforderung entsprechen	meet the requirement, to
Der Speditions-, Logistik- und Lagerversicherungsschein/SLVS *m*	the forwarding, logistics and storage insurance certificate
DES Geliefert ab Schiff ... benannter Bestimmungshafen	DES delivered ex ship ... named port of delivery
Detail *n*	detail
Detonation *f*	detonation
Deutsche Industrienorm/DIN *f*	German Industrial Standard/DIN
Deutscher Speditions- und Logistik- verband e.V./DSLV *m*	Association of German Freight Forwarders and Logistics Operators/DSLV
Deutscher Wetterdienst/DWD *m*	German Weather Service/DWD
Deutsches Institut für Normung *n*	German Institute for Standardization
Deviationsversicherung *f*	deviation insurance
Deviaton *f* (Schiff)	deviation (ship)
Dezember *m*	December
Diagonalzurrverfahren *n*	diagonal lashing method
Diagrammscheibe *f*	tachograph chart tachograph disc (*BE*) tachograph disk (*AE*)
dicht auffahren	tailgate, to
Dichtungsring *m*	sealing washer
dick	thick
Diebstahl *m*	theft
Diebstahlwarnsystem *n*	theft warning system
Dienstag *m*	Tuesday

D

Dienstleister *m*	service provider
Dienstleistungsberuf *m*	service profession
Dienstleistungsbetrieb *m*	service company
diese Woche	this week
Diesel *m*	diesel
	diesel fuel
Dieselkraftstoff *m*	diesel
	diesel fuel
Dieselmotor *m*	diesel engine
Dieselpartikelfilter *m*	diesel particulate filter
Dieselrußpartikelfilter *m*	diesel particulate filter
diesen Monat	this month
dieses Jahr	this year
Differentialsperre *f*	differential lock
Differenzialgetriebe *n*	differential gear
digitale Routenplanung *f*	digital route planning
digitaler Fahrtenschreiber *m*	digital tachograph
digitaler Tachograph *m*	digital tachograph
digitales Kontrollgerät *n*	digital tachograph
Digitales Wartungs- und Reparaturmanagement *n*	digital maintenance and repair management
Diplomat *m*	diplomat
Diplomatengepäck *nsg*	diplomatic bag (*BE*)
	diplomatic pouch (*AE*)
Diplomatenpass *m*	diplomatic passport
Diplomatenpost *fsg*	diplomatic bag (*BE*)
	diplomatic pouch (*AE*)
diplomatisches Corps/CD *n*	diplomatic corps/CD
direkte Steuer *f*	direct tax
Direkttransport *m*	direct transport
Direktumschlag *m*	direct transshipment
Direktverkehr *m*	direct traffic

D

D

Direktversicherer *m*	direct insurer
Direktversicherung *f*	direct insurance
Direktzurrung *f*	direct lashing
Dispache *f*	general-average statement
Dispacheur *m*	general average adjuster
Displayverpackung *f*	display package
Disponent *m*	dispatcher
Distanz *f*	distance
Distributionslogistik *f*	distribution logistics
Dokument *n*	document
Dokumentation *f*	documentation
Dokumente gegen Akzept / D/A *npl*	documents against acceptance / D/A *pl*
Dokumente gegen Zahlung / D/P *npl*	documents against payment / D/P *pl*
Dokumentenakkreditiv *n*	documentary letter of credit L/C letter of credit
dokumentieren	document, to
Domdeckel *m*	dome cover
Domdeckeldichtung *f*	dome cover seal
Donnerstag *m*	Thursday
Doppelachslast *f*	double axle load
Doppeldeckbus *m*	double decker double-decker bus
Doppeldecker *m* (Bus)	double decker double-decker bus
Doppeldeckerbus *m*	double decker double-decker bus
Doppelgelenkbus *m*	bi-articulated bus double-articulated bus
Doppelhüllentanker *m*	double-hull tanker
Doppelkupplung *f*	double coupling

Doppelpedalsteuerung *f*	twin pedal control
Doppelstock-Containertragwagen *m*	double-stack car (*AE*)
Doppelstock-LKW *m*	double-decker lorry (*BE*) double-decker truck (*AE*)
Doppelstockbus *m*	double decker double-decker bus
doppelte Staatsangehörigkeit *f*	dual citizenship
Doppelversicherung *f*	double insurance
Doppelwoche *f*	two-weekly period
Dosimeter *n*	dosimeter
Dosisgrenzwert *m*	dose limit
Dosisleistung *f*	dose rate
DPU Geliefert benannter Ort entladen	DPU delivered at place unloaded
Draht *m*	wire
Dreck *msg*	dirt *sg*
dreckig	dirty
Drehbrücke *f*	swing bridge
Drehkreuz *n*	lug wrench (*AE*) wheel brace (*BE*) wheel wrench (*BE*)
Drehmomentkennlinie *f*	torque characteristic
Drehschemellenkung *f*	turntable steering
Drehverriegelung *f*	twist lock
Drehverschluss *m*	twist lock
Drehzahlmesser *m*	rev counter
Dreifachachslast *f*	triple axle load
dreiwellige Wellpappe *f*	triple wall corrugated board
dringend	urgent
Drittlandsware *f*	third country product
Drittstaat *m*	third country

D

Drittstaatengenehmigung *f*	third country authorisation (*BE*) / authorization (*AE*)
Droge *f*	drug
Druck *m*	pressure
druckempfindlich	pressure-sensitive
Druckfass *n*	pressure drum
Druckluft *fsg*	compressed air *sg*
Druckluftbremse *f*	compressed air brake
Druckregler *m*	pressure regulator
DTV – Allgemeine Deutsche Seeschiffsversicherungsbedingungen 2009/ DTV-ADS 2009 *fpl*	DTV – German Standard Terms and Conditions of Insurance for Ocean-Going Vessels 2009/ DTV-ADS 2009 *pl*
DTV Güterversicherungsbedingungen 2000/2011 *fpl*	DTV Cargo 2000/2011 DTV Cargo Insurance Conditions 2000/2011 *pl*
DTV-Güter 2000/2011 *fpl*	DTV Cargo 2000/2011 DTV Cargo Insurance Conditions 2000/2011 *pl*
DTV-Güter-Versicherungsbedingungen 2008 *fpl*	DTV Cargo Insurance Conditions 2008 *pl*
DTV-Güterversicherungsbedingungen *fpl*	DTV Cargo Insurance Conditions *pl*
Dual-Use-Gut *n*	dual-use good dual-use item
Dual-Use-Ware *f*	dual-use good dual-use item
Duales System *n* (Ausbildung)	dual system (training)
dünn	thin
durchbohrt	perforated
Durchfahrt *f*	passage
Durchfrachtkonnossement *n*	through B/L through bill of lading
Durchfuhr *f*	transit

D

Durchgangsland *n*	transit country
durchgehender Riss *m*	through-crack
Durchkonnossement *n*	through B/L through bill of lading
Durchlader *m* (LKW)	through-loading trailer
durchlöchert	perforated
Durchmesser *m*	diameter
Durchschlag *m*	copy
Durchtriebsachse *f*	drive-through axle
Dusche *f*	shower
Duty-free-Laden *m*	duty-free shop

E

Echtzeit-Überwachung *f*	real-time monitoring
Eckbeschlag *m*	corner casting
Eckpfosten *m*	corner post
Edelgas *n*	noble gas
Edelstahl *m*	stainless steel
Edscha-Verdeck *n*	Edscha sliding roof
EDV-gestütztes Versandverfahren/ NCTS *n*	New Computerized Transit System/NCTS
Effekt *m*	effect
effektiv	effective
Effektivität *fsg*	effectiveness
effizient	efficient
Effizienz *f*	efficiency
EG-Konformitätserklärung *f*	EC declaration of conformity
EG-Verordnung *f*	EC Regulation
EG-Vorschrift *f*	EC Regulation
egozentrisch	egocentric
ehrbarer Kaufmann *m*	honourable businessman (*BE*) honorable businessman (*AE*)

ehrlich	honest
eigenartig	strange
Eigenkapitalquote f	equity ratio
Eigenkapitalrentabilität/EKR f	return on equity/ROE
Eigenüberwachung f	self-monitoring
Eigenversicherung f	self-insurance
Eilfracht f	express goods pl
Eimer m	bucket
	pail
ein Dokument übergeben	surrender a document, to
ein Gutachten erstellen	furnish an opinion, to
ein Preisangebot machen	quote, to
einatmen	inhale, to
Einbahnstraße f	one-way street
einen Container beladen	stuff a container, to
einen Container entladen	strip a container, to
einen Flug stornieren	cancel a flight, to
einen Flug streichen	cancel a flight, to
einen Flug umbuchen	rebook a flight, to
einfach (mühelos)	easy
einfache Rechnung f	clean payment
einfetten	grease, to
Einfuhr f	import
Einfuhrabfertigung f	import clearance
Einfuhrabgabe f	import duty
	import tax
Einfuhrabschöpfung f	import levy
Einfuhranmeldung f	import declaration
Einfuhrbeschränkung f	import restriction
Einführer m	importer

Einfuhrgenehmigung *f*	import licence (*BE*) import license (*AE*) import permit
Einfuhrkontrolle *f*	import control
Einfuhrumsatzsteuer/EUSt *f*	import sales tax
Einfuhrverbot *n*	import ban
Einfuhrverfahren *n*	import procedure
Einfuhrzollschuld *f*	customs debt of importation
Eingangsrechnung *f*	incoming invoice purchase invoice
Eingeschränkte Deckung *f* (DTV-Güter 2000/2011)	Limited Cover (DTV Cargo 2000/2011)
einhalten (befolgen)	comply with, to
Einheitliche Rechtsvorschriften für den Vertrag über die internationale Eisenbahnbeförderung von Personen und Gepäck/CIV *fpl*	Uniform Rules concerning the Contract for International Carriage of Passengers and Luggage by Rail/CIV *pl*
Einheitliche Rechtsvorschriften für den Vertrag über die internationale Eisenbahnbeförderung von Gütern/CIM *fpl*	Uniform Rules concerning the Contract of International Carriage of Goods by Rail/CIM *pl*
Einheitliche Rechtsvorschriften für Verträge über die Verwendung von Wagen im internationalen Eisenbahnverkehr/CUV *fpl*	Uniform Rules concerning Contracts of Use of Vehicles in International Rail Traffic/CUV *pl*
Einheitliche Richtlinien und Gebräuche für Dokumenten-Akkreditive/ERA *pl*	Uniform Customs and Practice for Documentary Credits/UCP *pl*
einheitliche Zollanmeldung *f*	standardised (*BE*) / standardized (*AE*) customs declaration
einheitlicher Steuersatz *m*	flat rate tax
Einheitspapier *n*	single administrative document
Einheitssteuer *f*	flat rate tax
Einheitswährung *f*	single currency
Einhüllentanker *m*	single-hull tanker

E

E

Einkammertank *m*	single compartment tank
Einkauf *m* (Abteilung)	purchasing (department)
Einkommen *n*	income
einpacken	pack, to
Einreisebestimmungen *fpl*	entry regulations *pl*
Eins-zu-Eins-Regel *f*	one-to-one rule
Einsatzzeit *f*	operating time
Einschlussklauseln *fpl*	inclusion clauses *pl*
Einschreiben mit Rückschein *n*	registered letter with acknowledgement of receipt registered letter with advice of delivery
Einschreiben *n*	registered letter
einsehbar	visible
einseitig	unilateral
einseitige Zollvergünstigungen *fpl* (z.B. Entwicklungsländer)	unilateral customs concessions *pl* (e.g. developing countries)
Einsparung *f*	savings *pl*
Einspritztechnik *f*	injection technology
Einspritzverfahren *n*	injection process
einstweilige Erlaubnis *f*	provisional authorisation (*BE*) / authorization (*AE*)
Einwegpalette *f*	one-way pallet
Einwegverpackung *f*	disposable packaging non-returnable packaging (*BE*) nonreturnable packaging (*AE*) one-way packaging
Einweiser *m* (z.B. Kran, LKW)	banksman
einwellige Wellpappe *f*	single wall corrugated board
einwickeln	wrap, to
Einzelachslast *f*	single axle load
Einzelbewertung *f*	individual evaluation
Einzelfahrtgenehmigung *f* (ugs.)	single trip permit (coll.)

Einzelheit *f*	detail
Einzelkosten *pl*	direct costs *pl*
Einzelpolice *f*	individual policy
Einzelradaufhängung *f*	independent suspension
Einzelsendung *f*	retail consignment single shipment
Einzelunternehmen *n*	sole proprietorship
Einzugsermächtigung *f*	direct debit authorisation (*BE*) direct debit authorization (*AE*)
Eis *nsg*	ice *sg*
Eisberg *m*	iceberg
Eisbergmodell *n* (Kommunikation)	iceberg model (communication)
Eisenbahn *f*	railroad (*AE*) railway (*BE*) rail
Eisenbahnbrücke *f*	rail bridge railroad bridge (*AE*) railway bridge (*BE*)
Eisenbahnfrachtbrief *m*	railroad bill of lading (*AE*) railway consignment note (*BE*)
Eisenbahntunnel *m*	rail tunnel railroad tunnel (*AE*) railway tunnel (*BE*) train tunnel
Eisenbahnwagen *m* (Güter)	railway wagon (*BE*) railroad car (*AE*)
Eisenbahnwaggon *m* (Güter)	railway wagon (*BE*) railroad car (*AE*)
Eisklasse *f*	ice class
Eisscholle *f*	ice floe
Elchtest *m* (*ugs.*)	elk test (*coll.*) moose test (*coll.*)
elektrisch	electric
elektrische Achsen *fpl*	electric axles *pl*

E

E

elektrische Anlage *f*	electric system
elektrische Lenkung *f*	electric steering
elektrische Niederflurachse *f*	electric low-floor axle
Elektro- und Elektronikgesetz/ ElektroG *n*	Electrical and Electronics Act
Elektro-Niederhubwagen *m*	electric pallet jack electric pallet truck
Elektroauto *n*	electric car
Elektrofahrrad *n*	electric bicycle
Elektrofahrzeug *n*	electric vehicle/EV
Elektronische Datenverarbeitung/ EDV *f*	electronic data processing/EDP
Elektronische Einspritzregelung/ EDC *f*	electronic injection control
elektronische Gefahrgutdeklaration/ eDGD *f*	electronic dangerous goods declaration/eDGD
elektronischer Bundesanzeiger/ eBAnZ *m*	electronic German Federal Gazette/eBAnZ
elektronischer Luftfrachtbrief/ eAWB *m*	electronic air waybill/eAWB
elektronischer Sicherheitsstatus *m* (eCSD)	electronic consignment security declaration/eCSD
Elektronischer Zolltarif/EZT *msg*	electronic customs tariff *sg*
elektronisches Beförderungs- dokument *n* (bei der Luft- oder Seebeförderung)	electronic transport document *sg* (for air or sea transport)
Elektronisches Handelsregister *n*	electronic trade register
Elektronisches House-Manifest *n* (eHM)	electronic house manifest/eHM
Elektronisches Stabilitäts- programm/ESP *n*	dynamic stability control/DSC electronic stability control/ESC electronic stability program/ESP
elektronisches Teil *n*	electronic part
elektrostatische Aufladung *f*	electrostatic charge

elektrostatische Entladung *f*	electrostatic discharge/ESD
Elementarrisiko *n*	natural hazard
elliptischer Tank *m*	elliptical tank
	oval tank
Emergency Response Intervention Card	emergency response intervention card/ERI-card
Emissionen *fpl*	emissions pl
emissionsarm	reduced-emission
	low-emission
Emissionsklasse *f*	emission class
empfangen	receipt, to
Empfänger *m*	consignee
Empfängeradresse *f*	receiving address
Empfangsbestätigung *f*	acknowledgement of receipt
Empfangshafen *m*	port of entry
Empfangsspediteur *m*	receiving forwarding agent
empfindlich	sensitive
empfindliche Ware *f*	sensitive goods *pl*
Emulsion *f*	emulsion
Endhaltestelle *f* (Bus)	terminus
Enklave *f*	enclave
Entgasen *n*	degassing
entgegen allen Erwartungen	against all odds *pl*
Entgelt *n* (fin.)	remuneration (fin.)
Entgeltfortzahlungsgesetz *n* (fin.)	Continued Remuneration Act (fin.)
Entgleisung *f*	derailment
Entladehafen *m*	port of discharge
entladen	unload, to
Entleerungsventil *n*	drain valve
Entschädigung *f*	compensation
Entschädigungssatz *m*	rate of compensation
Entsorgung *f*	disposal

E

Entsorgungslogistik *f*	disposal logistics
entspannt	relaxed
entsprechen (z.B. Bedingungen)	comply with, to
Entstehung eines Anspruchs *f*	accrual of a claim
Entstehung *f* (Anspruch)	accrual
Entstehungsbrand *m*	incipient fire
Entwicklungsländer ohne Meerzugang/LLDC *npl*	Landlocked Developing Countries/ LLDC *pl*
Entwurf *m*	draft (fin.)
entzündlich	flammable
EORI-Nummer *f*	Economic Operators Registration and Identification number EORI-number
Erbgut *n*	inherited property
Erbgutschädigung *f*	inheritance compensation
Erdgas *n*	natural gas
Erdgasauto *n*	natural gas vehicle/NGV
Erdgasfahrzeug *n*	natural gas vehicle/NGV
Erdöl *n*	petroleum
erfolglos	unsuccessful
erfolgreich	successful
Erfolgskonto *n*	profit and loss account
Erfolgsrechnung *f*	profit and loss account income statement
erfolgswirtschaftliche Kennzahlen *fpl*	performance ratio
erforderlich	necessary
Erfrierung *f*	frostbite
erfüllen	comply with, to
Erfüllungsort *m*	place of fulfillment (*AE*) place of fulfilment (*BE*)
Ergänzung *f*	supplement
Ergebnis der Abgrenzung *n*	result of accrual

E

Ergebnisverwendung *f*	appropriation of profits
erhöhtes Risiko *n*	abnormal risk
ERI-Card	emergency response intervention card
	ERI-card
erlöschen	lapse, to
ermäßigter Steuersatz *m*	reduced tax rate
Ermüdung *f*	fatigue
Ernährung *f*	nutrition
ernst	serious
ernste Verletzung *f*	severe injury
eröffnende Bank *f*	opening bank
Ersatz *m*	surrogate
Ersatzreifen *m*	spare tire (*AE*)
	spare tyre (*BE*)
Ersatzteil *n*	spare part
Ersparnis *f*	savings *pl*
Erste Hilfe *f*	first aid
Erste-Hilfe-Material *n*	first aid material
Erstickungsgefahr *f*	danger of suffocation
Ertrag *m*	earnings *pl*
Ertragskraft *f*	earnings power
erwärmter Stoff *m*	elevated temperature substance
erweiterte Deckung *f*	extended coverage
erweiterter Versicherungsschutz *m*	extended coverage
Etage *f*	floor
Ethen *nsg*	ethylene *sg*
Etikett *n*	label
Etikettendrucker *m*	label printer
Etikettierung *f*	labeling (*AE*)
	labelling (*BE*)
Etyhlen *nsg*	ethylene *sg*

E

E

EU-/EWR-Gemeinschaftsgenehmigungen *fpl*	EU/EEA community authorisations *pl* (*BE*) /authorizations *pl* (*AE*)
EU-Fahrgastrechte-Kraftomnibus-Gesetz/EU-FahrgRBusG *n*	EU Bus and Coach Passenger Rights Act
EU-Lizenz *f*	Community authorisation (*BE*) Community authorization (*AE*)
EU-Reifenlabel *n*	EU tyre label (*BE*) EU tire label (*AE*)
EU-Typengenehmigungsrecht *n*	EU Type Approval Law
Europa *n*	Europe
Europäische Artikelnummer/EAN *f*	European Article Number/EAN
Europäische Freihandelsassoziation/EFTA *f*	European Free Trade Association/EFTA
Europäische Gemeinschaft/EG *f*	European Community/EC
Europäische Union/EU *f*	European Union/EU
Europäische Verkehrsministerkonferenz/CEMT *f*	European Conference of Ministers of Transport/ECMT
Europäischen Union/EU *f* (pol.)	European Union/EU (pol.)
Europäischer Wirtschaftsraum/EWR *m*	European Economic Area/EEA
Europäisches Übereinkommen über die Arbeit des im internationalen Straßenverkehr beschäftigten Fahrpersonals/AETR *n*	European Agreement Concerning the Work of Crews of Vehicles Engaged in International Road Transport/AETR
Europäisches Übereinkommen über die Beförderung gefährlicher Güter auf der Straße/ADR *n*	European Agreement concerning the International Carriage of Dangerous Goods by Road/ADR
Europäisches Übereinkommen über die Beförderung gefährlicher Güter auf dem Rhein/ADNR *n*	European Agreement concerning the International Carriage of Dangerous Goods on the Rhine/ADNR
Europäisches Übereinkommen über die internationale Beförderung gefährlicher Güter auf Binnenwasserstraßen/ADN *n*	European Agreement concerning the International Carriage of Dangerous Goods by Inland Waterways/ADN

Europäisches Verbindungskomitee des Speditons- und Lagerei-Gewerbes/CLECAT *n*	European Organisation for Forwarding and Logistics/CLECAT
Europalette *f*	euro pallet
Europastraße *f*	E-route European route
Europastraßen *fpl*	European roads *pl*
Eurotunnel *m*	Channel Tunnel
Eurovignette *f*	Eurovignette
Eurozone *fsg*	euro zone *sg*
EWR-Staaten *mpl* (pol.)	EEA states *pl* (pol.)
ex-geschützt	explosion-proof
ex-geschützter Motor *m*	explosion-proof engine explosion-proof motor
ex-geschützter Stapler *m*	explosion-proof forklift explosion-proof forklift truck
Ex/II Fahrzeug *n*	Ex/II vehicle
Ex/III Fahrzeug *n*	Ex/III vehicle
Exemplar *n*	copy
Exklave *f*	exclave
Expertise *f*	expertise
Explosion *f*	explosion
explosionsfähig	explosive
explosionsfähige Atmosphäre *f*	explosive atmosphere
Explosionsgefahr *f*	danger of explosion explosion hazard
explosionsgefährdet	explosive
explosionsgeschützt	explosion-proof
explosionsgeschützter Motor *m*	explosion-proof engine explosion-proof motor
explosionsgeschützter Stapler *m*	explosion-proof forklift explosion-proof forklift truck

E

Explosivstoff *m*	explosive
	explosive material
Exportrisiko *n*	export risk
Exportschutzversicherung *f*	export contingency insurance
Expositionszeit *f*	exposure time
Expressdienst *m*	express service
Expressdienstleister *m*	express service provider
extern	external
externer Kunde *m*	external customer
externes gemeinsames Versand-verfahren *n* (T1-Verfahren)	external common transit procedure (T1 procedure)
externes gemeinschaftliches Versandverfahren *n* (T1-Verfahren)	external common transit procedure (T1 procedure)
externes und internes Rechnungs-wesen *n*	external and internal accounting
externes Unionsversandverfahren *n* (T1-Verfahren)	external union transit procedure *sg* (T1 procedure)
Exterritorialität *f*	extraterritoriality
Extrahandel *msg*	external trade
EXW	EXW
ab Werk ... benannter Ort der Lieferung	ex works ... named place of delivery

F

Fabrikationsrisikodeckung *f*	manufacturing risk cover
Fachkenntnis *f*	expertise
Fachkraft für Hafenlogistik *f*	specialist for port logistics
	port logistics expert
Fachkraft für Lagerlogistik *f*	speciallist for wahrehouse logistics
	warehouse logistics expert
Fachlagerist *m*	warehouse operator
Fahrbahnmarkierung *f*	road marking
Fahrbahnverhältnisse *npl*	road conditions *pl*

Fahrdynamikregelung/FDR *f*	driving dynamics regulation
Fähre *f*	ferry
Fahreignungsregister/FAER *n*	driving aptitude register
Fähren *fpl*	ferries *pl*
Fahren per Anhalter *n*	hitch-hiking
Fahrenheit *n*	Fahrenheit
Fahrerflucht *fsg*	hit and run offence (*BE*) hit and run offense (*AE*)
Fahrerinformationssystem/FIS *n*	driver information system
Fahrerkabine *f*	driver's cab
Fahrerkarte *f*	driver card
Fahrerlaubnis *f*	driving licence (*BE*) driver's license (*AE*)
Fahrerlaubnisverordnung/FeV *f*	driver's licence regulation (*BE*) driver's license regulation (*AE*)
Fahrerloses Transportfahrzeug/ FTF *n*	automated guided vehicle/AGV automatic guided vehicle/AGV
Fahrerloses Transportsystem/FTS *n*	automatic guided vehicle system/ AGVS
Fahrerrückhaltesystem *n*	driver restraint system
Fahrerschutzdach *n*	overhead guard
Fahrersitz *m*	driver's seat
Fahrerqualifikation *f*	driver qualification *sg*
Fahrgastbeförderung *f*	carriage of passengers
Fahrgastbetreuung *f*	passenger assistance
Fahrgäste *mpl*	passengers *pl*
Fahrgastinformationssystem/FIS *n*	passenger information system
Fahrgemeinschaft *f*	carpool ride-sharing
Fahrgestell *n*	chassis
Fahrgestellnummer *f*	vehicle identification number/VIN
Fahrhinweis *m*	driving instruction

F

F

Fahrkarte *f*	ticket
Fahrkartenautomat *m*	ticket machine
	ticket vending machine/TVM
Fahrkartenkontrolleur *m*	ticket inspector
Fahrkartenschalter *m*	ticket office
fahrlässig	careless
fahrlässiges Fahren *nsg*	careless driving
Fahrlässigkeit *f*	negligence *sg*
Fahrlehrer *m*	driving instructor
Fahrphysik *f*	driving physics
Fahrplan *m*	schedule
	timetable
Fahrrad mit Hilfsmotor *n*	motorized bicycle
Fahrrad *n*	bicycle
Fahrradstraße *f*	bicycle street
Fahrradweg *m*	bike lane (*AE*)
	bike path (*AE*)
	cycle lane (*BE*)
	cycle track (*BE*)
Fahrschule *f*	driving school
Fahrsicherheitstraining *n*	driver safety training
Fahrsicherheitszentrum *n*	driving safety center (*AE*)
	driving safety centre (*BE*)
Fahrspur *f*	lane
Fahrstreifen *m*	lane
Fahrtbericht *m*	trip report
Fahrtenberichtsheft *n*	trip report booklet
Fahrtenschreiber *m*	tachograph
Fahrtüchtigkeit *f*	fitness to drive
Fahrtunterbrechung *f*	driving interruption
Fahrtverlauf *m*	route
Fahrtzielanzeiger *m* (S-Bahn/Bus)	destination display

Fahrverbot *n*	driving ban
Fahrwegbestimmung *f*	determination of the route
Fahrwerk *n*	chassis
Fahrwiderstand *m*	driving resistance
Fahrzeug mit Überlänge *n*	long vehicle
Fahrzeug *n*	vehicle
Fahrzeug-Identifizierungsnummer/ FIN *f*	vehicle identification number/VIN
Fahrzeug-Zulassungsverordnung/ FZV *f*	Vehicle Registration Ordinance/ FZV Vehicle Registration Regulations *pl*
Fahrzeugabmessung *f*	vehicle dimensions *pl*
Fahrzeugart *f*	vehicle type
Fahrzeugaufbau *m*	vehicle body
Fahrzeugausrüstung *f*	vehicle equipment
Fahrzeugbeleuchtung *f*	automotive lighting vehicle lighting
Fahrzeugbrand *m*	vehicle fire
Fahrzeugbreite *f*	vehicle width
Fahrzeugbrief *m*	licence certificate part II (*BE*) license certificate part II (*AE*)
Fahrzeugeinsatzplanung *f*	vehicle deployment planning
Fahrzeugelektronik *f*	vehicle electronics
Fahrzeuggebunden	vehicle bound
Fahrzeuggewicht *n*	vehicle weight
Fahrzeughöhe *f*	vehicle height
Fahrzeugklasse *f*	vehicle class
Fahrzeugkran *m*	mobile crane truck crane truck-mounted crane
Fahrzeugmaße *f*	vehicle dimensions *pl*
Fahrzeugpapiere *npl*	vehicle documents *pl*

F

Fahrzeugschein *m*	licence certificate part I (*BE*)
	license certificate part I (*AE*)
Fahrzeugschwerpunkt *m*	center of gravity of the vehicle (*AE*)
	centre of gravity of the vehicle (*BE*)
	vehicle center of gravity (*AE*)
	vehicle centre of gravity (*BE*)
Fahrzeugvorbereitung *f*	vehicle preparation
Fahrzeugwaage *f*	truck scales *pl* (*AE*)
	weighbridge
fällig (Frist)	due
Fälligkeit *f*	maturity
Fälligkeitstag *m*	maturity date
Falschaussage *f*	false statement
falsche uneidliche Aussage *f*	false statement
Falschfahrer *m*	wrong-way driver
Faltbrücke *f*	folding bridge
Faltschachtel *f*	folded box
	folding box
Fangmaul *n*	coupling jaw
FAS	FAS
Frei Längsseite Schiff ... benannter Verschiffungshafen	free alongside ship ... named port of shipment
Fass *n*	barrel
faul	lazy
Faustachsen *fpl*	stub axles *pl*
Fautfracht *f*	dead freight
Fax *m/n*	fax
Faxnummer *f*	fax number
FCA	FCA
Frei Frachtführer ... benannter Ort der Lieferung	free carrier ... named place of delivery
Februar *m*	February
Federung *f*	suspension

Fehlerbeschreibung *f*	defect description
Fehlfracht *f*	dead freight
Fehlmenge *f*	shortage
Fehlmenge *f* (Bestand)	shortfall
Fehlverladung *f*	misloading
Feiertag *m*	holiday
feiner Riss *m*	hairline crack
Feinkost *fsg*	delicacies *pl*
Feinstblechverpackung *f*	light-gauge metal packaging
Ferienreiseverordnung/FerReiseV *f*	Holiday Travel Ordinance (*BE*) Vacation Travel Ordinance (*AE*)
Ferienzielreisen *fpl*	holiday destination travel (*BE*) vacation destination travel (*AE*)
Ferner Osten *m*	Far East
Fernlicht *n*	full-beam headlight (*BE*) high-beam headlight (*AE*)
Fernlinienverkehr *m*	long-distance travel
Fernost	Far East
Fernscheinwerfer *m*	full-beam headlight (*BE*) high-beam headlight (*AE*) full-beam headlamp (*BE*) high-beam headlamp (*AE*)
Fernüberwachung *f*	remote monitoring
Fertigung *f*	manufacturing
fest	tight
festgelegt	specified
festgesetzt (zeitlich)	scheduled
Festnahme *f*	arrest
Festpreis *m*	fixed price
Feststellbremse *f*	hand brake (*BE*) emergency brake (*AE*) (road)
Feststoffbrand *m*	solid fire
festverbundener Tank *m*	fixed tank

F

F

Fettbrand *m*	fat fire
Fettpresse *f*	grease gun lubrication gun
Feuchtigkeit *fsg*	moisture *sg*
feuchtigkeitsbeständig	moisture-proof
feuchtigkeitsempfindlich	moisture-sensitive
feuchtigkeitsresistent	moisture-proof
Feuer *n*	fire
Feueralarm *m*	fire alarm
Feuerlöschdecke *f*	fire blanket
Feuerlöscher *m*	fire extinguisher
Feuerlöscherprüfung *f*	fire extinguisher testing
Feuermelder *m*	fire alarm device
Feuerversicherung *f*	fire insurance
Feuerwehr *f*	fire brigade (*BE*) fire department (*AE*)
Feuerwehrauto *n*	fire engine fire truck (*AE*)
Feuerwehrwagen *m*	fire engine fire truck (*AE*)
Feuerwerkskörper *m*	firework
FIATA-Speditionsauftrag/FFI *m*	FIATA Forwarding Instructions/ FFI *pl*
Fibertrommel *f*	fiber drum
FIFO und LIFO- Bewertung *f*	FIFO and LIFO assessment
Filiale *f*	branch
Finanzbuchhaltung *f* (fin)	financial accounting (fin)
Finanzen *pl*	finances *pl*
finanzieller Verlust *m*	financial loss
Finanzkreditdeckung *f*	buyer credit cover
Finanzstruktur *f*	financial structure
finanzwirtschaftliche Kennzahlen *fpl*	financial ratio

Fingerabdruck *m*	finger print
Firmenstammdaten *pl*	corporate master data
	company master data
Fisch *m*	fish
Fiskalvertreter *m*	fiscal representative
Fiskalvertretung *f*	fiscal representation
Fiskus *m*	treasury
fixe Kosten *npl* (fin.)	fixed costs *pl* (fin.)
Fixkosten *pl*	fixed costs *pl*
Fixkostenblock *m*	fixed costs block
Fixpreis *m*	fixed price
Flachpalette *f*	flat pallet
Flammendurchschlagsicherung *f*	flame arrester
	flame trap
Flammpunkt *m*	flash point
Flaschenbündel *n*	cylinder bundle
Flaschenhalterung *f*	cylinder rack
Flat Rack Container *m*	flat rack container
	flat rack
Flat Rack *n*	flat rack container
	flat rack
fleißig	diligent
Fleisch *nsg*	meat *sg*
Fleischerzeugnisse *npl*	meat products *pl*
Fleischwaren *fpl*	meat products *pl*
Fliehkraft *f*	centrifugal force
Flottenmanagement *n*	fleet management
Fluchtfilter *m*	escape filter
Fluchthaube *f*	smoke hood
flüchtiger Korrosions-Verhinderer/ VCI *m*	Volatile Corrosion Inhibitor/VCI
Flüchtling *m*	refugee

F

Flügeltüren *fpl* (LKW)	wing doors *pl*
Fluggesellschaft *f*	carrier
Flughafen *m*	airport
Flugschreiber *m*	black box (aircraft)
	flight recorder
Flugzeug *n*	plane
Flugziel *n*	destination
Flurförderzeug *n*	industrial truck
flüssige Güter *npl*	liquid goods *pl*
Flüssigerdgas/LNG *nsg*	liquified natural gas/LNG *sg* (*AE*)
	liquefied natural gas/LNG *sg* (*BE*)
flüssiges Aluminium *nsg*	liquid aluminium *sg* (*BE*)
	liquid aluminum *sg* (*AE*)
Flüssiggas/LPG *nsg*	liquified petroleum gas/LPG *sg* (*AE*)
	liquefied petroleum gas/LPG *sg* (*BE*)
Flüssigkeit *f*	liquid
Flüssigkeitsbrand *m*	liquid fire
Flüssigsprengstoff *m*	liquid explosive
Flusssäure *fsg*	hydrofluoric acid *sg*
FOB	FOB
Frei an Bord ... benannter Verschiffungshafen	free on board ... named port of shipment
Folgeschaden *m*	consequential damage
	consequential loss
Folgeschadenversicherung *f*	consequential loss insurance
Forderung	claim
Forderungen aus Lieferung und Leistung *fpl*	accounts receivable *pl*
Forderungen *fpl*	accounts receivable *pl*
Forderungsabtretung *f*	assignment of a claim
Forderungsintensität *f*	intensity of receivables

Formaldehyd *msg/nsg*	formaldehyde *sg*
formlose Mitteilung *f*	informal notification
formlose Zollanmeldung *f*	informal entry
Formschluss *m*	form closure
Fortbildung *f*	training
Fracht *f*	freight
Frachtbrief *m*	consignment note
Frachtbriefdoppel *n*	duplicate of the consignment note duplicate of the waybill
Frachtdiebstahl *m*	cargo theft
Frachtenbörse *f*	freight exchange
Frachtfluggesellschaft *f*	cargo airline airfreight carrier
Frachtflugzeug *n*	air freighter cargo aircraft cargo plane
Frachtführer *m*	carrier hauler (*AE*) haulier (*BE*)
Frachtführerhaftung *f*	carrier's liability
Frachtführerkonto *n*	carrier account
frachtpflichtiges Gewicht *n*	chargeable weight
Frachtpolice der Transport- versicherung *f*	freight policy
Frachtrate *f*	cargo rate freight rate
Frachtstundung *f*	deferred freight payment
Frachttabelle *f*	freight table
Frachtvermittler *m* (ugs.)	freight broker (coll.)
Frachtvertrag *m*	contract of carriage freight contract
Frachtzahler *m*	freight payer
Frachtzahlung *f*	payment of freight charges

F

F

Fragebogen *m*	questionnaire
Franchiseklausel *f*	franchise clause
französische Überseegebiete *npl* (DOM-TOM)	French Overseas Departments and Territories *pl* (DOM-TOM)
frei Bordsteinkante	free curbside (*AE*) free kerbside (*BE*)
frei Grenze	free border
frei Haus	delivered free free delivery
freigestellte Menge/EQ *f*	excepted quantity/EQ
freigestelltes Versandstück *n*	excepted packaging
Freihafen *m*	Free Port
Freihandelszone *f*	Export Processing Zone/EPZ Foreign-trade Zone/FTZ (*AE*) Free Economic Zone Free Trade Zone/FTZ Free Zone/FZ free trade area
Freilager *n* (räumlich)	open depot
Freistellungs-Verordnung/FrStllgV *f*	Exemption Ordinance
Freitag *m*	Friday
freiwillige Versicherung *f*	voluntary insurance
Freizone *f*	Foreign-trade Zone/FTZ (*AE*) Free Economic Zone Free Trade Zone/FTZ Free Zone/FZ
Fremdenverkehr *msg*	tourism
Fremdkapitaldeckung *f*	debt capital coverage
Fremdkapitalquote *f*	debt ratio
freundlich	friendly
Frist *f*	deadline
Fristablauf *m*	deadline
fristlose Kündigung *f*	termination without notice

Frontantrieb *m*	front-wheel drive
Frontlenkerfahrzeug *n*	front-wheel drive vehicle
Frontscheibe *f*	windscreen (*BE*) windshield (*AE*)
Frontscheinwerfer *m*	dipped-beam headlight (*BE*) low-beam headlight (*AE*) dipped-beam headlamp (*BE*) low-beam headlamp (*AE*)
Frontschutzbügel *m*	bullbar
Frostschutzmittel *n*	antifreeze
frühe Morgenstunden *fpl*	small hours *pl*
Frühstückspause *f*	morning break
Führerhaus *n*	driver's cab
Führerschein *m*	driving licence (*BE*) driver's license (*AE*)
Führerscheinrecht *n*	driving licence law (*BE*) driver's license law (*AE*)
Fuhrpark *m*	vehicle fleet
Fuhrparkleiter *m*	fleet manager
Fuhrparkmanagement *n*	fleet management
Führsorgepflicht *f*	duty of care
Fülldruck *m*	filling pressure
Füllgeschwindigkeit *f*	filling speed
Füllgrad *m*	degree of filling
Füllmaterial *n*	filling material
Füllmittel *n*	filling agent
Füllstand *m*	filling level
Füllstoff *m* (Verpackung)	filler (packaging)
Funkerkennung/RFID *f*	radio-frequency identification/RFID
Funkgerät *n*	radio
Funktionsprüfung *f*	functional testing
Fußgänger *m*	pedestrian

F

Fußgängerübergang *m*	crosswalk (*AE*)
	pedestrian crossing
	zebra crossing (*BE*)
Fußgängerüberweg *m*	crosswalk (*AE*)
	pedestrian crossing
	zebra crossing (*BE*)
Fußgängerzone *f*	pedestrian area
	pedestrian zone
Fußmatte *f*	floor mat
Fußweg *m*	footpath
Futter *n*	animal feed
	fodder
Futtermittel *n*	animal feed
	fodder
Futtermitteltransport *m*	feed transportation

G

Gabelstapler *m*	fork lifter
	forklift
	forklift truck
Gabelstaplerfahrer *m*	forklift driver
	forklift operator
Gabelstaplerschein *m*	forklift licence (*BE*)
	forklift license (*AE*)
Gabelstaplertasche *f*	forklift pocket
Gabelträger *m*	fork carriage
	fork carrier
Gabelverlängerung *f*	fork extender
	fork extension
Gabelzinken *m*	forklift tine
	forklift fork
Gammastrahlung *fsg*	gamma radiation
ganze Sendung *f*	whole consignment
Ganzjahresreifen *m*	all-season tire (*AE*)
	all-season tyre (*BE*)

Ganzkörperscanner *m*	full-body scanner
Ganzladung *f*	full load
Garage *f*	garage
Garagentor *n*	garage door
Garantie *f*	guarantee
Gardinenplane *f*	curtain side tarpaulin
Gardinenplanenauflieger *m*	curtainsider tautliner (® Boalloy Industries Ltd.)
Garnier *n*	dunnage
Garniermaterial *n*	dunnage
Garnierung *f*	dunnage
Gas *n*	gas
Gasbrand *m*	gas fire
Gascontainer mit mehreren Elementen/MEGC *m*	multi element gas container/MEGC multiple element gas container/MEGC
Gasflasche *f*	gas cylinder
Gaskartusche *f*	gas cartridge
Gasmelder *m*	gas detector
Gaspatrone *f*	gas cartridge
Gaspedal *n*	gas pedal (*AE*) accelerator pedal (*BE*)
Gaspendelung *f*	gas displacement
Gasvergiftung *f*	gas poisoning
Gattungseintragung *f*	generic entry
Gebietsspediteur *m*	area contract freight forwarder regional freight forwarder
Gebotszeichen *n*	mandatory sign
Gebräuche *mpl*	mores *pl* customs *pl* (conventions)
Gebrauchsanleitung *f*	user guide user manual

G

Gebrauchsgüter *npl*	commodities *pl* consumer goods *pl*
Gebühr *f*	charge fee
gedecktes Fahrzeug *n*	closed vehicle
Gefährdungshaftung *f*	absolute liability
Gefahrenbereich *m*	danger zone
Gefahrendiamant *m*	hazard diamond (*AE*)
Gefahrengebiet *n*	danger area
Gefahrensymbol *n*	hazard symbol
Gefahrenübergang *m*	transfer of risk
Gefahrgut *n* (Beförderung)	dangerous goods *pl* hazardous material /HAZMAT
Gefahrgut-Ausnahmeverordnung/ GGAV *f*	Regulation on Exemptions of the Provisions on Dangerous Goods Transport/GGAV
Gefahrgutausrüstung *f*	hazardous goods equipment
Gefahrgutbeauftragtenverordnung/ GbV *f*	Dangerous Goods Advisor Ordinance/DGAO
Gefahrgutbeauftragter/Gb *m*	dangerous goods safety advisor/ DGSA
Gefahrgutbeförderungsgesetz/ GGBefG *n*	Act on the Transportation of Dangerous Goods/GGBefG
Gefahrguterklärung *f*	dangerous goods declaration/DGD
Gefahrgutfahrer *m*	dangerous goods driver hazardous materials driver
Gefahrgutkennzeichnung für gefährliche Güter im internationalen Seeschiffsverkehr *f*/IMDG-Code *m*	International Maritime Dangerous Goods Code/IMDG-Code
Gefahrgutklasse *f*	dangerous goods class
Gefahrgutlager *n*	hazardous goods store
Gefahrguttransport *m*	transport of dangerous goods transportation of dangerous goods

G

Gefahrgutverordnung See/GGVSee f	Ordinance on the Transport of Dangerous Goods by Sea/GGVSee
Gefahrgutverordnung Straße, Eisenbahn und Binnenschifffahrt/GGVSEB f	Ordinance on the Transport of Dangerous Goods by Road, Rail and Inland Waterways/GGVSEB
gefährlich	dangerous hazardous
gefährliche Fracht f	dangerous cargo
gefährliche Güter npl	dangerous goods
gefährliche Ladung f	dangerous cargo
gefährlicher Abfall m	hazardous waste
gefährliches Gut mit hohem Gefahrenpotential n	high consequence dangerous goods pl
Gefahrstoff m	dangerous substance hazardous substance
Gefahrstoffliste f	hazardous substances list
Gefahrstoffverordnung/GefStoffV f	Hazardous Substances Ordinance/GefStoffV
Gefahrzettel m	hazard label
Gefrierbrand msg	freezer burn sg
gegen alle Schwierigkeiten	against all odds pl
Gegengewicht n	counterweight
Gegengewichtsgabelstapler m	counterbalance forklift
Gegenverkehr m	oncoming traffic
Gehörschutz m	ear protection
Geigerzähler m	Geiger counter
Geisterfahrer m	wrong-way driver
Geländefahrrad n	mountain bike/MTB
Geländewagen m	off-road vehicle
gelbe Doppellinie f (Halteverbot in UK)	double yellow lines pl (in UK)
gelbe Rundumleuchte f	yellow rotating beacon

G

Gelbfieber *nsg*	yellow fever *sg*
Gelegenheitsverkehr *m*	occasional carriage
Gelenkbus *m*	articulated bus bendy bus (*BE*)
Gelenke *fpl* (technisch)	joints *pl* (technical)
Gelenkwagen *m* (Bus)	articulated bus bendy bus (*BE*)
Gelenkwellen *fpl*	cardan shafts *pl*
Gelenkzug/GLZ *m* (Bus)	articulated bus bendy bus (*BE*)
Geltungsbereich *m*	scope
Gemeindestraßen *fpl*	municipal roads *pl*
Gemeinkosten *pl*	overhead expenses *pl*
Gemeinsame Ermittlungsgruppe *f*	joint investigation team
gemeinsamer Zolltarif *m*	common customs tariff/CCT
gemeinsames Versandverfahren/ gemVV/gV *n*	community transit procedure
gemeinschaftliche Havarie *f*	general average / G/A
Gemeinschaftslizenz *f*	Community authorisation (*BE*) Community authorization (*AE*)
Gemeinschaftsware *f*	Community goods *pl* Community product
Gemüse *n*	vegetable
genau	exact precise
Genehmigung *f* (Konzession)	authorisation (*BE*) / authorization (*AE*) (concession)
genehmigungspflichtige Ausfuhr *f* (z.B. bei Rüstungsgüter)	export subject to authorisation (*BE*) / authorization (*AE*) (e.g. for armaments)
Generalkonsulat *n*	consulate general
Generalpolice *f*	general policy open policy blanket policy

Generalvertreter *m*	general agent
Generalvertretung *f*	general agency
Genfer Flüchtlingskonvention/GFK *f*	United Nations Convention Relating to the Status of Refugees/ CRSR
Genussmitteltransport *m*	transport of luxury goods
Gepäck *nsg*	baggage *sg* (*AE*) luggage *sg* (*BE*)
Gepäckversicherung *f*	baggage insurance (*AE*) luggage insurance (*BE*)
Gepflogenheiten *fpl*	mores *pl* customs *pl* (conventions)
geplant	scheduled
geprüfte Fachwirtin für Güterverkehr und Logistik *f*	Certified Specialist in Freight Transport and Logistics
geprüfter Fachwirt für Güterverkehr und Logistik *m*	Certified Specialist in Freight Transport and Logistics
geprüfte Meisterin Kraftverkehr *f*	Certified Master Craftswoman, road transport
geprüfter Meister Kraftverkehr *m*	Certified Master, road transport
geräuscharm	low-noise
gerecht	fair
gereinigt	cleaned
Gericht *n*	court
Gerichtsstand *m*	place of jurisdiction
geringe Mengen *fpl* (Gefahrgut bis zu 1000 kg/l oder 1000 Punkten)	small quantities *pl* (dangerous goods up to 1000 kg/litres (BE)/ liters (AE) or 1000 points)
geringe spezifische Aktivität/LSA *f*	low specific activity/LSA
geringwertige Wirtschaftsgüter/ GWG *npl*	low value assets *pl*
Geruch *m*	odor (*AE*) odour (*BE*)

G

geruchsabgebend	odor-releasing (*AE*)
	odour-releasing (*BE*)
geruchsaufnehmend	odor-absorbing (*AE*)
	odour-absorbing (*BE*)
geruchsneutral	odor-free (*AE*)
	odour-free (*BE*)
Gesamtaktivität *f*	total activity
Gesamtkapitalrentabilität/GKR *f*	Return on Investment/ROI
Gesamtrentabilität *f*	overall profitability
gesamtschuldnerisch (Haftung)	joint and several (liability)
Gesamttransportkennzahl *f*	total transport index
Gesamtverband der Deutschen Versicherungswirtschaft e.V./GDV *m*	German Insurance Association/ GDV
Geschäftsbeziehung *f*	business relationship
Geschäftsführer *m*	managing director
geschäftsmäßig	business-like
Geschäftsräume *mpl*	business premises *pl*
	office premises *pl*
	premises *pl*
Geschäftsreise *f*	business trip
Geschäftsreisender *m*	business traveler (*AE*)
	business traveller (*BE*)
Geschäftszeit *f*	business hours *pl*
geschätzt	roughly
geschlossene Anlagen *fpl*	closed systems *pl*
geschlossene Ladung *f*	full load
geschlossene Ortschaft *f*	built-up area
geschlossener Lieferwagen *m*	box van
Geschoss *n*	bullet
Geschwindigkeit *f*	speed
Geschwindigkeitsbegrenzer *m*	speed limiter
Geschwindigkeitsbegrenzung *f*	speed limit

G

Geschwindigkeitsregelanlage/GRA *f*	cruise control
Gesetz *n* (allgemein)	law
Gesetz *n* (einzelnes)	act
Gesetz über die Beförderung gefährlicher Güter/GGBefG *n*	Act on the Transportation of Dangerous Goods/GGBefG
gesetzliche Krankenversicherung *f*	statutory health insurance
gesetzliche Sozialversicherung *f*	statutory social insurance
gesetzliche und betriebliche Vorschriften zum Umgang mit Betriebs- und Hilfsstoffen *fpl*	statutory and company regulations on the handling of operating and auxiliary materials *pl*
gesetzliche Vorschrift *f*	statutory regulation
Gesichtsschutz *m*	face protection
Gesprächsführung *f*	negotiation
Gestellung *f*	presentation to customs
gestern	yesterday
gestundete Fracht *f*	respited freight
gestundete Zahlung *f*	deferred payment
gesundheitliche Folgen *fpl*	health consequences *pl*
Getränk *n*	drink
Getreide *n*	grain *sg*
Getriebe *n* (Nutzfahrzeug)	transmission (commercial vehicle)
Getriebeöl *n*	transmission oil
Gewerbeabfallverordnung/ GewAbfV *f*	Commercial Waste Ordinance
gewerblicher Güterkraftverkehr *m*	commercial road haulage
Gewerkschaft *f*	trade union
Gewicht *n*	weight
Gewichtsermittlung *f*	weight determination
Gewichtskraft *f*	weight force
Gewinn- und Verlustrechnung/GuV *f*	income statement (*AE*) profit and loss account (*BE*)

G

Gewinn- und Verlustvortrag *m*	retained earnings and accumulated losses *pl*
Gewinnrücklagen *fpl*	retained earnings *pl*
Gewitter *n*	thunderstorm
gezogener Wechsel *m*	draft (fin.) drawn bill of exchange
GGVS Abfalltransporte *mpl*	Hazardous Goods Ordinance – Road (GGVS) Waste Transportation
Gift *n*	poison toxin
giftig	toxic
Giftmüll *msg*	hazardous waste
Gitterbox *f*	wire mesh crate
Gitterboxpalette *f*	stillage
Gitterrohrrahmen *m* (Aufbau Bus)	tubular space frame (bus body)
Glas *n*	glass
glasfaserverstärkter Kunststoff/GFK *m*	glass fibre-reinforced plastic/GRP
Glatteis *nsg*	black ice *sg*
Gleitreibung *f*	sliding friction
Gliederbus *m*	articulated bus bendy bus (*BE*)
Gliedermaßstab *m*	folding rule
Gliedertaxe *f*	dismemberment schedule
Gliederzug *m*	drawbar combination
globales Navigationssatelliten-system/GPS *n*	global positioning system/GPS
glorreiche Zeiten *fpl*	glory days *pl*
Goldene Bilanzregel *f*	Golden Rule (accounting)
Goldene Halbinsel *f*	Malay Peninsula Thai-Malay Peninsula
Gooseneck-Tunnel *m*	gooseneck tunnel

G

GPS *n* (Global Positioning System)	GPS (Global Positioning System)
GPS-Tempomat *m* (ugs.)	GPS cruise control (coll.)
Grad *m*	degree
Gräting *f*	grating
Graupel *f*	graupel sleet
Greifstapler *m*	reach stacker
Grenzbahnhof *m*	border station
Grenze *f*	border
Grenzfluss *m*	border river
Grenzgebiet *n*	frontier
Grenzland *n*	frontier
grenzüberschreitende Verbringung *f*	cross-border shipment transboundary shipment
grenzüberschreitender Güterkraft-verkehr *m*	cross-border road haulage
grenzüberschreitender Verkehr *m*	cross-border traffic
grenzüberschreitender Werkverkehr *m*	cross-border private haulage
Grenzwerteliste *f*	limit value list
Grenzzollstelle *f* (Ausgangszoll-stelle)	border customs office (customs office of exit)
Griesel *msg*	snow grains *pl*
grob	roughly
grob fahrlässig	grossly negligent
groß	1. big 2. large 3. tall (height)
Großcontainer *m* (Fassungsraum von mehr als 3 Kubikmetern)	large containers *pl* (capacity of more than 3 m³)
Große Antillen *pl*	Greater Antilles *pl*
Größe *f*	size

G

große Havarie *f*	general average / G/A
großer Schaden *m*	major damage
Großhändler *m*	wholesaler
Großpackmittel/IBC *n*	intermediate bulk container/IBC
Großquelle *f*	large radioactive source
Großraum- und Schwertransporte *mpl*	oversized and heavy goods transport
Großraumtransport *m*	oversized transport
Großraumtransporte *mpl*	large volume transport
Großverpackung *f* (Gefahrgut)	large packaging (dangerous goods)
Großzettel *m*	placard
Grundbuch *n*	daybook
Grundkosten *pl*	base costs *pl*
Grundqualifikation *f*	basic qualification
Grundsätze der ordnungsgemäßen Buchführung *fpl*	principles of proper bookkeeping *pl*
Grüne Karte e.V. *f*	green card incorporated society
grüne Versicherungskarte *f*	green insurance card
grüne Welle *f*	green wave
Gruppe der afrikanischen, karibischen und pazifischen Staaten *f*	ACP countries African, Caribbean and Pacific Group of States
Gruppenbewertung *f*	group valuation
Gruppengetriebe *n*	group gear
Gully *m/n*	storm drain storm sewer (*AE*) drain
Gummihandschuh *m*	rubber glove
Gummimatte *f*	rubber mat
Gummistiefel *m*	rubber boot Wellington boot
Gurt *m*	seat belt safety belt

G

Gurtaufroller für Zurrgurte *m* (ugs.)	belt retractor for lashing straps
Gurtboxen für Zurrgurte *fpl* (ugs.)	belt boxes for lashing straps *pl* (coll.)
Gurtmaß *n*	length and girth combined
Gurtstraffer *m*	seat belt pretensioner
Gurtwarner *m* (ugs.)	belt warning device (coll.)
gut	good
gut einsehbar	clearly visible highly visible
Gut gemacht!	Well done!
Gut *n*	goods *pl*
gut sichtbar	clearly visible highly visible
Gutachten *n*	expertise
Gutachter *m*	expert
gute Arbeit leisten	do a good job, to
gute Manieren *fpl*	good manners *pl*
gute Nachricht *f*	good news *pl*
Güterbeförderung *f*	carriage of goods forwarding of goods
Güterfolgeschäden *mpl*	consequential damage to goods
Güterfolgeschadenklausel *f* (DTV-Güter 2000/2011)	Consequential Losses Clause (DTV Cargo 2000/2011)
Güterklasse *f*	goods class
Güterkraftverkehrsgesetz/GüKG *n*	Road Haulage Act
Güterschaden *m*	damage to goods
Güterschadenshaftpflichtversi-cherung *f*	freight damage liability insurance
Gütertransport in Deutschland *m*	freight transportation in Germany
Güterverkehr *m*	goods traffic freight traffic
Güterverkehrszentrum/GVZ *n*	freight village/FV

G

Güterversicherung *f*	cargo insurance
Güterwagen *m*	railway wagon (*BE*)
	railroad car (*AE*)
	freight car (*AE*)
	goods wagon (*BE*)
Güterwaggon *m*	railway wagon (*BE*)
	railroad car (*AE*)
	freight car (*AE*)
	goods wagon (*BE*)
Güterzug *m*	freight train
	goods train
gutschreiben	credit, to
Gutschrift *f*	credit note
Guyanas *pl*	Guyanas *pl*
	Guianas *pl*

H

Haager Protokoll/HP *nsg*	Hague Protocol/HP *sg*
Haager Regeln/HR *fpl*	Hague Rules/HR *pl*
Haarnadelkurve *f*	hairpin bend
	hairpin turn
Hafen *m*	harbor (*AE*)
	harbour (*BE*)
	port
Hafenarbeiter *m*	dock worker
	docker
	longshoreman (*AE*)
Haftbarhaltung *f*	notice of liability
Haftetikett *n*	adhesive label
Haftpflichtversicherung *f* (allgemein)	liability insurance (general)
Haftreibung *f*	static friction
Haftung des Frachtführers *f*	carrier's liability
Haftung *f*	liability

Haftungsausschluss *m*	exclusion of liability
Haftungsausschlussklausel *f*	non-liability clause *sg*
Haftungshöchstgrenze *f*	maximum liability limit
Haftungskorridor *m*	liability corridor
Haftungsprinzip *n*	principle of liability
Hagel *msg*	hail
Hagelschlag *m*	hailstorm
Haken *m*	hook
Halbwertszeit *f*	half-life
Halt auf Verlangen *m*	flag stop request stop
Haltekelle *f*	traffic paddle
Haltestelleneinrichtungen *fpl*	stop facilities *pl*
Halteverbot *n*	no stopping and standing
Halteverbotszone *f*	no stopping and standing zone
Hamburg-Antwerpen-Range/ HA-Range *f* (Hamburg/Bremen/ Bremerhaven/Rotterdam/ Antwerpen)	Hamburg-Antwerp-Range/ HA-Range (Hamburg/Bremen/ Bremerhaven/Rotterdam/Antwerp) North Range (Hamburg/Bremen/ Bremerhaven/Rotterdam/Antwerp)
Hamburg-Le Havre-Range/ HH-Range *f* (Häfen zwischen Hamburg und Le-Havre)	Hamburg-Le Havre-Range/ HH-Range (ports between Hamburg and Le Havre)
Hamburger Regeln *fpl*	Hamburg Rules *pl*
Hamburger Verdeck *n*	Hamburg covering
Handbesen *m*	hand brush
Handbremse *f*	hand brake (*BE*) emergency brake (*AE*) (road)
Handelsbedingungen *fpl*	trade terms *pl*
Handelsgesetzbuch/HGB *n*	Commercial Code
Handelsregister *n*	register of companies commercial register

H

Handelsware *f*	commodity merchandise
Handfeger *m*	hand brush
Handgepäck *nsg*	carry-on baggage *sg* (*AE*) carry-on luggage *sg* (*BE*) hand baggage *sg* (*AE*) hand luggage *sg* (*BE*)
Handhubwagen *m*	hand pallet truck pallet truck pallet jack
Handkarren *m*	handcart
Handlingkosten *pl*	handling charge handling costs *pl*
Handschaufel *f*	hand-shovel
Handwagen *m*	handcart
Handwerksbetrieb *m*	craft business
Handy *n*	cell phone (*AE*) cellular phone (*AE*) mobile phone (*BE*)
Handynummer *f*	cell phone number (*AE*) mobile phone number (*BE*)
hängende Last *f*	hanging load
Hängerzug *m*	drawbar combination
Hängeversand *m*	hanging garment distribution
hanseatischer Kaufmann *m*	honourable businessman (*BE*) honorable businessman (*AE*)
Harmonisiertes System zur Bezeichnung und Codierung von Waren/HS *n*	Harmonised Commodity Description and Coding System/HS (*BE*) Harmonized Commodity Description and Coding System/HS (*AE*)
hart (Konsistenz)	hard (consistency)
Haubenfahrzeug *n*	hooded vehicle
Hauptbuch *n*	general ledger

H

Hauptgefahr *f*	main hazard
Hauptgeschäftsstelle *f*	headquarter
Hauptkostenstelle *f*	direct cost center (*AE*) direct cost centre (*BE*)
Hauptlauf *m*	main carriage
Hauptscheinwerfer *m*	dipped-beam headlight (*BE*) low-beam headlight (*AE*) dipped-beam headlamp (*BE*) low-beam headlamp (*AE*)
Hauptstrecke *f*	main route primary route
Hauptuntersuchung/HU *f*	main inspection
Hauptverkehrszeit/HVZ *f*	rush hour
Hauptverpflichteter *m*	principal
Hauptzollamt *n*	main customs office
Haus-Haus-Verkehr *m*	door-to-door delivery door-to-door transport
Haus-zu-Haus-Klausel *f*	door-to-door clause
Hausbank *f*	principal bank
Hausnummer *f*	house number street number
Haut *f*	skin
Hauterkrankung *f*	skin disease
Hautkontakt *m*	skin contact
Hautverätzung *f*	skin burn
Havarie *f*	average/AV accident
Havarie grosse *f*	general average / G/A
Havarie-Grosse-Verpflichtungs-schein *m*	general average bond
Havarie-Verpflichtungsschein *m*	general average bond
Havarieklausel *fsg*	average clause *sg* general average clause *sg*

H

Havariekommissar *m*	general average adjuster
Havarieverteilung *f*	adjustment of average
Hebebühne *f*	tail lift
Hebezeug *n*	hoisting equipment
	lifting equipment
Heckantrieb *m*	rear-engine with rear-wheel drive
Heckbeleuchtung *f*	rear lighting
Heckklappe *f*	tailgate (vehicle)
Hecktür *f* (LKW)	rear door
Hecktür *f* (PKW)	tailgate (vehicle)
Heimatberührung *f*	home touch
Heiratsgut *n*	marriage property
heiß	hot
Heizöl *n*	heating oil
helfen	help, to
Helgoland	Heligoland
Helium *nsg*	helium *sg*
herausfordern	challenge, to
Herbizid *n*	herbicide
Hermesdeckung *f*	Hermes cover
Hersteller *m*	manufacturer
	producer
Herstellkosten *pl*	manufacturing costs *pl*
Herstellungsjahr *n*	year of manufacture
heute	today
hilfsbereit	helpful
Hilfskostenstelle *f* (allgemein)	indirect cost center (*AE*) (general)
	indirect cost centre (*BE*)(general)
Hilfskostenstelle *f* (besondere)	indirect cost center (*AE*) (special)
	indirect cost centre (*BE*)(special)

H

Hilfskostenstelle *f* (Vorkosten)	indirect cost center (*AE*) (initial costs) indirect cost centre (*BE*) (initial costs)
Hilfsmittel *n*	aid
Hilfsstoff *m*	auxiliary material
hinfällig werden	lapse, to
hinten	back, at the back
hinter dem Zeitplan	behind schedule
Hinterachse *f*	rear axle
Hinterachsen *fpl* (LKW)	rear axles pl (lorry – *BE*, truck – *AE*)
Hinterachsgetriebe *n*	rear axle transmission
hintere Unterfahrschutz *m*	rear underride guard
Hinterradantrieb *m*	rear-wheel drive
Hitze *fsg*	heat *sg*
hitzebehandelt	heat-treated
hochentzündlich	highly flammable
Höchstgeschwindigkeit *f*	maximum speed
Höchstwertprinzip *n*	highest value principle
Hochtechnologie *f*	high technology high tech
Hochtechnologieprodukt *n*	high-technology product high-tech product
höflich	polite
Höhe *f*	height
hoheitliche Stelle *f*	sovereign body
Hoheitsgewässer *npl*	territorial waters pl
höhere Gewalt *f*	act of God
höherer Standardcontainer *m*	high-cube-container
Hohlladung *f*	hollow charge shaped charge

H

Holzbehandlung *f*	wood treatment
Holzfass *n*	wooden barrel
Holzkiste *f*	wooden box
Holzschutzmittel *n*	wood preservative
Holzverschlag *m*	wooden crate
Honorarkonsul *m*	honorary consul
Honorarkonsulat *n*	honorary consulate
horizontale Finanzierungsregel *f*	horizontal rule of financing
Hubbrücke *f*	lift bridge
	vertical-lift bridge
Hubgerüst *n* (Gabelstapler)	forklift mast
Hubhöhe *f*	lift height
	lifting height
Hubsattelkupplung *f*	lifting cradle coupling
Hubwagen *m*	hand pallet truck
	pallet truck
	pallet jack
Hubzylinder *m*	lift cylinder
	lifting cylinder
Huckepackverkehr *m*	piggyback traffic
Huckepackwagen *m*	piggyback car
Hügel *m*	hill
humorvoll	humorous
Hupe *f*	horn
Hybridelektrofahrzeug *n*	hybrid electric vehicle/HEV
Hybridfahrzeug *n*	hybrid vehicle
Hydraulikflüssigkeit *f*	hydraulic fluid
Hydraulikmotor *m*	hydraulic motor
Hydrauliköl *n*	hydraulic oil
Hydrauliksystem *n*	hydraulic system
Hydraulikventil *n*	hydraulic valve
Hydraulikzylinder *m*	hydraulic cylinder

H

hydraulisch	hydraulic
hydraulische Lenkung *f*	hydraulic steering
Hydraulische, pneumatische und elektrische Bremssysteme *npl*	hydraulic, pneumatic and electric braking systems *pl*
Hydromotor *m*	hydraulic motor
hydrostatischer Vorderachsantrieb *m*	hydrostatic front axle drive
hypergoler Treibstoff *m*	hypergolic propellant
hypergolischer Treibstoff *m*	hypergolic propellant
Hypoidachse *f*	hypoid axle

I

IATA-Gefahrgutvorschriften/ IATA-DGR *fpl*	IATA Dangerous Goods Regulations/IATA-DGR *pl*
Iberische Halbinsel *f*	Iberian Peninsula
ICC-Klauseln *fpl* (International Cargo Clauses)	ICC clauses *pl* (International Cargo Clauses)
Identität der Sendung *f*	identity of the consignment
illoyal	disloyal
im Zeitplan	on schedule
imaginärer Gewinn *m*	anticipated profit imaginary profit
Impfung *f*	vaccination
Importbeschränkungen *fpl*	import restrictions *pl*
Importkontigente *npl*	import contingents *pl*
Imprägnierung *f*	impregnation
in Übersee	overseas
in zweiter Reihe parken	double-park, to
Incoterms *fpl*	Incoterms *pl* International Commercial Terms *pl*
indirekte Steuer *f*	indirect tax

Indischer Archipel *m*	East Indies *pl*
	Indo-Australian Archipelago
	Indonesian Archipelago
	Malay Archipelago
Indischer Subkontinent *m*	Indian subcontinent
Indonesischer Archipel *m*	East Indies *pl*
	Indo-Australian Archipelago
	Indonesian Archipelago
	Malay Archipelago
Indossament *n*	endorsement
Indossant *m*	endorser
Indossatar *m*	endorsee
Induktionsschleife *f*	induction loop
Industrie *f*	industry
Industrie- und Handelskammer/	Chamber of Industry and
IHK *f*	Commerce/CIC
Industriebetrieb *m*	industrial company
industrielles Gas *n*	industrial gas
	technical gas
Industriepalette *f*	industrial pallet
Industrieverpackung IP-I *f*	industrial packaging IP-1
Industrieverpackung IP-II *f*	industrial packaging IP-2
Industrieverpackung IP-III *f*	industrial packaging IP-3
Inertgas *n*	inert gas
Information *f*	information *sg*
Informations- und	information and communication
Kommunikationsgeräte *npl*	devices *pl*
Informationsfluss *m*	information flow
Informationsgeräte *npl*	information devices *pl*
Informationslogistik *f*	information logistics
informieren	inform, to
Inhaber *m*	owner
Inhabergebunden (ugs.)	owner-operated (coll.)

Inhaberkonnossement *n*	bearer B/L bearer bill of lading
Inhaltsverzeichnis *n*	table of contents
Initialen *fpl*	initials *pl*
Initialsprengstoff *m*	primary explosive
Inkassoauftrag *m*	collection order
Inkassobank *f*	collecting bank
Inkassogebühr *f*	collection fee
inkonsequent	inconsistent
Inkorporation *f*	incorporation
Innenreinigung f	interior cleaning
Innenverpackung *f* (Gefahrgut)	inner packaging (dangerous goods)
innere Absperreinrichtung *f*	internal shut-off device
innere Unruhen *fpl*	civil commotions *pl*
Innergemeinschaftliche Handels- statistik *fsg*	intra-Community trade statistics *pl* Intrastat *sg*
innergemeinschaftliche Lieferung *f*	intra-Community supply of goods
innergemeinschaftlicher Handel *msg*	intra-Community trade
innerorts	in city limits
insbesondere	especially
Insektizid *n*	insecticide
integer sein	have integrity, to
Integralfranchise *f* (Versicherung zahlt erst ab einer bestimmten Schadenshöhe)	absolute franchise non-deductible franchise
integrierte elektrische Achse f	integrated electric axle
integrierter Fahrtrainer m	integrated driving trainer
Integrierter Tarif der Europäischen Gemeinschaften/TARIC *m*	Integrated tariff of the European Communities/TARIC
Integrität *fsg*	integrity
Intelligent Headlamp Control/ICH	Intelligent Headlamp Control/ICH
Intensivtransporthubschrauber/ITH *m*	intensive care helicopter

Interbus-Fahrtenblatt *n*	interbus trip sheet
Intercooler *m*	intercooler
interessant	interesting
Interieur *n*	interior
intermodaler Verkehr *m*	intermodal transport
intern	internal
International Cargo Clauses/ICC	International Cargo Clauses/ICC
International Commercial Terms	International Commercial Terms
Internationale Atomenergie-Organisation/IAEO *f*	International Atomic Energy Agency/IAEA
Internationale Föderation der Spediteurorganisationen/FIATA *f*	International Federation of Freight Forwarders Associations/FIATA
Internationale Handelskammer/ ICC *f*	International Chamber of Commerce/ICC
Internationale Handelsklauseln *fpl*	Incoterms *pl* International Commercial Terms *pl*
internationale Kontonummer/IBAN *f*	International Bank Account Number/IBAN
Internationale kriminalpolizeiliche Organisation/IKPO *f*	International Criminal Police Organization/ICPO Interpol/ICPO
Internationale Organisation für Normung/ISO *f*	International Organization for Standardization/ISO
Internationale Regeln von 1972 zur Verhütung von Zusammenstößen auf See *pl*	International Regulations for Preventing Collisions at Sea, 1972/ COLREGs *pl*
Internationale Straßentransportunion/IRU *f*	International Road and Transport Union/IRU
Internationale Vereinigung der Gesellschaften für den Kombinierten Verkehr Schiene-Straße/ UIRR *f*	International Union of combined Road-Rail transport companies/ UIRR
Internationale Verlade- und Transportbedingungen für die Binnenschifffahrt/IVTB *fpl*	International Conditions of Loading and Transportation/ICLT *pl*

Internationale Versicherungskarte für Kraftverkehr *f* (ugs. grüne Versicherungskarte)	international motor insurance card (coll. green insurance card)
internationaler Fahrzeugschein *m*	international certificate for motor vehicles/ICMV
internationaler Führerschein *m*	international driving licence (*BE*) / driver's license (*AE*)
Internationaler Rat der Chemieverbände/ICCA *m*	International Council of Chemical Associations/ICCA
Internationaler Standard für Pflanzenschutzmaßnahmen/ISPM *m*	International Standard of Phytosanitary Measures/ISPM
internationales Führerscheinrecht *n*	international driving licence law (*BE*) international driver's license law (*AE*)
Internationales Pflanzenschutzübereinkommen/IPPC *n*	International Plant Protection Convention/IPPC
Internationales Übereinkommen über sichere Container/CSC *n*	International Convention for Safe Containers/CSC
interner Kunde *m*	internal customer
internes gemeinsames Versandverfahren *n* (T2-Verfahren)	internal common transit procedure (T2 procedure)
internes gemeinschaftliches Versandverfahren *n* (T2-Verfahren)	internal community transit procedure (T2 procedure)
internes Unionsversandverfahren *n* (T2-Verfahren)	internal union transit procedure *sg* (T2 procedure)
Interpol/IKPO *f*	International Criminal Police Organization/ICPO Interpol/ICPO
Intrahandel *msg* (EU)	intra-European Union trade
Intralogistik *f*	intralogistics
Intrastat *fsg*	intra-Community trade statistics *pl* Intrastat *sg*
Invalidität *f*	disability
Invaliditätsgrad *m*	degree of disability

I

Inventurverfahren *n*	stocktaking procedure
ionisierende Strahlung *f*	ionizing radiation
ISO-Währungscode *m*	ISO currency code
Isoliercontainer *m*	insulated container
Isotopenklausel *f* (DTV-Güter 2000/2011)	Radioactive Isotopes Clause (DTV Cargo 2000/2011)

J

Jahr *n*	year
Jahresabschlussbuchung *f*	annual financial statement
jährlich	annual
Januar *m*	January
JOLODA Verladesystem *n* (® Joloda International Ltd.)	JOLODA loading system (® Joloda International Ltd.)
Journal *n*	daybook
Jugendarbeitsschutzgesetz/ JArbSchG *n*	Youth Employment Protection Act
Juli *m*	July
jung	young
Juni *m*	June

K

Kabel *n*	cable
Kabotage *fsg*	cabotage *sg*
Kabotageverkehr *m*	cabotage traffic
Kadmium *nsg*	cadmium *sg*
Kaffee *m*	coffee
Kakao *m*	cocoa
Kalender *m*	calendar
Kalilauge *f*	potash lye caustic potash
Kalium *nsg*	potassium *sg*

K

kalkulatorische Abschreibung *f*	imputed depreciation
kalkulatorische Miete *f*	imputed rent
kalkulatorische Wagnisse *npl*	imputed risks *pl*
kalkulatorische Zinsen *mpl*	imputed interest
kalkulatorischer Unternehmerlohn *m*	imputed entrepreneurial salary
kalkulieren	calculate, to
kalt	cold
Kälteprüfstrom *m*	cold test current
Kaltreiniger *m*	cold cleaner
Kalziumkarbid *n*	calcium carbide
Kampagne *f*	campaign
Kanalabdeckung *f*	drain seal
Kanaltunnel *m* (GB-F)	Channel Tunnel
Kanaren *pl*	Canary Islands *pl*
Kanarische Inseln *fpl*	Canary Islands *pl*
Kanister *m*	jerry can
Kantenschoner *m*	corner protector edge protector
Kantholz *n*	squared timber
Kapitaleinlage *f*	capital contribution
Kapitalfluss *m*	cash flow
Kapitalgesellschaft *f* (fin.)	corporation (fin.)
Kapitalkonto *n* (Passivkonto)	capital account (passive account)
Kardanwelle *f*	cardan shaft
Karibik *f*	Caribbean
Karibikforum der AKP-Staaten/ CARIFORUM *n*	Caribbean Forum of African, Caribbean and Pacific States/ CARIFORUM
Karibische Gemeinschaft/ CARICOM *f*	Caribbean Community and Common Market/CARICOM
Karibische Inseln *fpl*	West Indies *pl*

K

Kartonage *f*	cardboard packaging
Kartonschachtel *f*	cardboard box
Kaskoversicherung *f*	comprehensive insurance
Kat *m* (*ugs.*)	catalytic converter cat (*coll.*)
Katalysator *m*	catalytic converter cat (*coll.*)
Kaufkraft *f* (fin.)	purchasing power (fin.)
Kaufmann für Spedition und Logistikdienstleistung *m*	forwarding and logistics services clerk forwarding and logistics services merchant forwarding and logistics services assistant forwarding and logistics services agent
Kaufmann für Versicherungen und Finanzen *m*	insurance and financial services broker
Kaufvertrag *m* (fin.)	purchase contract (fin.)
Kaukasien *n* (Kaukasus)	Caucasia Caucasus
Kausalität *f*	causality
Kaution *f*	bail
Kavalierstart *m*	racing start
Kehrblech *n*	dustpan
Kehrschaufel *f*	dustpan
Keilriemen *m*	V-belt fan belt
Keilrippenriemen *m*	V-ribbed belt poly-V-belt serpentine belt
keine Nachricht ist eine gute Nachricht (*ugs.*)	no news is good news *pl* (*coll.*)
keine Wertangabe	no value declared/NVD

K

Kemlerzahl *f*	Kemler number
Kennzahlen der Finanzstruktur *fpl*	financial structure indicators *pl*
Kennzahlen der Kapitalstruktur *fpl*	capital structure indicators *pl*
Kennzahlen der Liquidität *fpl*	liquidity indicators *pl*
Kennzahlen zur Vermögenslage *fpl*	net asset indicators *pl*
Kennzeichnung *f*	labelling (*BE*)
	labeling (*AE*)
Kentern *n*	capsizing
KEP-Dienst *m*	CEP service
	courier express parcels service
Kernbrennstoff *m*	nuclear fuel
Kerosin *n*	jet fuel
Kesselbrücke *f*	vessel bridge
Kesselwagen *m*	tank car (*AE*)
	tank wagon (*BE*)
Kette *f*	chain
Kfz-Elektriker *m*	auto electriciancar electrician
Kfz-Haftpflicht *f* (*ugs.*)	motor vehicle liability insurance
Kfz-Haftpflichtversicherung *f*	motor vehicle liability insurance
Kfz-Kennzeichen *n* (Nummer)	license plate number (*AE*)
	registration number (*BE*)
Kfz-Kennzeichen *n* (Schild)	license plate (*AE*)
	license tag (*AE*)
	number plate (*BE*)
	registration plate (*BE*)
Kfz-Mechaniker *m*	auto mechaniccar mechanic
Kfz-Mechatroniker *m*	automotive mechatronics engineer
Kfz-Steuer *f*	road tax
	vehicle excise duty/VED (UK)
Kfz-Werkstatt *f*	garage
kilometerabhängige Maut *f*	kilometre-dependent toll (*BE*)
	kilometer-dependent toll (*AE*)
Kilometrierung *f*	chainage

K

Kilowatt/kW *n*	kilowatt/kW
Kinderkrankheiten *fpl* (fig.)	growing pains *pl* (fig.)
Kipper *m*	dump truck (*AE*) dumper truck (*BE*)
Kippgefahr *f*	tilting danger
Kippindikator *m*	tilt indicator
Kippkante *f*	tilting edge
Kippsicherheit *f*	tipping safety
Kippventil *n*	tilt valve
Klagebegründung *f*	complaint (*AE*) statement of claim (*BE*)
Kläger *m*	claimant
Klageschrift *f*	complaint (*AE*) statement of claim (*BE*)
Klappbrücke *f*	bascule bridge drawbridge
Klasse 1 *f* Explosive Stoffe und Gegenstände mit Explosivstoffen	class 1 Explosive substances and articles
Klasse 1.1 *f* Stoffe und Gegenstände, die massenexplosionsfähig sind	class 1.1 Substances and articles having a mass explosion hazard
Klasse 1.2 *f* Stoffe und Gegenstände, die die Gefahr der Bildung von Splittern, Spreng- und Wurfstücken ausweisen, aber nicht massen- explosionsfähig sind	class 1.2 Substances and articles having a projection hazard but not a mass explosion hazard
Klasse 1.3 *f* Stoffe und Gegenstände, die eine Feuergefahr besitzen und die entweder eine geringe Gefahr durch Luftdruck oder eine geringe Gefahr durch Splitter, Spreng- und Wurfstücke oder durch beide aufweisen, aber nicht massen- explosionsfähig sind	class 1.3 Substances and articles having a fire hazard and either a minor blast hazard or a minor projection hazard or both, but not a mass explosion hazard

K

Klasse 1.4 *f*
Stoffe und Gegenstände, die
im Falle der Entzündung oder
Zündung während der Beförderung
nur eine geringe Explosionsgefahr
aufweisen, die Auswirkungen
bleiben auf das Versandstück
beschränkt

class 1.4
Substances and articles having a
minor explosion hazard beyond the
package in the event of ignition or
initiation during transport

Klasse 1.5 *f*
Sehr unempfindliche Stoffe, die
massenexplosionsfähig sind

class 1.5
Very insensitive substances having
a mass explosion hazard

Klasse 1.6 *f*
Extrem unempfindliche Gegenstände, die nicht massenexplosionsfähig sind

class 1.6
Extremely insensitive articles
which do not have a mass
explosion hazard

Klasse 2.1 *f*
Entzündbare Gase

class 2.1
Flammable gases

Klasse 2.2 *f*
Nicht entzündbare, nicht giftige
Gase

class 2.2
Non-flammable and non-toxic
gases

Klasse 2.3 *f*
Giftige Gase

class 2.3
Toxic gases

Klasse 3 *f*
Entzündbare flüssige Stoffe

class 3
Flammable liquids

Klasse 4.1 *f*
Entzündbare feste Stoffe, selbstzersetzliche Stoffe und desensibilisierte explosive Stoffe

class 4.1
Flammable solids, self-reactive
substances and desensitised
explosives

Klasse 4.2 *f*
Selbstentzündliche Stoffe

class 4.2
Substances liable to spontaneous
combustion

Klasse 4.3 *f*
Stoffe, die in Berührung mit Wasser
entzündliche Gase bilden

class 4.3
Substances which, in contact with
water, emit flammable gases

Klasse 5.1 *f*
Entzündend (oxidierend) wirkende
Stoffe

class 5.1
Oxidizing substances

K

Klasse 5.2 *f*	class 5.2
Organische Peroxide	Organic peroxides
Klasse 6.1 *f*	class 6.1
Giftige Stoffe	Toxic substances
Klasse 6.2 *f*	class 6.2
Ansteckungsgefährliche Stoffe	Infectious substances
Klasse 7A *f*	class 7A
Radioaktive Stoffe Kategorie I – weiß	Radioactive materials category I – white
Klasse 7B *f*	class 7B
Radioaktive Stoffe Kategorie II – gelb	Radioactive materials category II – yellow
Klasse 7C *f*	class 7C
Radioaktive Stoffe Kategorie III – gelb	Radioactive materials category III – yellow
Klasse 7E *f*	class 7E
Spaltbare Stoffe der Klasse 7	Fissile materials of class 7
Klasse 8 *f*	class 8
Ätzende Stoffe	corrosive substances
Klasse 9 *f*	class 9
Verschiedene gefährliche Stoffe und Gegenstände	Miscellaneous dangerous substances and articles
Klasse der gefährlichen Güter *f*	dangerous goods class
Klassifikations- und Altersklausel *f* (DTV-Güter 2000/2011)	Classification and Age Clause (DTV Cargo 2000/2011)
Klassifizierungscode *m*	classification code
Klauen-Schaltgetriebe *n*	claw gearbox
Klauseln der Seeversicherung/ICC *fpl*	Institute Cargo Clauses/ICC *pl*
Klebeband *n*	adhesive tape
klein	small little
Kleincontainer *m* (Fassungsraum von mindestens 1 Kubikmeter und höchsten 3 Kubikmetern)	small containers *pl* (capacity of at least 1 m^3 and a maximum of 3 m^3)

K

Kleine Antillen *pl*	Lesser Antilles *pl*
kleine Verletzung *f*	minor injury
kleines Fass *n*	keg
Kleinigkeiten *fpl*	odds and ends *pl* (*coll.*)
Kleintransporter mit offener Ladefläche *m*	pickup truck
Klemmbalken *m*	clamping beam
Klemmbrett *n*	clipboard
Klemmbretter *npl*	clipboards *pl*
Klimaanlage *f*	air conditioner air conditioning
klinischer Abfall *m*	clinical waste
Knallgas *n*	detonating gas oxyhydrogen
Knallkapsel *f*	detonator (*BE*) torpedo (*AE*) (rail)
Knickarmkran *m* (z.B. LKW-Ladekran)	knuckle boom crane
Koffer *m*	suitcase
Kofferaufbau *m*	box body
Koffertank *m*	box-shaped tank
Kohlendioxid *n*	carbon dioxide
Kohlenstoffdioxid *n*	carbon dioxide
Kollege *m*	colleague
Kollisionsverhütungsregeln/KVR *fpl*	International Regulations for Preventing Collisions at Sea, 1972/ COLREGs *pl*
Kollo *n*	package
Kölner Palettentausch *m* (mit Doppeltausch)	Cologne Pallet Exchange
Kolonne *f*	convoy
Kombinationsfilter *m*	combination filter

K

Kombinationsverpackung *f* (Innengefäß mit einer Außenverpackung, die zusammengehören und nicht trennbar voneinander sind/ Gefahrgut)	combination packaging composite packaging (inner container with outer packaging that belong together and cannot be separated/ dangerous goods)
Kombinierte Nomenklatur/KN *f*	combined nomenclature/CN
kombinierter Verkehr/KV *m*	combined transport/CT
kombiniertes Transportkonnossement *n*	combined transport B/L combined transport bill of lading
Kombiverkehr *m*	combined transport
Komfortelektronik *f*	comfort electronics
Komfortsitz *m*	comfort seat
Kommunikation *f*	communication
Kommunikationsgerät *n*	communication device
Kommunikationsprobleme *npl*	communication problems *pl*
Kompetenz *f*	expertise
Kondominium *n*	condominium (pol.)
Konfektionierung *f*	packaging
Konfliktbewältigung *f*	conflict management
Konfliktvermeidung *f*	conflict avoidance
Königszapfen *m*	king pin
konkludentes Handeln *n*	implied action
Konnossement *n*	B/L bill of lading
konsequent	consistent
Konsul *m*	consul
Konsulat *n*	consulate
Konsulats- und Mustervorschriften/ KuM *fpl*	Consular and Import Documentation Requirements/KuM *pl*
Konsulatserklärung *f*	consular declaration
Konsulatsfaktura *f*	consular invoice

K

Kontaktdaten *pl*	contact details *pl*
Kontaktlinse *f*	contact lens
Kontamination *f*	contamination
Kontaminierung *f*	contamination
Kontenklasse *f*	acount class account category
Kontierungsstempel *m*	accounting stamp
Kontingent *n*	quota
kontingentiert (ugs.)	contingent (coll.)
Kontoabhebung *f*	withdrawal
Kontonummer *f*	account number
Kontrahierungszwang *m*	obligation to contract
Kontrolle der Warenströme *f*	control of the flow of goods
Kontrollgerät *n*	control device
Kontrollkarte *f*	control card
Kontrolltemperatur *f*	control temperature
Konventionalstrafe *f*	contract penalty contractual penalty
Konvoi *m*	convoy
Konzession *f*	concession
Konzessionäre *mpl*	concessionaires *pl*
koordinierte Weltzeit/UTC *f*	Universal Time Coordinated/UTC Coordinated Universal Time/UTC
Kopframpe *f*	end-loading platform end-loading ramp
Kopfschmerz *m*	headache
Kopie *f*	copy
Korbflasche *f*	demijohn
körnig	grainy
Körperscanner *m*	full-body scanner
korrodiert	corroded
Kosmetik *fsg*	cosmetics *pl*

K

Kosten *pl*	expenditure expense
Kostenart *f*	cost type
Kostenartentrennung *f* (fin)	cost element separation (fin)
Kostenbewusstsein *n*	cost awareness
Kostenblock *m*	costs block
Kostenentwicklung *f*	cost developement
Kostenermittlungsproblem *n* (fin.)	cost determination problem (fin.)
Kostenkalkulation *f* (fin.)	cost calculation (fin.)
kostenrechnerische Korrektur *f*	cost-accounting correction
Kostenrechnung *f* (fin.)	cost accounting (fin.)
Kostenstelle *f*	cost centre (*BE*) cost center (*AE*)
Kostenstelle *f* (Einzelkosten)	cost centre direct costs (*BE*) cost center direct costs (*AE*)
Kostenstelle *f* (Gemeinkosten)	cost centre overhead costs (*BE*) cost center overhead costs (*AE*)
Kostenstellenrechnung *f*	cost centre accounting (*BE*) cost center accounting (*AE*)
Kostenstruktur *f*	cost structure
Kostenträger *m*	cost unit
Kostenübergang *m*	transfer of costs
Kostenumlage *f*	cost allocation
Kostenvergleich *m*	cost comparison
Kostenverursachung *f*	cost causation
Kraftfahrstraßen *fpl*	motorways pl (*BE*) highways pl (*AE*)
Kraftfahrzeug/Kfz *n*	motor vehicle
Kraftfahrzeugsteuer *f*	road tax vehicle excise duty/VED (UK)
Kraftomnibus/KOM *m*	bus omnibus bus and coach

K

Kraftrad *n*	motorbike motorcycle
Kraftstoffanlage *f*	fuel system
Kraftstofffilter *m*	fuel filter
Kraftverkehrsmeister/-in *m/f*	Master Craftsman/Craftswoman for motorised (BE)/ motorized (AE) transport
Kraftwagen *m*	automobile car motor car passenger car (road) passenger vehicle
Kran *m*	crane
Kranarbeiten *fpl*	crane work *sg*
Kranführer *m*	crane driver crane operator
Kranführerschein *m*	crane driver licence (*BE*) crane driver's license (*AE*) crane operator licence (*BE*) crane operator's license (*AE*)
Krankenhaus *n*	hospital
Krankentransportwagen/KTW *m*	ambulance
Krankenversicherung *f*	health insurance
Krankenwagen *m*	ambulance
Krankheit *f*	illness
Krantechnik *f* (unbegleiteter Verkehr)	crane technology (unaccompanied transport)
Krebserkrankung *f*	cancer
Kreditor *m*	creditor
Kreditorenziel *n*	creditor days
Kreditrating *n*	credit rating
Kreisel *m*	roundabout (*BE*) traffic circle (*AE*)

K

Kreislaufwirtschaft- und Abfall-gesetz/KrW-/AbfG *n*	Recycling and Waste Management Act Closed Substance Cycle and Waste Management Act/KrW-/AbfG
Kreislaufwirtschaftsgesetz/KrWG *n*	Recycling Act
Kreisstraßen *fpl*	county roads *pl*
Kreisverkehr *m*	roundabout (*BE*) traffic circle (*AE*)
Kreuzschlüssel *m*	lug wrench (*AE*) wheel brace (*BE*) wheel wrench (*BE*)
Krieg *m*	war
Kriegsklausel *f* (DTV-Güter 2000/2011)	War Clause (DTV Cargo 2000/2011)
Kriegsrisikoversicherung *f*	war risk insurance
Kriegsrisikozuschlag *m*	war risk surcharge
Kriegswaffenkontrollgesetz/KrWaff-KontrG *n*	War Weapons Control Act/KrWaff-KontrG
Kriegswerkzeugklausel *f* (DTV-Güter 2000/2011)	Derelict Weapons of War Clause (DTV Cargo 2000/2011)
Kriegszuschlag *m*	war surcharge
Kriminalrecht *n*	criminal law
Krimskrams *msg* (*ugs.*)	odds and ends *pl* (*coll.*)
Kritikalität *f*	criticality
Kritikalitätssicherheitskennzahl/CSI *f*	criticality safety index/CSI
Kryobehälter *m*	cryogenic container
Kubatur *f*	cubage cubature
Kuhfänger *m* (Straße)	bullbar
Kühlaggregat *n*	cooling unit refrigeration unit
Kühlanhänger *m*	refrigerated trailer

K

Kühlauflieger *m*	refrigerated trailer
Kühlcontainer *m*	reefer (container) refrigerated container
Kühlfahrzeug *n*	refrigerated lorry (*BE*) refrigerated truck (*AE*)
Kühlflüssigkeit *f*	coolant
Kühlkette *f*	cold chain refrigerated chain
Kühlmittel *n*	coolant
Kühlung *f*	cooling
Kühlwagen *m* (LKW)	refrigerated lorry (*BE*) refrigerated truck (*AE*)
Kühlware *f*	chilled goods *pl*
kumulierter Deckungsbeitrag *m*	accumulated contribution margin
Kunde *m*	client customer
Kundenbetreuung *f*	customer care customer service
Kundenkonto *n*	account
Kündigung *f*	dismissal
Kündigungsschutzgesetz/KSchG *n*	Dismissal Protection Act
Kunststoff *m*	plastic
Kunststoffumreifungsband *n*	plastic strapping
Kupfer *nsg*	copper *sg*
Kupplung *f* (Nutzfahrzeug)	clutch (commercial vehicle)
Kupplung *f* (Befüllen)	coupling
Kupplungsauge *n*	drawbar eye
Kupplungsbolzen *m*	coupling pin
Kupplungspedal *n*	clutch pedal
Kurier *m*	courier
Kurier-Express und Paketdienst *m*	CEP service courier express parcels service
Kurierdienst *m*	courier service

K

Kurve *f*	bend
Kurvenverhalten *m*	cornering ability
kurzfristig	short-term
kurzfristige Erfolgsrechnung *f*	short-term income statement
Kurzzeitgenehmigung *f*	short-term approval
Küstenwache *f*	coastguard

L

Ladebordwand *f*	tail lift
Ladebühne *f*	loading ramp
	loading platform
Ladeeinheit/LE *f*	loading unit
Ladefähigkeit *f*	load capacity
Ladefläche *f*	cargo area
	loading area
Ladefrist *f*	loading period
Ladegestelle *f*	loading racks *pl*
Ladehilfen *fpl*	loading aids *pl*
Ladehilfsmittel/LHM *n*	loading device
	loading equipment
Ladehölzer *npl*	loading timbers *pl*
Ladeklappe *f*	loading flap
Ladekontrollleuchte *f*	battery charge indicator
Ladeliste *f*	loading list
Ladeluftkühlung *f*	intercooling
Lademaßüberschreitung *f*	exceeding the loading gauge
Lademeter/LDM *m*	loading meter (*AE*)
	loading metre (*BE*)
Lademulden *fpl* (Ladungssicherung fest im Fahrzeug installiert)	loading troughs *pl* (load securing permanently installed in the vehicle)
Ladeplan *m*	loading plan

L

Laderampe *f*	loading ramp
Ladeschluss *m*	closing for cargo
Ladetätigkeit *f*	loading activity
Ladezeit *f*	loading time
Ladezone *f*	loading area
Ladung *f*	cargo
Ladungsbrand *m*	cargo fire
Ladungsdiebstahl *m*	cargo theft
Ladungskontrolle *f*	cargo control
Ladungsoffizier *m*	cargo officer
Ladungssicherung *f*	cargo securing load securing
Ladungssicherungsmittel *n*	cargo securing equipment load securing equipment
Ladungsverzeichnis *n* (Warenmanifest)	list of cargo (goods manifest)
Ladungsverzeichnis *n*	manifest
Lagerlogistik *f*	warehouse logistics
Lagerversicherung *f*	warehouse insurance
Landesstraße *f*	B road (*BE*) state road (*AE*)
Landesstraßen *fpl*	national roads *pl*
Landstraße *f*	B road (*BE*) state road (*AE*)
landwirtschaftlicher Betrieb *m*	agricultural operation
Lang-Lkw *m* (Fahrzeugkombination bis 25,25m Gesamtlänge)	long lorry (*BE*) / truck (*AE*) (vehicle combination up to 25.25m total length)
Länge *f*	length
Längenkreise *mpl* (geografisch)	longitudinal circles *pl* (geographical)
langfristig	long-term
langsam	slow

L

langweilig	boring
Lärmarmzertifikat *n*	low noise certificate
Lärmpegel *m*	noise level
Lärmschutzwand *f*	noise barrier
Lärmzertifikat *n*	noise certificate
laschen	lash, to
Lastaufnahmemittel *n*	load handling device
Laster *m*	lorry (*BE*) truck (*AE*) (road)
Lastgrenze *f*	load limit
Lastkette *f*	load chain
Lastkraftwagen/LKW *m*	lorry (*BE*) truck (*AE*) (road)
Lastlauf *m* (Motor)	running under load (engine)
Lastschrift *f*	direct debit
Lastschutzgitter *n*	load backrest
Lastschwerpunkt *m*	load center (*AE*) load centre (*BE*)
Lastschwerpunktabstand *m*	load center distance (*AE*) load centre distance (*BE*)
Lastverteilungsplan *m*	load distribution plan
Lastwagen *m*	lorry (*BE*) truck (*AE*) (road)
Lastwagenfahrer *m*	lorry driver (*BE*) truck driver (*AE*)
Lateinamerika *n*	Latin America
Lattenkiste *f*	crate
Latzhose *f*	dungarees *pl* (*BE*) bib overalls *pl* (*AE*)
laufende Police *f*	general policy open policy
Laufkatze *f*	trolley
Lauge *f*	lye

L

laut	loud
Leasingdeckung *f*	leasing cover
lebende Pflanzen *fpl*	living plants *pl* live plants *pl*
lebende Tiere *npl*	living animals *pl* live animals *pl*
Lebensmittel *n*	foodstuff
Lebensmitteltransportbehälterverordnung/LMTV *f*	Food Transport Container Regulation
Leckage *f*	leakage
Leder *n*	leather
Lederwaren *fpl*	leather goods *pl*
leer	empty
Leercontainer *m*	empty
leere Batterie *f*	discharged battery
Leerfahrt *f*	light running empty run
Leerlauf *m* (Motor)	engine idle neutral (gear)
Leerlaufdrehzahl *f*	idle speed idling speed
Leerpalette *f*	empty pallet
Lehrgeld zahlen (*ugs.*)	learn the hard way, to (*coll.*)
Lehrling *m*	trainee
Leibesvisitation *f*	body search
Leibesvisitation *f* (einschließlich Körperöffnungen)	body cavity search
leicht (Gewicht)	light (weight)
leicht (mühelos)	easy
leichter Schaden *m*	light damage
Leihwagen *m*	hired car (*BE*) rental car (*AE*)
leise	quiet

L

Leistungsabhängige Schwerverkehrsabgabe/LSVA *f*	performance-related heavy vehicle charge
Leistungsdeckung *f* (Ausfuhr)	export credit cover for service providers
Leistungskennlinie *f*	performance characteristic
Leistungsklassen *fpl*	performance classes *pl*
Leistungsort *m*	place of fulfillment (*AE*) place of fulfilment (*BE*)
Leiterrahmen *m*	ladder frame
Leitpfosten *m*	delineator
Leitplanke *f*	crash barrier guardrail (*AE*)
Lenk- und Ruhezeiten *fpl*	driving time and rest periods *pl*
Lenkachse *f*	steering axle
Lenkgeometrie *f*	steering geometry
Lenkgetriebe *n*	steering gear
Lenkleitsysteme *npl*	steering control systems *pl*
Lenksäule *f*	steering column
Lenkung *f*	steering
Lenkungsspiel *n*	steering play
Lenkzeit Doppelwoche *f*	driving time double week
Lenkzeit *f*	driving time
Lenkzeitüberschreitung *f*	driving time exceeded
Lenkzeitunterbrechung *f*	break period
letzte Woche	last week
letzter Monat	last month
letztes Jahr	last year
Leverage-Effekt *m*	leverage effect
Lichtassistent *m*	light assistant
Lichtmaschine *f*	alternator dynamo
Lichtsignalanlage/LSA *f*	traffic light

L

Lichtzeichenanlage/LZA *f*	traffic light
Lieferant *m*	supplier
	vendor
Lieferantenerklärung *f*	supplier's declaration
Lieferantenkreditdeckung *f*	supplier credit cover
Lieferbedingungen *fpl*	delivery terms *pl*
Lieferfrist *f*	delivery deadline
Lieferfristüberschreitung *f*	delivery time exceeded
Lieferschein *m*	delivery note
Lieferverzug *msg*	delay in delivery
Lieferwagen *m*	van
Lieferwert *m*	delivery value
Lieferzeit *f*	delivery time
Lieferzeitpunkt *m*	delivery date
Lieferzeitraum *m*	delivery period
Liftachse *f*	lift axle
Liftachsen *fpl*	lift axles pl
Linie *f*	route
Linienbedarfsverkehr *m* (ÖPNV)	regular on-demand services *pl* (local public transport)
Linienbündel *n* (ÖPNV)	routes group (local public transport)
Liniennummer *f*	route number
Linienverkehr *m*	regular service
linker	left
linkere	left
linkeres	left
links	left
	left, on the
Linksverkehr *m*	left-hand traffic
Liquidität 1 *f*	first degree liquidity
Liquidität 1. und 2. Grades *f*	first and second degree liquidity

L

Liquidität 2 *f*	second degree liquidity
Liquidität *f*	liquidity
Lithium *nsg*	lithium *sg*
LKW-Fahrer *m*	lorry driver (*BE*)
	truck driver (*AE*)
LKW-Ladekran *m*	lorry mounted crane (*BE*)
	truck loading crane (*AE*)
LKW-Ladung *f*	truckload
LKW-Waage *f*	truck scales *pl* (*AE*)
	weighbridge
LKW-Waschstraße *f*	lorry wash (*BE*)
	truck wash (*AE*)
Load Monitoring-System/LMS *n*	load monitoring system/LMS
Local Vehicle Network (LVN)	*local vehicle network (LVN)*
(befindet sich in der Entwicklung)	*(currently under development)*
Logger *m*	data logger
Logistik *f*	logistics
Logistikkette *f*	logistics chain
Lohnzahlungspflicht *f* (fin.)	wage payment obligation (fin.)
Londoner Börse *f* (fin.)	London Stock Exchange (fin.)
Löschdecke *f*	fire blanket
löschen	unload, to
Löschhafen *m*	port of discharge
	destination
lose Schüttung *f*	bulk
loyal	loyal
Luft *fsg*	air *sg*
Luftdruckkontrolle *f*	air pressure check
Lüfter *m*	fan
Luftfahrt-Bundesamt/LBA *n*	Federal Aviation Office/LBA
Luftfahrtkaskoversicherung *f*	aviation hull insurance
Luftfeuchte *fsg*	air moisture *sg*
	humidity

L

Luftfeuchtigkeit *fsg*	air moisture *sg*
	humidity
Luftfilter *m*	air filter
Luftfrachtbrief/AWB *m*	Air Waybill/AWB
Luftfrachtcontainer/ULD *m*	air cargo container/ULD
	air freight container/ULD
Luftfrachtersatzverkehr *m*	road feeder service/RFS
Luftfrachtpalette/ULD *f*	air cargo pallet/ULD
	air freight pallet/ULD
Luftfrachtspediteur *m*	air freight forwarder
Luftfrachtspedition *f*	air freight forwarding
Luftfrachttarif *m*	air freight tariff
Luftfrachttarif/TACT *m*	The Air Cargo Tariff/TACT
Lufthoheit *f*	air sovereignty
Luftpolsterfolie *f*	bubble wrap
Luftsack *m*	airbag
Lufttrockner *m*	air dryer
Luftwiderstand *m*	air resistance

M

Mafia *f*	mafia
Maghreb *msg*	Maghreb *sg*
Magnesium *nsg*	magnesium *sg*
Mai *m*	May
Makler *m*	broker
Malaien-Halbinsel *f*	Malay Peninsula
	Thai-Malay Peninsula
Malaiische Halbinsel *f*	Malay Peninsula
	Thai-Malay Peninsula
Malaiischer Archipel *m*	East Indies *pl*
	Indo-Australian Archipelago
	Indonesian Archipelago
	Malay Archipelago

Malaria *fsg*	malaria *sg*
Mandant *m*	client
Mängelanzeige *f*	notice of defects
Mängelrügefristen *fpl* (ugs.)	defect notices *pl* (coll.)
Manieren *fpl*	manners *pl*
Manifest *n*	manifest
Manko *n*	deficit
Mannloch *n*	manhole
Manometer *n*	manometer
	pressure gauge
Marge *f*	margin
Markenpiraterie *f*	brand piracy
markieren	mark, to
Markierung *f*	mark
	marking
Marktfahrten *fpl*	market trips *pl*
Marktordnung *f*	market organisation (*BE*)
	market organization (*AE*)
	market regulations *pl*
Marktordnungswaren *fpl*	market regulation goods *pl*
Marktpreis *m*	market price
Marktwert *m*	market value
Marktzugangsverordnung/MZV *f*	Market Access Regulation/MAR
März *m*	March
Massengut *n*	bulk cargo
Massengüter *npl*	bulk goods *pl*
Massenkarambolage *f*	multiple vehicle collision
Massenkraft *f*	mass force
Maßband *n*	measuring tape
	tape measure
Maschine *f*	machine
Materialfluss *m*	material flow

Maulkupplung *f*	bolt coupling
Maut *f*	toll
Mautbefreiung *f*	toll exemption
Mauterhebung *f*	toll collection
Mautgerät *n*	toll device
Mautkosten *fpl* (fin.)	toll costs *pl* (fin.)
Mautschuldner *m* (fin.)	toll debtor (fin.)
Mautsystem *n*	toll system
maximale Aktivität *f*	maximum activity
maximale Breite *f*	maximum width
Maximalprinzip *n*	maximum principle
mechanisch	mechanical
Medikament *n*	medicine
Mehl *n*	flour
mehrfache Staatsangehörigkeit *f*	multiple citizenship
mehrfache Staatsbürgerschaft *f*	multiple citizenship
Mehrfahrerbetrieb *m*	multi-manning multi-driver operation
Mehrkammertank *m*	multi-compartment tank
Mehrkreisschutzventil *n*	multi-circuit protection valve
Mehrscheibenkupplung *f*	multi-disc clutch
mehrseitig	multilateral
mehrstufiger Betriebsabrechnungs- bogen *m*	multi-state cost distribution sheet
Mehrwegpalette *f*	reusable pallet
Mehrwegverpackung *f*	returnable packaging reusable packaging
Mehrwertsteuer/MwSt *f*	value added tax/VAT
Meineid *m*	perjury
Melanesien *nsg*	Melanesia
Meldepflicht *f*	mandatory reporting

Mengenschlüssel *m*	scale method
Menschen mit Behinderungen *mpl*	people with disabilities *pl*
Menschenhandel *msg*	human trafficking
Menschenschmuggel *msg*	human smuggling people smuggling
Merkblätter *npl*	information sheets *pl*
merkwürdig	strange
Messer *n*	knife
Messung *f*	measurement
Messwert *m*	measurement
Metallbrand *m*	metal fire
Metallfass *n*	metal drum
Metallhydrid-Speichersystem *n*	metal hydride storage system
Meterstab *m*	folding rule
Meterware *f*	yard goods *pl*
Methan *nsg*	methane *sg*
Methanol *nsg*	methanol *sg*
Methylbromid/MB *n*	methyl bromide/MB
mieten	rent, to
Mietwagen *m* (Selbstfahrer)	rental car (*AE*) hired car (*BE*)
Mikronesien *n*	Micronesia
Milch *fsg*	milk *sg*
Militärfahrzeug *n*	military vehicle
militärische Lastenklasse *f*	military load classfication/MLC
Mindestabstand *m*	minimum distance
Mindestmotorleistung *f*	minimum engine power
Mine *f*	mine
mineralisch	mineral
Minimalprinzip *n*	minimum principle
Mischladefahrzeug *n*	mobile explosives manufacturing unit/MEMU

Mischpalette *f*	mixed pallet
mit etwas in Konflikt stehen	odds with something, to be at
mit jemandem uneinig sein	odds with somebody, to be at
mit sich selbst uneins sein	odds with oneself, to be at
Mitgliedschaft *f*	membership
Mitnahmestapler *m* (LKW)	lorry mounted forklift (*BE*) truck mounted forklift (*AE*)
Mittag *m*	noon
Mittagspause *f*	lunch break
Mittelamerika *n*	Middle America
Mitteleuropa *n*	Central Europe
Mitteleuropäische Zeit/MEZ *f*	Central European Time/CET
Mittelherkunft *f*	source of funds
Mittellinie *f* (Straße)	center line (*AE*) (road) centre line (*BE*) (road)
Mittelmeerraum *msg*	Mediterranean Basin *sg* Mediterranean region *sg*
Mittelverwendung *f*	application of funds
mitten in der Pampa (*ugs.*)	in the middle of nowhere (*coll.*)
mitten in der Walachei (*ugs.*)	in the middle of nowhere (*coll.*)
mittlere Greenwich-Zeit/MGZ *f*	Greenwich Mean Time/GMT
Mittlerer Osten *m*	Middle East Mideast
Mittwoch *m*	Wednesday
mitversichern	co-insure, to
MLC-Klasse *f*	military load classfication/MLC
Möbelaufzug *m*	furniture elevator (*AE*) furniture lift (*BE*)
Möbellift *m*	furniture elevator (*AE*) furniture lift (*BE*)
mobile Bürstenwaschanlage *f*	mobile brush washer

Mobile Einheit zur Herstellung von explosiven Stoffen oder Gegenständen mit Explosivstoff/MEMU *f*	mobile explosives manufacturing unit/MEMU
mobilitätseingeschränkte Fahrgäste *mpl*	passengers *pl* with reduced mobility
Mobilnummer *f*	cell phone number (*AE*) mobile phone number (*BE*)
Mobiltelefon *n*	cell phone (*AE*) cellular phone (*AE*) mobile phone (*BE*)
Mobiltelefonnummer *f*	cell phone number (*AE*) mobile phone number (*BE*)
Modifikation *f*	modification
Mofa *n*	moped
Mokick *n*	moped with a kick starter
Monat *m*	month
monatlich	monthly
Monsun *m*	monsoon
Monsunregen *m*	monsoon rain
Montag *m*	Monday
Montrealer Übereinkommen/MÜ *n*	Montreal Convention
Moped *n*	moped
morgen	tomorrow
Morgen *m*	morning
Motel *n*	motel
Motor abstellen	stop the engine, to
Motor *m*	engine
Motoraufbau *m*	engine structure
Motorbrand *m*	engine fire
Motordrehzahl *f*	engine speed motor speed
Motorhaube *f*	bonnet (*BE*) hood (*AE*)

Motorkennlinien *f*	engine characteristics *pl*
Motorlebensdauer *f*	life of the engine
Motormanagement *n*	engine management
Motoröl *n*	engine oil
Motorrad *n*	motorbike motorcycle
Motorradgespann *n*	motorcycle combination
Motorradhelm *m*	motorcycle helmet crash helmet (motorcycle)
Motorraum *m*	engine compartment
Motorroller *m*	scooter
Motorschaden *m*	engine damage
Motorschmierung *f*	engine lubrication
Motorsteuerung *f*	engine control
Mountainbike/MTB *n*	mountain bike/MTB
müde	tired
Müdigkeitswarner *m*	fatigue warning system
Mulde *f*	skip
Muldencontainer *m*	skip
Muldenkipper *m*	dump truck (*AE*) dumper truck (*BE*)
Multifunktionslenkrad *n*	multifunction steering wheel
multilaterale Genehmigung *f* (CEMT-Genehmigung)	multilateral approval (CEMT approval)
Multimodaler Verkehr *m*	multi-modal traffic multi-modal transport
mündliche Zollanmeldung *f*	oral customs declaration
Muscheldiagramm *n*	shell diagram
Muster *n*	sample
Mustersendung *f*	sample consignment sample shipment

N

nach Wert	ad valorem
Nachlauf *m*	on-carriage
Nachmittag *m*	afternoon
Nachnahme *f*	cash on delivery/COD
Nachnahmesendung *f*	cash on delivery parcel cash on delivery package
Nachnamebetrag *m* (fin.)	amount to BE collected (fin.)
Nachricht *f*	news *pl*
Nachschaltgruppe *f*	downstream group transmission
nachschneiden von Reifen	recutting tyres (*BE*) / tires (*AE*)
Nachsichtakkreditiv *n*	deferred payment letter of credit deferred L/C
Nachsichtwechsel *m*	after sight bill
nächste Woche	next week
nächster Monat	next month
nächstes Jahr	next year
Nacht *f*	night
nachträgliche Verfügung *f*	subsequent order
nachträgliche Weisung *f*	subsequent instruction
Nachtragspolice *f*	additional policy
Nachtsichtassistent *m*	night vision assistant
Nachtsprung *m* (im Begegnungs-verkehr)	overnight delivery (in transs-hipment traffic)
Nachuntersuchung *f* (med.)	check-up
nachversichern	reinsure, to
Naher Osten *m*	Near East
Nahrungsmitteltransport *m*	food transportation
Nahverkehrspläne *mpl*	local traffic plans *pl*
Namenskonnossement *n*	named B/L named bill of lading straight B/L straight bill of lading

Nämlichkeit *f*	identity of goods
Nämlichkeitssicherung *f*	identification
nass	wet
nationales Kulturgut *n*	national treasure
Natrium *nsg*	sodium *sg*
Natronlauge *f*	soda lye
nautisches Verschulden *nsg*	nautical fault
Navigationssystem *n*	navigation system
Nebel *m*	fog
Nebelbank *f*	fog bank
Nebelscheinwerfer *m*	fog light
Nebelschlussleuchte *f*	rear fog light
Nebengefahr *f*	subsidiary risk
Nebenleistung *f*	accessorial service
Nebenstrecke *f*	secondary route
negoziierbar	negotiable
negoziierbares Akkreditiv *n*	negotiable L/C
	negotiable letter of credit
Nennkapazität *f*	nominal capacity
Nennspannung *f*	nominal voltage
Nenntragfähigkeit *f*	rated lifting capacity
	rated loading capacity
nervös	nervous
Nettoexplosivstoffmasse/NEM *f*	net explosive content/NEC
	net explosive quantity/NEQ
	net explosive weight/NEW
Nettogewicht *n*	net weight
Nettoumsatz *m*	net sales *pl* (*AE*)
	net turnover (*BE*)
Netz *n* (Ladungssicherung)	net (load securing)
Netz *n*	net
neu verpacken	repackage, to

N

neugierig	curious
neutrales Ergebnis *n*	non-operating result
Neuwert *m*	replacement value
Newtonmeter/Nm *m/n*	newton metre/Nm (*BE*)
	newton meter/Nm (*AE*)
nicht anderweitig genannt/N.A.G.	not otherwise specified/N.O.S.
nicht begebbar	non-negotiable
nicht begebbares FIATA-Trans-portdokument des kombinierten Transports/FWB *n*	non-negotiable FIATA Multimodal Transport Waybill/FWB
nicht brennbar	non-flammable
nicht erforderlich	unnecessary
nicht erkennbare Mängel *mpl*	non-recognisable (*BE*) / non-recognizable (*AE*) *pl* defects
nicht negoziierbar	non-negotiable
nicht präferenzielle Ursprungsrecht *n*	non-preferential right of origin
nicht versicherbar	non-insurable
	uninsurable
nicht versicherbare Handelsgüter *npl*	non-insurable commercial goods
nicht versicherbares Risiko *n*	uninsurable risk
nicht zu versichern	uninsurable
nicht zu versicherndes Risiko *n*	uninsurable risk
Nichterhebungsverfahren *n*	suspension system
Nichtgemeinschaftsware *f*	non-community goods
nichtpräferenzieller Ursprung *m*	non-preferential origin
nichts für ungut (*ugs.*)	no hard feelings *pl* (*coll.*)
Nichtzahlung *f*	non-payment (*BE*)
	nonpayment (*AE*)
Nickel *nsg*	nickel *sg*
Niederflurbus *m*	low-floor bus

N

Niederflurtechnik *f*	low-floor technology
Niederstwertprinzip *n*	principle of the lower of cost or market
niederzurren	lash down, to
Niederzurrverfahren *n*	lashing down procedure
Niesel *m*	drizzle
Nieselregen *m*	drizzle
Nitroglycerin/NG *nsg*	nitroglycerin/NG *sg*
Nitroglyzerin/NG *nsg*	nitroglycerin/NG *sg*
Nocke *f*	cam
Nockenhalterung *f*	cam keeper
Nord	north
Nordafrika *n*	North Africa Northern Africa
Nordamerika *n*	North America
Norden *m*	north
Nordeuropa *n*	Northern Europe
Nordrange *f* (Hamburg/Bremen/Bremerhaven/Rotterdam/Antwerpen)	Hamburg-Antwerp-Range/HA-Range (Hamburg/Bremen/Bremerhaven/Rotterdam/Antwerp) North Range (Hamburg/Bremen/Bremerhaven/Rotterdam/Antwerp)
Norm *f*	standard
normale Sattelkupplung *f*	normal fifth wheel coupling
Notar *m*	notary
Notarzt *m*	emergency physician
Notarztwagen/NAW *m*	emergency ambulance
Notausgang *m*	emergency exit
Notbremsassistent *m*	emergency brake assist
Notfallfluchtmaske *f*	emergency escape mask
Notfallspur *f*	emergency escape ramp runaway truck lane runaway truck ramp

0

Notfalltemperatur *f*	emergency temperature
Nothammer *m*	emergency hammer
Notlandung *f*	emergency landing
Notlaufsystem *n*	run-flat system
Notschlepper *m*	emergency tow vessel/ETV
	emergency towing vessel/ETV
Notverkauf *m*	distress sale
	fire sale (*coll.*)
	emergency sale
notwendig	necessary
November *m*	November
nuklear	nuclear
Nuklid *n*	nuclide
Nummer zur Registrierung und Identifizierung von Wirtschaftsbeteiligten *f*	Economic Operators Registration and Identification number
	EORI-number
Nummernschild *n*	license plate (*AE*)
	license tag (*AE*)
	number plate (*BE*)
	registration plate (*BE*)
Nutzfahrzeug/NFZ *n*	commercial vehicle
Nutzfahrzeugwaschanlage *f*	commercial vehicle washing system
Nutzlast *f*	payload
Nylonband *n*	nylon tape

O

oben	top, on the
oben offener Container *m*	open top container
Obenbefüllung *f*	top loading
oberflächenkontaminierte Gegenstände/SCO *mpl*	surface contaminated objects/SCO *pl*
oberflächlich	superficial

Oberleitungsbus/Obus *m*	trolleybus
Oberleitungsomnibus/Obus *m*	trolleybus
oberster	top
oberstere	top
obersteres	top
Obhut *fsg*	custody
Obhutshaftung *f*	custodial liability
Obliegenheitsverletzung *f*	breach of obligation
Obst *nsg*	fruit
offene Flamme *f*	naked flame
offene Police *f*	general policy
	open policy
Offene-Posten-Liste *f*	open items list
offenes Fahrzeug *n*	open vehicle
offenes Licht *n*	naked light
offenes Zollager/OZL *n*	open customs warehouse
öffentliche Hand *fsg*	public authorities *pl*
öffentliche Urkunde *f*	public document
öffentlicher Personennahverkehr/ ÖPNV *m*	local public transport
öffentliches Zolllager *n*	public customs warehouse
öffnen (z.B. ein Versandstück)	open, to (e.g. a package)
Öffnungszeit *f*	business hours *pl*
Ohrenschützer *fpl*	ear protection
Ohrenstöpsel *m*	ear plug
Ohrstöpsel *m*	ear plug
Ökopunktesystem *n*	ecopoint system
Oktanzahl *f*	octane number
	octane rating
Oktober *m*	October
Öl *n*	oil

O

Ölbadluftfilter *m*	oil bath air filter
Ölembargo *n*	oil embargo
Ölfilter *m*	oil filter
Ölkühler *m*	oil cooler
Ölpeilstab *m*	oil dipstick
Ölspur *f*	oil on road
Ölwechsel *m*	oil change
Ombudsmann *m*	ombudsman
Omnibus *m*	bus
	omnibus
Omnibusanhänger *m*	bus trailer
On-Board Unit/OBU *f*	on-board unit/OBU
ÖPNV-Nahverkehrspläne *npl*	local public transport plans *pl*
orangefarbene Gefahrentafel *f*	orange plate
Orderklausel *f*	order clause
Orderkonnossement *n*	order B/L
	order bill of lading
Ordnung für die internationale Eisenbahnbeförderung gefährlicher Güter/RID *f*	Regulations concerning the International Carriage of Dangerous Goods by Rail/RID *pl*
Ordnung für die internationale Eisenbahnbeförderung von Containern/RICo *f*	Regulations concerning the International Carriage of Containers by Rail/RICo *pl*
Organisationsverschulden *nsg*	organisational fault (*BE*)
	organizational fault (*AE*)
organisch	organic
organisieren	organise, to (*BE*)
	organize, to (*AE*)
organisierte Kriminalität *fsg*	organised crime *sg* (*BE*)
	organized crime *sg* (*AE*)
organisierter Schmuggel *msg*	organised smuggling (*BE*)
	organized smuggling (*AE*)
Original *n*	original

0

Ort des Verbringens *m*	place of introduction
Ort *m*	place
ortsbeweglicher Tank *m*	portable tank
Ortsumgehung *f*	bypass (road)
Ost	east
Ostafrika *n*	East Africa
	Eastern Africa
Osten *m*	east
Osteuropa *n*	Eastern Europe
Ostindischer Archipel *m*	East Indies *pl*
	Indo-Australian Archipelago
	Indonesian Archipelago
	Malay Archipelago
Ostküste der Vereinigten Staaten *f*	East Coast of the United States
	Eastern Seaboard of the United States
ostwärts	eastbound
Ottomotor *m*	petrol engine (*BE*)
	gasoline engine (*AE*)
Ovaltank *m*	elliptical tank
	oval tank
Overhead-Kosten *pl*	overhead costs *pl*
Oxidationskatalysator *m*	oxidation catalytic converter
Ozeanien *nsg*	Oceania

P

Packbandabroller *m*	tape gun
Packgut *n*	packaged good
Packhilfsmittel *n*	packaging aid
Packmittel *n*	packaging
Packstoff *m*	packaging material
Paket *n*	parcel

P

P

Paketdienst *m*	parcel service
Paketpolice *f*	package policy
Palette *f*	pallet
Palettenbreite *f*	pallet width
palettenbreiter Container *m*	pallet wide container
Palettenrahmen *m*	pallet frame
Palettierung *f*	palletising (*BE*)
	palletizing (*AE*)
Panne *f*	breakdown
Pannendienst *m*	breakdown service (*BE*)
	roadside assistance (*AE*)
Pannendreieck *n*	breakdown triangle
	warning triangle
Pannenhilfe *f*	breakdown service (*BE*)
	roadside assistance (*AE*)
Papier *n*	paper
Papiere *npl* (z.B. Ausweis)	papers *pl* (e.g. passport)
Pappkarton *m* (*ugs.*)	cardboard box
Paraffin *n*	paraffin
Parken *n*	parking
Parkhaus *n*	multi-storey car park (*BE*)
	parking garage (*AE*)
Parkleitsystem *n*	parking guidance system
Parkplatz *m*	car park (*BE*)
	parking lot (*AE*)
Parkscheibe *f*	parking disc (*BE*)
	parking disk (*AE*) (unknown in the USA)
Parkschein *m*	parking ticket
Parkscheinautomat *m*	pay and display machine
Parkuhr *f*	parking meter
Parkverbot *n*	no parking
Parkverbotszone *f*	no-parking zone

Partikelfilter *m*	particle filter
Passage *f*	passage
Passagier *m*	passenger
Passagierliste *f*	passenger list
	passenger manifest
Passbild *n*	passport photograph
	passport photo
passive Veredelung *f*	passive refinement
Passivierung der Zahllast *f*	booking amount payable as a liability
Passstraße *f*	mountain pass road
Patagonien *n*	Patagonia
Patientenprobe *f*	patient sample
Pauschalpolice *f*	blanket policy
Pedalgummi *n*	pedal lining
Pendelachse *f*	swing axle
perforiert	perforated
permanenter Allradantrieb *m*	permanent all-wheel drive
	permanent four-wheel drive
Peroxid *n*	peroxide
Personalausweis *m*	ID card
	identity card
Personenbeförderung *f*	passenger transport
Personenbeförderungsgesetz/ PBefG *n*	Passenger Transportation Act
Personendosimeter *n*	personal dosimeter
Personendosis *f*	personal dose
Personengesellschaft *f*	partnership
Personenkraftwagen/PKW *m*	automobile
	car
	motor car
	passenger car (road)
	passenger vehicle

P

P

Personenschaden *m*	personal injury
Personenverkehr *m*	passenger traffic
persönliche Schutzausrüstung/PSA *f*	personal protective equipment/ PPE
Pestizid *n*	pesticide
Pfandrecht *n*	lien
Pfeffer *m*	pepper
Pfeifentabak *m*	pipe tobacco
Pferdestärke/PS *f*	horsepower/hp
Pflege *f*	care
Pflegeversicherung *f*	nursing care insurance
Pflichten des Arbeitgebers *fpl*	obligations of the employer *pl*
Pflichtmitgliedschaft *f*	compulsory membership
Phase Rot *f* (St. Gotthard/St. Bernardino)	red phase (St. Gotthard/St. Bernardino)
Phenol *nsg*	phenol *sg*
Phosphor *msg*	phosphorus *sg*
physikalische Grundlagen *fpl*	physical basics *pl*
phytosanitäres Zeugnis *n*	phytosanitary certificate
Piraterie *f*	piracy
PKW-Anhänger *m*	car trailer
Planabfahrt *f*	scheduled departure
Plane *f*	tarpaulin
Planen *n*	plan, to
planmäßig	scheduled
Plastiksprengstoff *m*	plastic explosive
Plattform *f*	platform (container) platform container
Plattform-Container *m*	platform (container) platform container
Plombe *f*	seal
Plombennummer *f*	seal number

Plutonium *nsg*	plutonium *sg*
Plywood-Container *m*	plywood container
pneumatisch	pneumatic
Polderblindheit *fsg* (*ugs.*)	highway hypnosis driving without attention mode/ DWAM
politische Unruhen *fpl*	political unrest
Polizei *f*	police
Polizeikelle *f*	traffic paddle
Polizeikontrolle *f*	police check
Polizeiwagen *m*	police car
Polynesien *nsg*	Polynesia
Polynesisches Dreieck *nsg*	Polynesian Triangle *sg*
Pool-Gitterbox *f*	pool grid box
Portalhubstapelwagen *m*	straddle carrier van carrier
Portalhubwagen *m*	straddle carrier van carrier
Portalkran *m*	gantry crane
Portalstapelwagen *m*	straddle carrier van carrier
Position *f*	position
Präferenz *f*	preference
Präferenzabkommen *n*	preferential agreement
präferenzielle Ursprungsrecht *n*	preferential right of origin
präferenzieller Ursprung *m*	preferential origin
Präferenznachweis *m*	preference certificate
Präferenzportal *n*	preference portal
Praktikant *m*	trainee
Prallkissen *n*	airbag
Prallwände *fpl* (Ladungssicherung fest im Fahrzeug installiert)	baffle plates *pl* (load securing permanently installed in the vehicle)

P

P

Prämie *f*	premium
präzise	precise
Preis *m*	price
Preisuntergrenze *f* (kurzfristig)	short-term lowest price limit
Preisuntergrenze *f* (langfristig)	long-term lowest price limit
Primärverpackung *f*	primary packaging
Priorität eines Anspruchs *f*	priority of a claim
Priorität *f*	priority
Pritschenwagen *m*	platform lorry (*BE*)
	platform truck (*AE*)
privat finanzierte Strecke *f*	privately financed route
privates Zolllager *n*	private customs warehouse
Privatrecht *n*	private law
Probe *f*	sample
Problem *n*	problem
Produktfälschung *f*	product piracy
	product counterfeiting
Produktionslogistik *f*	production logistics
Produktpiraterie *f*	product piracy
	product counterfeiting
Profiltiefe *f*	tread depth of tire (*AE*)
	tread depth of tyre (*BE*)
Profiltiefenmesser *m*	tire tread depth gauge (*AE*)
	tyre tread depth gauge (*BE*)
Profitcenter *n*	profit centre (*BE*)
	profit center (*AE*)
Proforma-Rechnung *f*	pro forma invoice
	proforma invoice
prompt kritisch	prompt critical
Propan *nsg*	propane *sg*
Protektionismus *msg*	protectionism *sg*
Provision *f*	commission

Prüfbuch *n*	inspection book
prüfen (z.B. der Räder)	check, to (e.g. the wheels)
Prüffrist *f*	test period
Prüfplakette *f*	test badge
Prüfziffer *f*	check digit
Pulver *n*	powder
Pulverlöscher *m*	powder extinguisher
Pumpe-Düse-Einheit/PDE *f*	pump-nozzle unit
Pumpe-Leitung-Düse/PLD *f*	pump-line-nozzle
pünktlich	punctually
	on time
Punktsystem *n*	point system
Pyrenäenhalbinsel *f*	Iberian Peninsula
Pyrotechnik *f*	pyrotechnics
pyrotechnischer Gegenstand *m*	pyrotechnic article
pyrotechnischer Satz *m*	pyrotechnic composition

Q

Q

Quad *n*	all terrain vehicle/ATV
	quad
qualifiziertes Verschulden *nsg*	qualified fault
Qualität *f*	quality
Qualitätszertifikat *n*	quality certificate
Quarantäne *f*	quarantine
Quarantänebestimmungen *fpl*	quarantine regulations *pl*
Quartalsabschluss *m*	quarterly financial statement
Quecksilber *nsg*	mercury *sg*
quittieren	receipt, to
Quittung *f*	acknowledgement
Quote *f*	quota

R

Rad *n*	wheel
Radarfalle *f*	speed trap
Radarpistole *f*	radar gun
Radarwarnanlage *f*	radar detector
Radarwarner *m*	radar detector
Räder *npl*	wheels *pl*
Radio *n*	radio
radioaktiv	radioactive
radioaktive Strahlung *f*	nuclear radiation radioactive radiation
radioaktiver Abfall *m*	radioactive waste
radioaktiver Stoff *m*	radioactive substance
Radiofrequenz-Identifikation/RFID *f*	radio-frequency identification/RFID
Radionuklid *n*	radionuclide
Radius *m*	radius
Radkreuz *n*	lug wrench (*AE*) wheel brace (*BE*) wheel wrench (*BE*)
Radlader *m*	wheel loader wheeled loader
Radpaare *npl*	wheel pairs *pl*
Radvorleger *m* (Eisenbahn)	wheel chock
Radweg *m*	bike lane (*AE*) bike path (*AE*) cycle lane (*BE*) cycle track (*BE*)
Rahmen *m*	frame
Rahmenkreditdeckung *f*	framework credit cover
Rampe *f*	loading ramp
Rampenanfahrhilfe *f*	ramp traction aid
Rangegruppe *f* (ugs.)	range group (coll.)

Rangier-, Berge- und Abschlepp-kupplung *f*	manoeuvring (*BE*) / maneuvering (*AE*), recovery and towing coupling
Rangierassistent *m* (befindet sich in der Entwicklung)	manoeuvring (*BE*) / maneuvering (*AE*) assistant (currently under development)
Ranking *n*	ranking
Rate *f*	rate
Raub *m*	robbery
Rauch *msg*	smoke *sg*
Rauchen *nsg*	smoking
Rauchgasvergiftung *f*	smoke poisoning
Rauchmelder *m*	smoke detector
Rauchverbot *n*	smoking ban
Rauchvergiftung *f*	smoke poisoning
Rauminhalt *m*	cubage cubature
Raumlüftung *f*	room ventilation
Räumte *f*	stowage factor
Raupenkran *m*	crawler crane
Raureif *msg*	hoarfrost
Reaktionsweg *m*	reaction path
Rechnungseingang *m*	invoice receipt
Rechnungswesen *n*	accounting
rechter	right
rechtere	right
rechteres	right
rechts	right right, on the
Rechtsanwalt *m*	attorney (*AE*)
Rechtsanwalt *m* (Oberbegriff)	lawyer
Rechtsanwalt *m* (obere Gerichte)	barrister (*BE*)
Rechtsanwalt *m* (untere Instanzen)	solicitor (*BE*)

R

R

Rechtsgrundlage *f*	legal basis
Rechtsrahmen *m*	legal framework
Rechtsreferent *m*	solicitor (*AE*)
Rechtsverkehr *m*	right-hand traffic
Rechtsvorschrift *f*	legal regulation
rechtzeitig	in time
Recyclinglogistik *f*	recycling logistics
Regen *m*	rain
Regionen in äußerster Randlange/ OMR *fpl*	Outermost Regions/OMR *pl*
Registratur *f*	registry
reglementierter Beauftragter *m*	regulated agent
Regressverzicht *m*	waiver of recourse
Regulierung *f*	adjustment
Reibkraft *f*	frictional force
Reibungskupplung *f*	friction clutch
Reifen *m*	tire (*AE*) tyre (*BE*)
Reifenbrand *m*	tire fire (*AE*) tyre fire (*BE*)
Reifendruck *m*	tire pressure (*AE*) tyre pressure (*BE*)
Reifendruckmesser *m*	tire pressure gauge (*AE*) tyre pressure gauge (*BE*)
Reifendruckregelsystem *n*	tyre (*BE*) / tire (*AE*) pressure control system
Reifendrucküberwachung *f*	tyre (*BE*) / tire (*AE*) pressure monitoring
Reifenluftdruck *m*	tire pressure (*AE*) tyre pressure (*BE*)
Reifenluftdruckmesser *m*	tire pressure gauge (*AE*) tyre pressure gauge (*BE*)
Reifennotlaufsystem *n*	tyre (*BE*) / tire (*AE*) run-flat system

Reifenpanne *f*	flat tyre (*BE*) / tire (*AE*)
Reifenschaden *m*	tire damage (*AE*) tyre damage (*BE*)
Reifenventil *n*	tire valve (*AE*) tyre valve (*BE*)
Reifenverschleiß *m*	tire wear (*AE*) tyre wear (*BE*)
reine Zahlung *f*	clean payment
reiner Vermögensschaden *m*	pure financial loss
reines Konnossement *n*	clean B/L clean bill of lading
Reingewicht *n*	net weight
Reingewinn *m*	net profit
Reinigung *f*	cleaning
Reinverlust *m*	net loss
Reise *f*	journey
Reiseausweis für Flüchtlinge *m*	1951 Convention travel document/ refugee travel document
Reiseausweis für Staatenlose *m*	1954 Convention travel document
Reisebüro *n*	travel agency
Reisebus *m*	coach (*BE*) (bus) motor coach (*BE*) bus (travel) long-distance bus (*AE*)
Reisebus-Parkleitsystem *f*	coach parking guidance system
Reisegepäckversicherung *f*	luggage insurance (*BE*) baggage insurance (*AE*)
Reiseleiter *m*	tour guide
Reiseleitung *f*	tour guidance
Reisemittler *m*	travel agent
Reisender *m*	traveler (*AE*) traveller (*BE*)
Reisepass *m*	passport

R

Reiserücktrittskostenversicherung *f*	travel cancellation insurance (*BE*) travel cancelation insurance (*AE*)
Reiserücktrittsversicherung *f*	travel cancellation insurance (*BE*) travel cancelation insurance (*AE*)
Reiseveranstalter *m*	tour operator
Reisevermittler *m*	travel agent
Reizung *f*	irritation
Reklamation *f*	claim complaint
Reklamationsfrist *f*	complaint period period of complaints
rekonditionierte Verpackung *f*	reconditioned packaging
Rektakonnossement *n*	named B/L named bill of lading straight B/L straight bill of lading
Rennrad *n*	racing bicycle
Rentabilität *f*	profitability
Rentenversicherung *f*	pension insurance
Reparatur *f*	repair
reparieren	repair, to
Reservekanister *m*	spare canister
Reserverad *n*	spare tire (*AE*) spare tyre (*BE*)
Restposten *m*	remaining stock
Restwert *m*	residual value salvage value
Rettungsdecke *f*	space blanket emergency blanket
Rettungshammer *m*	emergency hammer
Rettungshubschrauber *m*	rescue helicopter
Rettungswagen/RTW *m*	ambulance
Rettungszeichen *n*	emergency sign escape sign

R

Return-on-Investment *n*	return on investment/ROI
Reuefracht *f*	dead freight
Reversiereinrichtung *f* (ugs.)	reversing device (coll.)
revolvierende Finanzkreditdeckung *f*	revolving buyer credit cover
revolvierende Lieferanten-kreditdeckung *f*	revolving supplier credit cover
revolvierendes Akkreditiv *n*	revolving L/C revolving letter of credit
Richter *m*	judge
Richtgeschwindigkeit *f*	recommended speed limit
Richtlinie *f*	directive guideline
Richtlinien für Großraum- und Schwertransporte/RGST *fpl*	Guidelines *pl* for Oversized and Heavy Transport
Risiko *n*	risk
Risikoklasse *f*	risk class
Riss *m*	crack
Rohergebnis *n*	gross profit
Rohgewicht *n*	gross weight
Rohrleitung *f*	pipeline
Rollcontainer *m*	roll container
rollende Landstraße/RoLa *f*	rolling road
Roller *m*	scooter
Rollkarte *f*	cartage note
Rollreibung *f*	rolling friction
Rolltechnik *f* (unbegleiteter Verkehr)	rolling technology (unaccompanied transport)
Rollwiderstand *m*	rolling resistance
Rost *m*	rust
rostfrei	stainless
Rostlaube *f* (*ugs.*)	rust bucket (*coll.*) (vehicle) old banger (*BE*) (*coll.*) (car)

R

R

Rostmühle *f (ugs.)*	rust bucket *(coll.)* (vehicle) old banger *(BE) (coll.)* (car)
Rote Liste *fsg*	Red List *sg*
rote Ware *f*	red goods *pl*
Routenplaner *m*	route planner
Routenplanung *f*	route planning
Row *f* (Containerreihe in Längsrichtung)	row
Rückerstattung *f*	refund
Rückfahrscheinwerfer *m*	back-up light *(AE)* reversing light *(BE)*
Rückfahrvideosystem *n*	reversing video system
Rückhaltesystem *n*	restraint system
Rückkehrgebot *n*	return command
Rücklagen *fpl*	reserves *pl* (financial)
Rücklieferung *f*	redelivery return delivery return shipment
Rückraumüberwachung f (z.B. *beim Andocken an einer Rampe)*	*rear area monitoring (e.g. when* *docking at a ramp)*
Rückstände *mpl*	residues *pl*
Rückstellung *f*	accrual
Rückstellungen *fpl*	provisions *pl* (fin.)
Rücktritt *m* (z.B. von einem Vertrag)	withdrawal (e.g. from a contract)
Rücktrittsrecht *n*	right of withdrawal
Rückversicherer *m*	reinsurer
rückversichern	reinsure, to
Rückversicherung *f*	reinsurance
Rückwandtür *f* (LKW)	rear wall door
rückwärts	backwards *(BE)* backward *(AE)*
rückwärts fahren	reverse, to

Ruhezeit *f*	rest period
	break time
Ruhrgebiet *n*	Ruhr area
runderneuerter Reifen *m*	remold tire (*AE*)
	remould tyre (*BE*)
	remolded tire (*AE*)
	remouldet tyre (*BE*)
	retread tire (*AE*)
	retread tyre (*BE*)
	retreaded tire (*AE*)
	retreaded tyre (*BE*)
Rundtank *m*	cylindrical tank
Runge *f*	stanchion
	stake
Rungen *fpl* (Ladungssicherung fest im Fahrzeug installiert)	stanchions *pl* (load securing permanently installed in the vehicle)
Rungenpalette *f*	post pallet
Rungenverlängerung *f* (Ladungssicherung fest im Fahrzeug installiert)	stanchion extension (load securing permanently installed in the vehicle)

S

Sabotage *f*	sabotage
Sachkonto *n*	nominal account
Sachkundiger *m*	competent person
Sachschaden *m*	material damage
sachverständige Stelle *f*	competent body
Sachverständigengutachten *n*	expert opinion
Sachverständiger der Versicherung *m*	claim adjuster
Sachverständiger *m*	expert
Sack *m*	sack
Sackgut *n*	bagged cargo

Sackkarre *f*	dolly (*AE*) (tool)
	hand truck (*AE*)
	sack barrow
	sack truck (*BE*)
Sackware *f*	bagged cargo
Safe *m/n*	safe
Salamitaktik *f* (*ugs.*)	salami tactics *pl* (*coll.*)
Saldenbilanz *f*	trial balance
saldieren	balance, to
Salpetersäure *fsg*	nitric acid *sg*
salvatorische Klausel *f*	severability clause
Salz *n*	salt
Salzsäure *f*	hydrochloric acid
Sammelgut *n*	consolidated cargo
	groupage freight
Sammelgutverkehr *m*	groupage traffic
Sammelkonnossement *n*	consolidated B/L
	consolidated bill of lading
	groupage B/L
	groupage bill of lading
Sammelladung *f*	consolidation
	groupage consignment
Sammelladungsverkehr *m*	groupage traffic
Samstag *m*	Saturday
Sandwich-Palette *f*	sandwich-pallet
Sanktionsklausel *f* (DTV-Güter 2000/2011)	Sanctions Clause (DTV Cargo 2000/2011)
Sattelauflieger *m*	semi-trailer
Sattelbus *m*	articulated trailer bus
	trailer bus
Sattelkipper *m*	tipper trailer
Sattelkupplung *f*	fifth wheel coupling
Sattelkupplung mit Verschiebeeinrichtung *f*	fifth wheel coupling with sliding device

Sattelomnibus *m*	articulated trailer bus trailer bus
Sattelzug *m*	articulated lorry (*BE*) semi-trailer truck (*AE*)
Sattelzugmaschine *f*	road tractor tractor unit
Sattelzugomnibus *m*	articulated trailer bus trailer bus
sauber	clean
Sauerstoff *msg*	oxygen *sg*
Saugausleger *m*	suction boom
Saugfahrzeug *n*	vacuum lorry (*BE*) vacuum truck (*AE*)
Saugwagen *m*	vacuum lorry (*BE*) vacuum truck (*AE*)
Säure *f*	acid
säurebeständig	acid-proof acid-resistant
Säuredichte *f*	acid density
säurefrei	acid-free
säureresistent	acid-proof acid-resistant
Schaden *m*	loss
Schadenanzeige *f*	damage report
Schadenersatz für Folgeschaden *m*	compensation for consequential loss
Schadensanzeige *f*	notice of claim notice of loss
Schadensereignis *n*	damage incident
Schadensersatz *m*	compensation damages *pl*
Schadensersatzanspruch *m*	claim for damages
Schadensersatzklage *f*	action for damages

S

Schadensfall *m*	case of damage
	case of loss
	damage event
	damage case
Schadensfeststellung *f*	claims assessment
Schadensprotokoll *n*	damage protocol
	damage report
Schadensregulierer *m*	general average adjuster
	claim adjuster
Schadensregulierung *f*	adjustment of a claim
schadstoffarm	reduced-emission
	low-emission
Schadstoffausstoß *m*	exhaust emission
	pollutant emission
Schaltgetriebe *n*	manual gearbox
	manual transmission
Schalthebel *m*	gear selector
	gearshift lever
	gear stick
Schaltknauf *m*	gear knob
	gear lever knob
Schaltknüppel *m*	gear selector
	gearshift lever
	gear stick
scharfkantig	sharp-edged
Scharnier *n*	hinge
Schaublatt *n*	record sheet
Schaufel *f*	shovel
Schauglas *n*	sight glass
	water gauge
Schaumlöscher *m*	foam extinguisher
Scheck *m*	check (*AE*)
	cheque (*BE*)
Scheibenbremse *f*	disc (*BE*) / disk (*AE*) brake

S

Scheibenreinigungsanlage *f*	disc (*BE*) / disk (*AE*) cleaning system
Scheibenwaschwasser *n*	screen wash (*BE*) windshield washer fluid (*AE*) windshield wiper fluid (*AE*)
Scheibenwischer *m*	windscreen wiper (*BE*) windshield wiper (*AE*)
Scheibenwischwasser *n*	screen wash (*BE*) windshield washer fluid (*AE*) windshield wiper fluid (*AE*)
Scheinwerfer *m*	headlight/headlamp
Scheinwerferglas *n*	headlight glass/headlamp glass
Schengener Abkommen *n*	Schengen Agreement
Schengenraum *msg*	Schengen area *sg*
Schere *f*	scissors *pl*
Schiebeboden *m*	moving floor
Schiebeplanenauflieger *m*	curtainsider tautliner (® Boalloy Industries Ltd.)
Schieberadgetriebe *n*	sliding wheel gear
Schieferöl *n*	shale oil
Schiff *n*	ship vessel
Schiffswrack *n*	shipwreck wreck
schimmelig	moldy (*AE*) mouldy (*BE*)
Schippe *f*	shovel
Schlagloch *n*	pothole
schlampiger Arbeiter *m*	careless worker
Schlauch *m*	hose
schlecht	bad
schlechte Arbeit *f*	poor work
schlechte Manieren *fpl*	bad manners *pl*

S

schlechte Nachricht *f*	bad news *pl*
Schleimhaut *f*	mucous membrane
Schleimhautreizung *f*	irritation of the mucous membrane
schleppen	tow, to
Schlepper *m* (Straße)	tow tractor towing tractor
Schleudergefahr *f*	risk of skidding
Schlussbestandskonto *n*	closing stock account
Schlussbilanz *f*	closing balance final balance
Schlüssel *m*	key
schlüssiges Handeln *n*	conclusive action
Schmerzensgeld *n*	smart money (*AE*)
schmieren	grease, to
Schmierfett *n*	grease
Schmiergeld *n*	bribe
Schmierpresse *f*	grease gun lubrication gun
Schmierstoff *m*	lubricant
Schmuggel *msg*	smuggling
Schmutz *msg*	dirt *sg*
schmutzempfindlich	dirt-sensitive
schmutzig	dirty
Schnee *msg*	snow *sg*
Schneefall *m*	snowfall
Schneefräse *f*	snow blower snow thrower
Schneeglätte *fsg*	hard-packed snow *sg*
Schneekette *f*	snow chains *pl* tire chains *pl* (*AE*) tyre chains *pl* (*BE*)
Schneematsch *msg*	slush *sg*

S

Schneepflug *m*	snow plow (*AE*) snow plough (*BE*)
Schneeschleuder *f*	snow blower snow thrower
Schneeverwehung *f*	snow drift
schnell	fast
Schnickschnack *msg* (*ugs.*) (Ausstattung Auto)	bells and whistles *pl* (*coll.*) (car equipment)
Schnittstelle *f*	interface
Schnittstellenkontrolle *f*	interface control
Schrägzurren *n*	transverse lashing
schriftliche Auftragsbestätigung *f*	written confirmation of an order
schriftliche Beauftragung *f*	written order
schriftliche Weisungen *fpl*	instructions in writing *pl*
schriftliche Zollanmeldung *f*	written customs declaration
schriftlicher Arbeitsvertrag *m*	written employment contract
schriftlicher Vertrag *m*	contract in writing written agreement
Schrittgeschwindigkeit *f*	walking speed
Schrott *m*	scrap scrap metal
Schrottwert *m*	scrap value
Schrumpffolie *f*	shrink film shrink wrap
Schrumpfmaschine *f*	shrinking machine
Schrumpfverpackungsmaschine *f*	shrink-wrapping machine
Schubboden *m*	moving floor
Schulbus *m*	school bus
Schuld *f* (Zahlungsverpflichtung)	debt
Schülerbeförderung *f*	school transport
Schülerlotse *m*	crossing guard (*AE*) school crossing patrol officer (*BE*)
Schülerverkehr *m*	school traffic

S

Schüppe *f*	shovel
Schüttgut *n*	dry bulk
	dry bulk cargo
Schüttgutcontainer *m*	bulk container
	dry-bulk container
Schuttmulde *f*	skip
Schutz- und Konditionsdifferenz-versicherungsklausel *f* (DTV-Güter 2000/2011)	Contingency and DIC Insurance Clause (DTV Cargo 2000/2011)
Schutzausrüstung *f*	protective equipment
Schutzbrille *f*	safety glasses *pl*
	goggles *pl*
schützen	protect, to
Schutzhandschuh *m*	protective glove
Schutzhandschuhe *f*	protective gloves
Schutzhelm *m*	hard hat
Schutzhelm *m* (Motorrad)	motorcycle helmet
	crash helmet (motorcycle)
Schutzkleidung *f*	protective clothing
Schutzmaßnahmen *fpl*	protective measures *pl*
Schutzplanke *f*	crash barrier
	guardrail (*AE*)
Schutzrecht *n*	property right
Schutzschuhe *f*	protective footwear
Schwallblech *n*	baffle plate
Schwallwand *f*	baffle plate
Schwamm drüber (*ugs.*)	no hard feelings *pl* (*coll.*)
Schwarzafrika *n*	Sub-Saharan Africa
Schwarzarbeit *f*	moonlighting
schwarze Ware *f*	black market goods *pl*
schwarzer Frost *m*	black frost
Schwarzpulver *nsg*	black powder *sg*

S

Schwebebrücke *f*	aerial transfer bridge
	ferry bridge
	transporter bridge
Schwefel *msg*	sulfur *sg* (*AE*)
	sulphur *sg* (*BE*)
Schwefeldioxid *n*	sulfur dioxide (*AE*)
	sulphur dioxide (*BE*)
Schwefelsäure *f*	sulfuric acid (*AE*)
	sulphuric acid (*BE*)
Schwelbrand *m*	smoldering fire (*AE*)
	smouldering fire (*BE*)
schwer	difficult
	hard
schwer (Gewicht)	heavy
schwere Verätzung *f*	severe chemical burn
schwere Verletzung *f*	severe injury
schwere Zeiten *fpl*	dire straits *pl*
Schwerlastwagen *m*	heavy goods vehicle
Schwerpunkt *m*	center of gravity (*AE*)
	centre of gravity (*BE*)
Schwerpunktlage *f*	centre (*BE*) / center (*AE*) of gravity
Schwerpunktverlagerung *f*	shift of center of gravity (*AE*)
	shift of centre of gravity (*BE*)
Schwertransport *m*	heavy haulage
	heavy transport
schwierig	difficult
	hard
schwimmende Landstraße *f*	floating motorway
Schwindel *msg* (med.)	vertigo *sg*
Schwingachse *f*	swing axle
Schwund *msg*	shrinkage
Seelenverkäufer *m*	coffin ship
	floating death trap
Seemeile/SM *f*	sea mile/SM

S

S

Deutsch	English
Seenot *fsg*	distress at sea
Seenotkreuzer/SK *m*	rescue cruiser
Seenotrettungskreuzer/SRK *m*	rescue cruiser
Seerecht *n*	maritime law
Seetransportversicherung *f*	marine insurance ocean marine insurance
Seetüchtigkeit *f*	seaworthiness
Seewetterbericht *m*	shipping forecast
Seewetterdienst *m*	marine weather service
Seil *n*	rope
Seite *f*	side
Seitenbeladung *f*	side loading
Seitenbeleuchtung *f*	side lighting
Seitenentladung *f*	side unloading
Seitenführungskraft *f*	cornering force
Seitenrampe *f*	side-loading platform side-loading ramp
Seitenschieber *m*	side shift
Seitenspriegel *m*	side bow
Seitenstreifen *fpl*	1. kerb (*BE*) curb (*AE*) 2. emergency lane
Seitenstreifen *m*	hard shoulder shoulder (road)
Seitenwagen *m*	sidecar
Seitenwand *f*	side wall
Seitenwind *m*	crosswind
seitlich offener Container *m*	open side container
seitlicher Unterfahrschutz *m*	side underride guard
Sekundärverpackung *f*	secondary packaging
Sekundenschlaf *m*	micro sleep

Selbstbehalt *m*	deductible (*AE*) excess (*BE*) franchise retention
Selbstbeteiligung *f*	deductible (*AE*) excess (*BE*) franchise retention
Selbsteintritt *m*	self-contracting
selbstfahrende Arbeitsmaschine *f*	self-propelled working machine
selbstfahrender Modultransporter/ SPMT *m*	self-propelled modular transporter/ SPMT
Selbstfinanzierung *f*	self-financing auto-financing
selbstklebendes Etikett *n*	adhesive label
Selbstkosten *pl*	primary costs *pl* prime costs *pl*
Selbstkostenpreis *m*	cost price
selbstschuldnerische Bürgschaft *f*	absolute suretyship
selbststehendes Warnzeichen *n*	self-standing warning sign
Selbstversicherung *f*	self-insurance
Selektive Katalytische Reduktion/ SCR *f*	selective catalytic reduction/SCR
Selen *nsg*	selenium *sg*
seltsam	strange
Semtex *n* (® Explosia a.s.)	Semtex (® Explosia a.s.)
Sendung *f*	consignment shipment
Sendungsverfolgung *f*	tracking and tracing
Senkbrücke *f*	submersible bridge
September *m*	September
Seriennummer *f*	serial number
Servolenkung *f*	power steering

S

Sibirien *n*	Siberia
sicherer Drittstaat *m*	safe third country
Sicherheits-Zulassungsschild *n*	safety approval plate
Sicherheitsanhängerkupplung *f*	safety trailer coupling
Sicherheitsausstattung *f*	safety equipment
Sicherheitseinrichtung *f*	safety device
Sicherheitselektronik *f*	safety electronics
Sicherheitsgurt *m*	seat belt
	safety belt
Sicherheitsleistung *f* (Zollbetrag) (fin.)	security deposit (customs amount) (fin.)
Sicherheitslösung *f*	safety solution
Sicherheitsmangel *m*	safety deficiency
Sicherheitsplan *m*	security plan
Sicherheitsprüfung *f*	safety check
Sicherheitssattelkupplung *f*	safety fifth wheel coupling
Sicherheitsschuh *m*	protective shoe
	safety shoe
Sicherheitssystem *n*	safety system
	security system
Sicherheitstraining/SHT *n*	driver safety training
Sicherheitsventil *n*	safety valve
Sicherheitsvorschrift *f*	safety regulation
	security regulation
Sicherheitszeichen *n*	safety sign
Sicherungsdruck *m*	safety pressure
Sicherungskraft *f*	securing force
Sichtakkreditiv *n*	sight L/C
	sight letter of credit
sichtbar	visible
Sichtprüfung *f*	visual inspection
Sichttratte *f*	sight draft

S

Sichtverhältnis *f*	visibility
Sichtwechsel *m*	sight draft
Siedepunkt *m*	boiling point
Siegelnummer *f*	seal number
Sievert/Sv *n*	sievert/Sv
Signal *n*	signal
Signalfahne *f*	signal flag
	warning flag
Signalflagge *f*	signal flag
	warning flag
Signalmunition *f*	signal ammunition
Signalversagen *n*	signal failure
Siloanhänger *m*	silo trailer
Siloauflieger *m*	silo trailer
Silofahrzeug *n*	silo lorry (*BE*)
	silo truck (*AE*)
	silo vehicle (*BE*)
sinken	sink, to
Sirene *f*	siren
Sitten *fpl*	mores *pl*
	customs *pl* (conventions)
sittenwidrig	contra bonos mores
	unconscionable
sittenwidriger Vertrag *m*	agreement contra bonos mores
	unconscionable contract
Sitzgurt *m*	safety belt
	seat belt
Sitzversteller *m*	seat adjuster
Sitzverstellung *f*	seat adjustment
Skaleneffekt *m*	economies of scale *pl*
Skandinavien *n*	Scandinavia
Skibox *f* (Bus)	skibox (bus)
Skonto *m/n*	discount

S

Skontosatz *m*	cash discount rate
Solarzelle *f*	solar cell
Sommerreifen *m*	normal tire (*AE*)
	normal tyre (*BE*)
	summer tire (*AE*)
	summer tyre (*BE*)
Sonderabfall *m*	hazardous waste
Sonderausrüstung *f*	special equipment
Sondergenehmigung *f*	special permit
Sondermaut *f*	special toll
Sondermüll *msg*	hazardous waste
Sonderwirtschaftszone *f*	special economic area
	special economic zone/SEZ
Sonderziehungsrecht/SZR *n*	special drawing right/SDR
Sonne *f*	sun
Sonnenaufgang *m*	sunrise
Sonnenbrille *f*	sunglasses *pl*
Sonneneinstrahlung *f*	solar radiation
Sonnenuntergang *m*	sunset
	sundown
Sonntag *m*	Sunday
Sonntagsarbeit *f*	Sunday work
sorgfältig	careful
	diligent
Sortenkalkulation *f* (fin.)	variety calculation (fin.)
Soziale Marktwirtschaft *f* (fin.)	social market economy (fin.)
Sozialkunde *f*	social studies
Sozialstaat *m* (pol.)	welfare state (pol.)
Sozialversicherung *f*	social security
Sozialversicherungssystem *n*	social security system
spaltbar	fissile
Spannbrett *n*	stretching frame

S

Spanngurt *m*	lashing strap
Spannschlösser *npl*	turnbuckles *pl*
Spannung *f*	1. tension
	stress
	2. voltage
Spediteur *m*	forwarder
	freight forwarder
	hauler (*AE*)
	haulier (*BE*)
Spediteur-Güterversicherung *f*	freight forwarder cargo insurance
Spediteur-Transportbescheinigung/ FCT *f*	Forwarders Certificate of Transport/FCT
Spediteur-Transportversicherung *f*	freight forwarder transport insurance
Spediteur-Übernahme- bescheinigung/FCR *f*	Forwarders Certificate of Receipt/ FCR
Spediteurhaftung *f*	forwarder's liability
Spediteurkonnossement *n*	house B/L
	house bill of lading
Spedition *f*	forwarding agency
	freight forwarding agency
	hauler (*AE*)
	haulier (*BE*)
Speditionsauftrag *m*	forwarding order
Speditionskaufmann *m*	forwarding agent
Speditionsversicherung *f*	forwarding insurance
Speditionsvertrag *m*	forwarding contract
Sperrgut *n*	bulky goods *pl*
Sperrholzboden *m*	plywood floor
Sperrholzcontainer *m*	plywood container
sperrig	bulky
Sperrvermerk *m*	blocking notice
Spezialcontainer *m*	special container

S

Spezialkarte *f*	special card
Spezialtarif *m*	special rate
speziell	especially
	specially
spezielle Güter *npl*	special goods
Spikereifen *m*	spike tyre (*BE*)
	studded tire (*AE*)
	studded tyre (*BE*)
Spirituose *f*	spirit
spitz	pointed
Splitgruppe *f* (ugs.)	split group (coll.)
Sport Utility Vehicle/SUV *m/n* (Geländelimousine)	sport utility vehicle/SUV
Spraydose *f*	aerosol can
Sprenggelatine *fsg*	blasting gelatin *sg*
	gelignite *sg*
Sprenggummi *msg/nsg*	blasting gelatin *sg*
	gelignite *sg*
Sprengkapsel *f*	blasting cap
Sprengladung *f*	explosive charge
Sprengschnur *f*	detonating cord
Sprengstoff *m*	explosive
Sprengstoffgesetz/SprengG *n*	Explosives Act/SprengG
Sprengwirkung *f*	explosive effect
spritzwasserdicht	spray-tight
Sprühdose *f*	aerosol can
Spülhände *fpl* (*ugs.*)	dishpan hands *pl* (*coll.*)
Spurassistent *m*	lane departure warning system/LDW
Spurbus *m*	guided bus
Spurhalteassistent *m*	lane departure warning system/LDW
Spurrille *f*	rut

Spurrinne *f*	rut
Spurverlassungswarnung *f* (ugs.)	lane departure warning system LDWS
Spurwechselassistent *m*	lane change assistant
staatenlos	stateless
Staatsanwalt *m*	prosecutor
Staatskasse *f*	state treasury
Staatsstraße *f* (Bayern/Sachsen)	B road (*BE*) state road (*AE*)
Stadtbus *m*	city bus public bus transit bus (*AE*)
Stadtlinienbus *m*	city bus public bus transit bus (*AE*)
Staffelkonto *n*	balanced account
Stahlband *n*	steel strapping
Stahlboden *m*	steel floor
Stahlcontainer *m*	steel container
Stammkapital *n*	nominal capital corpus
Stammkunde *m*	regular customer
standardisierter Fragebogen *m*	standardised questionnaire (*BE*) standardized questionnaire (*AE*)
Standfestigkeit *f*	stability
Standgeld *n* (LKW)	demurrage
Standheizung *f*	parking heater (*BE*) block heater (*AE*)
Standklimaanlage *f*	engine-independent air conditioner
Standort *m*	position
Standsicherheit *fsg*	steadiness stability
Standspur *f*	hard shoulder shoulder (road)

S

Standstreifen *m*	hard shoulder
	shoulder (road)
Stange *f*	rod
Stapel *m*	stack
Stapelbuchung *f*	batch posting
Stapelhöhe *f*	stacking height
Stapellast *f*	stacking load
stapeln	stack, to
Stapelstauchdruck *m*	stacking crush pressure
Stapler *m*	fork lifter
	forklift
	forklift truck
Staplerfahrer *m*	forklift driver
	forklift operator
Staplerschein *m*	forklift licence (*BE*)
	forklift license (*AE*)
Starrachse *f*	rigid axle
Starrdeichselanhänger *m*	rigid drawbar trailer
Starterbatterie *f*	starter battery
Starthilfe *f*	starting aid
	start-up aid
	starting-up aid
Starthilfekabel *n*	jumper cables *pl* (*AE*)
	jump leads *pl* (*BE*)
Startkabel *n*	jumper cables *pl* (*AE*)
	jump leads *pl* (*BE*)
Stau *m*	traffic congestion
	traffic jam
Stauassistent *m*	traffic jam assistant
Staub *m*	dust
staubempfindlich	dust-sensitive
Staubexplosion *f*	dust explosion
staubig	dusty

S

Stauer *m*	longshoreman (*AE*) stevedore (*BE*)
Stauerei *f*	stevedoring company
Staufaktor *m*	stowage factor
Stauplan *m*	stowage plan
Stausack *m*	dunnage bag
Stauverlust *m*	stowage loss
Stechkarre *f*	dolly (*AE*) (tool) hand truck (*AE*) sack barrow sack truck (*BE*)
Steige *f*	crate
Steige *f* (Obst)	fruit crate
Steigungswiderstand *m*	slope resistance
Steuer *f*	tax
Steuerbefreiung *f*	tax exemption
steuerfrei	tax-free
Steuergebiet *n*	tax territory
Steuerkette *f*	timing chain
Steuermannsquittung *f*	mate's receipt
Steuerriemen *m*	timing belt
Steuersatz *m*	tax rate
Steuerstundung *f*	tax deferment tax deferral
Stickstoff *msg*	nitrogen *sg*
stille Zession *f*	undisclosed assignment
Stilllegung *f* (Betrieb)	closure
Stimmenrecorder *m* (Flugzeug)	cockpit voice recorder/CVR
Stirnwand *f*	bulkhead (partition)
Stirnwandstärkungen *fpl* (Ladungs-sicherung fest im Fahrzeug installiert)	bulkhead reinforcements *pl* (load securing permanently installed in the vehicle)

S

Stornobuchung *f*	negative booking
Stornogebühr *f*	cancellation fee
Störung *f*	fault
Störungsbeseitigung *f*	troubleshooting
Störungssuche *f*	troubleshooting
Stoßdämpfer *m*	damper (*AE*)
	shock absorber (*BE*)
Stoßstange *f*	bumper (vehicle)
Stoßzeit *f*	rush hour
Strafrecht *n*	criminal law
Strahlenbelastung *f*	radiation exposure
Strahlendosis *f*	radiation dose
Strahlenexposition *f*	radiation exposure
Strahlenschutz *m*	radiation protection
Strahlenschutzbeauftragter/SSB *m*	radiation protection officer
Strahlenschutzgrundsatz *m*	radiation protection principle
Strahlenschutzverantwortlicher/ SSV *m*	radiation protection supervisor
Strahlenschutzverordnung/StrlSchV *f*	Radiation Protection Ordinance/ StrlSchV
stramm	tight
Strandung *f*	beaching (boat)
	grounding
	stranding (ship)
Straße *f*	road
	street
Straßenablauf *m*	storm drain
	storm sewer (*AE*)
	drain
Straßenarbeiten *fpl*	road works *pl*
Straßenbahn *f*	streetcar (*AE*)
	tram (*BE*)

S

Straßenbaufinanzierungsgesetz/ StrFinG *n*	Road Construction Financing Act
Straßenbeleuchtung *f*	street lamp street light
Straßenbenutzungsgebühren *fpl*	road usage fees *pl*
Straßenbesen *m*	street broom
Straßengraben *m*	roadside ditch ditch
Straßengüterverkehr *m*	road transport
Straßenkarte *f*	road map
Straßenkarten *fpl*	road maps *pl*
Straßenkreuzung *f*	crossroads *pl* (*BE*) intersection (*AE*) road junction (*BE*)
Straßenlärm *m*	roadway noise
Straßenlaterne *f*	street lamp street light
Straßenname *m*	street name
Straßennamensschild *n*	street sign
Straßenschild *n*	street sign
Straßensperre *f* (ungeplant z.B. nach Unfall)	road block
Straßensperrung *f* (geplant)	road closure
Straßenverkehrs-Zulassungs-Ordnung/StVZO *f*	German Road Traffic Licensing Regulations/StVZO *pl*
Straßenverkehrsamt *n*	road traffic authority
Straßenverkehrsbehörde *f*	road traffic authority
Straßenverkehrsgesetz/StVG *n*	Road Traffic Act
Straßenverkehrslärm *m*	roadway noise
Straßenverkehrsordnung/StVO *f*	German Road Traffic Regulations/ StVO *pl* Road Traffic Regulations *pl*
Straßenverkehrsrecht *n*	road traffic law

S

Straßenverkehrszulassungs-ordnung/StVZO *f*	Road Traffic Registration Ordinance
Straßenzug *m* (LKW mit mehr als einem Anhänger, z.B. in Australien, Israel)	road train
Strecke *f*	route
Streckenschild *n*	route sign
Streifenwagen *m*	police car
Streik *m*	strike
Streik- und Aufruhrklausel *f* (DTV-Güter 2000/2011)	Strikes, Riots and Civil Commotions Clause (DTV Cargo 2000/2011)
stretchen	stretch wrap, to
Stretchverpackung *f*	stretch packaging
Streufahrzeug *n*	gritting vehicle
Streugut *n*	grit
Streusalz *n*	de-icing salt road salt
Strontium *nsg*	strontium *sg*
Strukturbilanz *f*	structural balance
Stückgut *n*	break bulk break bulk cargo general cargo
Sturm *m*	storm
Sturmflut *f*	storm surge storm tide
Sturmschaden *m*	storm damage
Sturzhelm *m* (*ugs.*) (Motorrad)	motorcycle helmet crash helmet (motorcycle)
Stützlast *f*	drawbar load
Stützvorrichtung *f* (Auflieger)	support device (semi-trailer)
Styropor *nsg* (® BASF)	Styrofoam *sg* (® Dow Chemical Company)

S

Subrogation *f*	subrogation
subsaharisches Afrika *n*	Sub-Saharan Africa
Substanz *f*	substance
Subtropen *pl*	subtropics *pl*
Subunternehmer *m*	subcontractor
suchen	search, to
Süd	south
Südamerika *n*	South America
Süden *m*	south
Südeuropa *n*	Southern Europe
südliches Afrika *n*	Southern Africa
Südostasiatischer Archipel *m*	East Indies *pl* Indo-Australian Archipelago Indonesian Archipelago Malay Archipelago
Südostasien *n*	Southeast Asia Southeastern Asia
Südosteuropa/SOE *n*	Southeast Europe Southeastern Europe
Südsee *fsg*	South Seas *pl* South Pacific South Sea
Sulfuryldifluorid *n*	sulfuryl fluoride sulphuryl fluoride
Sulfurylfluorid *n*	sulfuryl fluoride sulphuryl fluoride
summarische Anmeldung *f*	summary declaration
Summenbilanz *f*	total balance aggregated balance
Superbreitreifen/Super-Single *m*	super wide tyres (*BE*) / tires (*AE*) / super single
Surrogat *n*	surrogate
SWIFT-Adresse/SWIFT-BIC *f*	SWIFT Bank Identifier Code/ SWIFT-BIC

S

Synchrongetriebe *n*	synchronised (*BE*) / synchronized (*AE*) gearbox
Systemverkehr *m*	scheduled cargo traffic

T

T-Konto *n*	T-account
Tabak *m*	tobacco
Tabelle *f*	table
Tacho *m/n* (*ugs.*)	speedometer
Tachograf *n*	tachograph
Tachomanipulation *f*	clocking (*BE*) odometer fraud
Tachometer *m/n*	speedometer
Tachoscheibe *f*	tachograph chart tachograph disc (*BE*) tachograph disk (*AE*)
Tag *m*	day
tagesaktueller Wert *m*	daily value
Tagesfahrten *fpl*	daily trips *pl*
Tageslenkzeit *f*	daily driving time
Tagesruhezeit *f*	daily rest period
Tagfahrleuchten *fpl*	daytime driving lights *pl*
Tagfahrlicht *n*	daytime running light
täglich	daily
tägliche Lenkzeit *f*	daily driving time
tägliche Ruhezeit *f*	daily rest time
Tandemanhänger *m*	tandem trailer
Tank- und Siloreinigung *f*	tank and silo cleaning
Tankcodierung *f*	tank code
Tankcontainer *m*	tank container
tanken	refuel, to

T

Tanker *m*	tanker tankship
Tanklager *n*	fuel depot fuel storage tank farm
Tanklastwagen *m*	tank lorry (*BE*) tank truck (*AE*)
Tankreinigung *f*	tank cleaning
Tanksäule *f*	gas pump (*AE*) petrol pump (*BE*)
Tankschiff *n*	tanker tankship
Tankstelle *f*	filling station gas station (*AE*) petrol station (*BE*)
Tankwart *m*	filling station attendant gas station attendant (*AE*) petrol station attendant (*BE*)
Tara *f*	tare
Tarif *m*	tariff
Tarifierung *f*	insurance rating
Tarifmerkmal *n*	tariff criteria
Tarifrecht Personenverkehr *m*	collective bargaining law for passenger transport
Tarifvertrag *m*	collective agreement
Taschenlampe *f*	electric torch (*BE*) flashlight (*AE*)
tatsächliches Gewicht *n*	actual weight
Tausalz *n*	de-icing salt road salt
Tauschhandel *m*	barter
tausend	thousand
Taxi *m/n*	cab taxi taxicab

T

technische Daten *fpl*	technical data *pl*
technische Reserve *f*	technical reserve
technische Schutzmaßnahmen *fpl*	technical protective measures *pl*
technischer Defekt *m*	technical defect
technisches Gas *n*	industrial gas technical gas
Tee *m*	tea
teilautonomes Fahren *n*	semi-autonomous driving
Teilbeförderung *f*	partial transportation
Teilembargo *n*	partial embargo
Teilinvalidität *f*	partial disability
Teilkasko *f*	partial coverage insurance
Teilkaskoversicherung *f*	partial coverage insurance
Teilkonnossement *n*	partial B/L partial bill of lading
Teilkostenrechnung *f*	marginal costing
Teilladung *f*	part load
Teilladungsverkehr *m*	partial load transport
Teillastkennlinien *fpl*	partial load characteristics *pl*
Teilsendung *f*	partial shipment
teilsynthetisch	semi-synthetic
Teilverlust *m*	partial loss
teilweise Rückerstattung *f*	partial refund
Telefax *m/n*	fax
Telefaxnummer *f*	fax number
Telefon *n*	phone telephone
Telefonnummer *f*	phone number telephone number
Telematik *fsg*	telematics *pl*
Telematiksystem *n*	telematics system
Telemetrie *fsg*	telemetry *sg*

T

Teleskopkran *m*	telescopic crane
Temperatur *f*	temperature
temperaturgeführte Transporte *mpl*	temperature-controlled transportation
Temperaturüberwachung *f*	temperature monitoring
Tempolimit *n*	speed limit
Tempomat *m* (® Daimler AG)	cruise control
Teppich *m*	carpet
Termin *m*	deadline
Terpentin *m/n*	turpentine
Terpentinersatz *msg*	white spirit
Terrorismus *msg*	terrorism *sg*
Textilien *fpl*	textiles *pl* soft goods *pl*
Theaterfahrten *fpl*	theatre (*BE*) / theater (*AE*) trips *pl*
Tiefe *f*	depth
Tiefentladung *f* (Batterie)	exhaustive discharge
Tiefgarage *f*	basement garage underground car park (*BE*) underground parking lot (*AE*)
Tiefkühlkost/TK *fsg*	frozen food
Tieflader *m*	flatbed lorry (*BE*) flatbed truck (*AE*)
Tier *f* (Containerlage)	tier
Tierfutter *n*	animal feed fodder
Tierschutztransportverordnung/ TierschTrV *f*	Animal Welfare Transport Ordinance
Tiertransporte *mpl*	animal transportation
Tinktur *f*	tincture
TIR-Plakette *f*	TIR plate
TIR-Tafel *f*	TIR board

T

TIR-Verfahren *n*	TIR procedure
Tisch *m*	table
Titan *nsg*	titanium *sg*
Tochtergesellschaft *f*	subsidiary
Tochterunternehmen *n*	subsidiary
Tod *m*	death
Toilette *f*	restroom (*AE*) toilet (*BE*)
Tonne *f*	barrel
topografiebasierte Adaptive Cruise Control (GPS und Cloud)	*topography-based adaptive cruise control (GPS and Cloud)*
Totalschaden *m*	total loss
Totalverlust *m*	total loss
toter Winkel *m*	blind spot
Tourenplan *m*	trip plan
Tourismus *msg*	tourism
Tourist *m*	tourist
Touristik *fsg*	tourism
Toxin *n*	toxin
Traditionspapier *n*	document of title to goods
Traffic Message Channel/TMC *m*	Traffic Message Channel/TMC
Traktion *f*	traction
Traktionskontrolle *f*	anti-slip regulation/ASR traction control system/TCS
Traktor *m*	tractor
Trampen *n*	hitch-hiking
Tränengas *n*	tear gas
Transaktionswert/TAW *m*	transaction value
Transatlantikverkehr *m*	transatlantic traffic
Transitverkehr *m*	transit traffic

T

Transport *m*	carrying
	transport
	transportation
Transportdokument *n*	transport document
Transportgenehmigung *f*	transport authorization
	transport permit
Transportgenehmigungs-verordnung/TgV *f*	Ordinance on Transport Licences/TgV
Transportkennzahl/TI *f*	transport index/TI
Transportkette *f*	transport chain
Transportmarkt *m*	transportation market
Transportmittel *n*	means of transport *pl*
Transportrecht *nsg*	transport law *sg*
Transportrisiko *n*	risk of transport
	transportation risk
Transportschaden *m*	damage in transit
	loss in transit
Transportverpackung *f*	transport packaging
Transportversicherung *f*	cargo insurance
	transportation insurance
Trassant *m*	drawer (fin.)
Trassat *m*	acceptor
	drawee (fin.)
Tratte *f*	draft (fin.)
	drawn bill of exchange
Trecker *m*	tractor
Treiben *n* (das Tun)	goings-on *pl*
Treibhauseffekt *m*	greenhouse effect
Treibladung *f*	propellant
Treibladungsanzünder *m*	primer
Treibstofftank *m*	fuel tank
trennen	separate, to
Trennvorschriften *fpl*	segregation regulations *pl*

T

Treppe *f*	stairs *pl*
	stairway
Tresor *m*	safe
Trichter *m*	funnel
Trinitrotoluol/TNT *nsg*	trinitrotoluene/TNT *sg*
trocken	dry
Trockeneis *nsg*	dry ice *sg*
Trockenluftfilter *m*	dry air filter
Trockenmittel *n*	desiccant
Tropen *pl*	tropics *pl*
Tsunami *f/m*	tsunami
Tunnel *m*	tunnel
Tunnelbeschränkungscode/TBC *m*	tunnel restriction code
Tunnelkategorie *f*	tunnel category
Tür *f*	door
Turbolader *m*	turbocharger
Türdichtung *f*	door gasket
Türobergurt *m*	door header
Türschloss *n*	door lock
Türuntergurt *m*	door sill
Türverschlussstange *f*	door locking bar
TÜV-Hauptuntersuchung *f*	MOT test
TÜV-Plakette *f*	vehicle inspection sticker
Typ A-Versandstück *n*	type A packaging
Typ B-Versandstück *n*	type B packaging
Typ C-Versandstück *n*	type C packaging
Typ *m*	type
Typenschild *n*	type plate

T

U

Überbreite *f*	excess width overwidth
Überdruck *m*	overpressure
Überdruckventil *n*	overpressure valve
Übereinkommen *n*	regulation convention
Übereinkommen über den internationalen Eisenbahnverkehr/ COTIF *n*	Convention Concerning International Carriage by Rail/COTIF
Übereinkommen über den internationalen Handel mit gefährdeten Arten freilebender Tiere und Pflanzen/CITES *n*	Convention on the International Trade in Endangered Species of Wild Fauna and Flora/CITES
Übereinkommen über Internationale Beförderungen leichtverderblicher Lebensmittel ATP *n*	Agreement on the International Carriage of Perishable Foodstuffs ATP
überfällig	overdue
Überführung in ein Zollverfahren *f*	transfer to a customs procedure
Übergewicht *n*	excess weight overweight
Überhöhe *f*	excess height overheight
überholen	overtake, to (*BE*) pass, to (*AE*)
Überholverbot *n*	no overtaking (*BE*) no passing (*AE*)
Überladung *f*	overload
Überlänge *f*	excess length overlength
überlanger LKW mit einem oder zwei Anhängern, z.B. in Kanada, USA	Longer Combination Vehicle/LCV
Überlassung von Gütern *f*	surrender of goods

U

Überleitungskabel *n*	jumper cables *pl* (*AE*)
	jump leads *pl* (*BE*)
übermorgen	day after tomorrow, the *sg*
Übermüdungswarner *m* (ugs.)	fatigue warning device (coll.)
übernächste Woche	week after next, the *sg*
übernächster Monat	month after next, the *sg*
übernächstes Jahr	year after next, the *sg*
Übernahmekonnossement *n*	received B/L
	received bill of lading
Überproduktion *f*	overproduction
überrascht	surprised
Überschwemmung *f*	flooding
Überschwemmungsschaden *m*	flood damage
Übersee	overseas
überseeisch	overseas
Überseeische Länder und Gebiete/ ÜLG *pl*	Overseas Countries and Territories/OCT *pl*
übersehen	overlook, to
übertragbares Akkreditiv *n*	transferable L/C
	transferable letter of credit
überversichern	overinsure, to
überwachen	monitor, to
übrige Entwicklungsländer/OBC *npl*	Other Beneficiary Countries/OBC *pl*
Uhr *f*	clock
Ullage *f* (füllungsfreier Raum)	ullage (unfilled space in tank)
Umbuchungsgebühr *f*	rebooking fee
Umdrehungen pro Minute / 1/min / U/min *fpl* (*ugs.*)	revolutions per minute/rpm *pl*
Umfang *m*	perimeter
	circumference (circle)
Umgebung *f*	environs *pl*

U

Umkleideraum *m*	changing room
Umladung *f*	transshipment
Umladungsverbot *n*	prohibition of transhipment
Umland *nsg*	environs *pl*
Umlaufintensität *f*	ratio of current assets to total assets
Umlaufzeit *f*	round trip time
umleiten (Verkehr)	divert, to
Umleitung *f*	diversion
Umreifung *f*	strapping
Umreifungsband *n*	strapping band
Umsatz *m*	sales *pl* (*AE*) turnover (*BE*)
Umsatzrendite *f*	return on sales/ROS
Umsatzrentabilität f	return on sales/ROS
Umsatzsteuer /USt *f*	value added tax/VAT
Umsatzsteuervoranmeldung *f*	turnover tax advance return
Umschlag *m*	handling
Umschlagsentgelt im Seehafen/ THC *n*	terminal handling charge/THC
Umschlagsgebühr *f*	handling charge handling costs *pl*
Umschlagshäufigkeit des Kapitals *f*	turnover frequency of capital
Umverpackung *f*	secondary packaging outer packaging
Umverpackung *f* (Gefahrgut)	overpack (dangerous goods)
umwandeln	convert, to
Umwandlung *f*	conversion
Umwandlungsverfahren *n*	processing under customs control conversion process
Umwelt *fsg*	environment

U

umweltgefährdende Stoffe *mpl*	environmentally hazardous substances *pl*
umweltgefährdender Stoff *m*	environmentally hazardous substance
Umweltschutz *m*	environmental protection
Umweltzonen *fpl*	environmental zones *pl*
Umzugsgut *n*	removal goods
Umzugslift *m*	furniture elevator (*AE*) furniture lift (*BE*)
Umzugsspediteur *m*	remover
Umzugsspedition *f*	moving company moving firm removal firm
Umzugsverkehr *m*	removal traffic
Umzugsvertrag *m*	removal contract
UN-Nummer *f*	UN number
unabwendbares Ereignis *n* (z.B. Krieg)	unavoidable event (e.g. war)
unbefristet	unlimited
unbegleiteter kombinierter Verkehr/ UKV *m*	unaccompanied combined transport/UCT
Unbekannt-Klausel *f* (Inhalt unbekannt/Inhalt wie angegeben/ beinhaltet angeblich)	said to contain clause/STC
unbeladen	empty
unbestätigt	unconfirmed
unbestätigtes Akkreditiv *n*	unconfirmed L/C unconfirmed letter of credit
undankbar	ungrateful
unehrlich	dishonest
unerwünschtes Risiko *n*	undesirable risk
unerwünschtes Wagnis *n*	undesirable risk
Unfall *m*	accident

U

Unfallbericht *m*	accident report
Unfalldatenspeicher/UDS *m*	black box (road)
	even data recorder/EDR
	accident data storage
Unfallmerkblatt/UMB *n*	instructions in writing *pl*
	accident procedures sheet
Unfallrisiko *n*	accident risk
Unfallschaden *m*	accidental damage
Unfallskizze *f*	accident sketch
Unfallstelle *f*	accident site
Unfalltod *m*	accidental death
Unfallverhütungsvorschriften/UVV *fpl*	accident prevention regulations *pl*
Unfallversicherung *f*	accident insurance (*BE*)
	casualty insurance (*AE*)
unfrei	carriage forward
	freight collect
unfreundlich	unfriendly
ungefähr	roughly
ungerecht	unfair
ungereinigt	uncleaned
ungereinigte leere Verpackungen *fpl*	uncleaned empty packaging
ungereinigter leerer Kesselwagen *m*	uncleaned empty tank
ungereinigter leerer Tank *m*	uncleaned empty tank
ungünstiges Wagnis *n*	undesirable risk
unhöflich	rude
uninteressant	uninteresting
Unionsversandverfahren *n* (UVV)	union transit procedure *sg* (UTP)
Unionszollkodex/UZK *m*	Union Customs Code/UCC *sg*
Unmenge von etwas *f*	oodles of something *pl* (*coll.*)

U

unnötig	unnecessary
unreines Konnossement *n*	foul B/L
	foul bill of lading
Unruhen *fpl*	disturbances *pl*
unsachgemäße Lagerung *f*	careless storage
	improper storage
unsichtbar	invisible
unteilbare Ladung *f*	indivisible load
unten	bottom, at the
Untenbefüllung *f*	bottom loading
unter Aufsicht *f* (z.B. öffnen der Zollplombe)	under supervision (e.g. opening the customs seal)
unter Zollverschluss	in bond
Unterdruck *m*	vacuum
Unterdruckventil *n*	vacuum valve
untere	bottom
unterer	bottom
unteres	bottom
unterfahrbare Hebebühne *f*	retractable tail lift
unterfahrbare Ladebordwand *f*	retractable tail lift
unterfaltbare Hebebühne *f*	fold-under tail lift
unterfaltbare Ladebordwand *f*	fold-under tail lift
Unterflurfahrzeug *n*	underfloor vehicle
Unterfrachtvertrag *m*	sub-freight contract
Unterklasse *f*	subclass
Unterlegkeil *m* (z.B. LKW)	wheel chock
unternehmensbezogene Abgrenzung *f*	business-related accrual
Unternehmensbilanz *f* (fin.)	company balance sheet (fin.)
Unternehmensergebnis *n*	corporate business results *pl*
Unternehmensergebnis *n* (GuV)	corporate profit and loss results *pl*
unternehmensfixe Kosten *pl*	corporate fixed costs *pl*

U

Unternehmenskarte *f*	company card
Unternehmensregister *n*	corporate register
Unternehmer *m*	entrepreneur
Unternehmerhaftung *f*	entrepreneur liability
Unternehmerlohn *m*	entrepreneurial salary
Unternehmerrisikoprämie *f*	entrepreneurial risk premium
untersagen	forbid, to
	prohibit, to
unterschiedlich	different
Unterschrift *f*	signature
Untersuchungsfristen *fpl*	examination periods *pl*
Untersuchungshaft *fsg*	pre-trial detention
	custody
unterversichert	underinsured
Unterversicherung *f*	underinsurance
Unterwegsbedienungsverbot *n* (ugs.)	prohibition of on-the-road service (coll.)
Unterweisung *f*	instruction
unterzeichnen	sign, to
unvernünftig	unreasonable
unversicherbar	uninsurable
unversicherbares Risiko *n*	uninsurable risk
unverträglich	incompatible
unverzollt	duty unpaid
unverzüglich (z.B. melden beim Arbeitgeber)	immediately (e.g. report to the employer)
unvorsichtig	careless
unwiderruflich	irrevocable
unwiderrufliches Akkreditiv *n*	irrevocable L/C
	irrevocable letter of credit
Unwohlsein *n*	discomfort
unzuverlässig	unreliable

U

Uran *nsg*	uranium *sg*
Uranhexafluorid *nsg*	uranium hexafluoride *sg*
Urlaub *m*	vacation (*AE*)
	holidays *pl* (*BE*)
Urlaubsanspruch *m*	holiday (*BE*) / vacation (*AE*) entitlement
Ursache *f*	cause
Ursprungserklärung *f*	declaration of origin
Ursprungsrecht *n*	right of origin
Ursprungszeugnis *n*	certificate of origin
UVV Fahrzeuge *npl*	UVV vehicles *pl*

V

Vakuum *n*	vacuum
Vakuummeter *n*	vacuum gauge
variabel	variable
variable Kosten *pl* (fin.)	variable costs *pl* (fin.)
VDI-Richtlinie *f*	VDI guideline
Ventil *n*	valve
ventilierter Container *m*	ventilated container
Veränderungsbilanz *f*	change balance sheet
verantwortlich sein für etwas	responsible for something, to be
Verantwortlichkeit *f*	responsibility
Verantwortungsbereich *m*	area of responsibility
Verarbeitung *f* (Waren)	manipulation (processing)
Verätzung *f*	chemical burn
Verband der Chemischen Industrie e.V./VCI *m*	German Chemical Industry Association/VCI
Verband der Europäischen chemischen Industrie/CEFIC *m*	European Chemical Industry Council/CEFIC
Verband *m*	association

V

Verbandkasten *m*	first aid box first aid kit
Verbandskasten *m*	first aid box first aid kit
verbieten	forbid, to prohibit, to
Verbindlichkeit *f*	liability
Verbindungselemente *npl*	connecting elements
verblichen	faded
Verbote und Beschränkungen/VuB *pl*	prohibitions and restrictions *pl*
Verbotszeichen *n*	prohibition sign prohibitory sign
Verbrauchsgüter *npl*	consumer goods *pl*
Verbrauchskennlinie *f*	consumption curve
Verbrauchskontrolle *f*	consumption control
Verbrauchssteuer *f*	excise duty excise tax
Verbrennungsmotor *m*	combustion engine
Verbriefungsgarantie *f*	securitisation guarantee (*BE*) securitization guarantee (*AE*)
Verbringungsort *m*	place of introduction
Verbrühung *f*	scalding
verchromt	chrome plated
verdeckter Schaden *m*	hidden damage
verderblich	perishable
verdichtet	compressed
verdichtetes Gas *n*	compressed gas
verdorben	spoiled spoilt
Verdunstung *f*	evaporation
vereinbart	stipulated
vereiste Fahrbahn *f*	icy road

V

vereiste Straße f	icy road
verfallen	lapse, to
verfallene Police f	lapsed policy
Verfolgung f	tracking
Verfrachter m	carrier
	consignor
vergessen etwas zu tun	forget to do something, to
Vergiftung f	poisoning
vergleichbarer Jahresgewinn m	comparable annual profit
Vergleichsrechnung f	comparative calculation
Vergütung f	compensation
Verjährung eines Anspruchs f	limitation of a claim
Verjährung f	limitation
Verjährungsfrist f	limitation period
Verkauf m	sales
Verkäufer m	vendor
Verkaufsverpackung f	sales packaging
Verkehr m	traffic
Verkehrsampel f	traffic light
Verkehrsbehinderung f	traffic obstruction
verkehrsberuhigt	traffic-calmed
Verkehrserhebung f	traffic census
	traffic count
Verkehrsgeografie f	traffic geography
Verkehrsgewerbe n	transport industry
Verkehrshelfer m	crossing guard (AE)
	school crossing patrol officer (BE)
Verkehrshindernis n	traffic obstruction
Verkehrsinsel f	traffic island
Verkehrskette f	transport chain
Verkehrskontrolle f	traffic control

V

Verkehrsleiter *m*	transport manager
Verkehrsmanagement im Linien- verkehr *n*	traffic management in scheduled services
Verkehrsmeldungen *fpl*	traffic news *pl*
Verkehrsmittel *n*	means of transport *pl*
Verkehrsnachrichten *fpl*	traffic news *pl*
Verkehrsplanung *f*	traffic planning
Verkehrsrecht *n*	traffic law
Verkehrsregel *f*	traffic regulation traffic rule
Verkehrssichere Verladung *f* (nach StVO)	safe loading (according to road traffic regulations)
Verkehrssicherheit *f*	traffic safety
Verkehrsspiegel *m*	traffic mirror
Verkehrsstau *m*	traffic congestion traffic jam
Verkehrsstrom *m*	traffic flow
Verkehrstelematik *f*	traffic telematics
Verkehrsträger *m*	transport modes
Verkehrsunfall *m*	traffic accident
Verkehrsunternehmensdatei *f*	transport company file
Verkehrsverband *m*	transport association
Verkehrsverhältnis *n*	traffic ratio
Verkehrsweg *m*	traffic route
Verkehrswert *m*	market value
Verkehrszählung *f*	traffic census traffic count
Verkehrszeichen *n*	road sign traffic sign
Verkehrszeichenerkennung *f*	traffic sign recognition
verkürzen	shorten, to
Verladebescheinigung *f*	mate's receipt

V

verladen	ship, to
Verlader *m*	shipper
Verladerampe *f*	loading ramp
Verladung vornehmen	effect shipment, to
verlängern	extend, to
verlegte Inventur *f*	rescheduled inventory rescheduled stocktaking
Verletzung *f*	injury
verlorene Ladung *f*	shed load
Verlust eines Anspruchs *m*	forfeiture of a right
Verlust *m*	loss
Verlustvermutung *f*	presumption of loss
vermeiden	avoid, to
vermieten	rent out, to
Vermittler *m* (z.B. Aufträge)	intermediary
Vermögensaufbau *m*	asset generation
Vermögenskonto *n* (Aktivkonto)	capital account (asset account)
Vermögensschaden *m* (fin.)	financial loss (fin.)
Vermögensschadenklausel *f* (DTV-Güter 2000/2011)	Pure Financial Losses Clause (DTV Cargo 2000/2011)
vermutlich	probable
Vernichtung *f*	destruction
vernünftig	reasonable
Verordnung *f*	regulation ordinance
Verordnung über tiefgefrorene Lebensmittel *f* (TLMV)	Ordinance on Frozen Foods
verpacken	pack, to
Verpackung *f*	packaging
Verpackungsabfall *m*	packaging waste
Verpackungsfolie *f*	packaging film packaging foil

V

Verpackungsgruppe *f*	packing group
Verpackungsgruppe I *f* Stoffe mit hoher Gefahr *mpl*	packing group I substances presenting high danger *pl*
Verpackungsgruppe II *f* Stoffe mit mittlerer Gefahr *mpl*	packing group II substances presenting medium danger *pl*
Verpackungsgruppe III *f* Stoffe mit geringer Gefahr *mpl*	packing group III substances presenting low danger *pl*
Verpackungsmüll *msg*	packaging waste
Verpackungstyp *m*	type of packaging
Verpackungsverordnung/VerpackV *f*	Packaging Ordinance
verplombt	sealed
Verrutschen der Ladung *n*	shift of cargo
Versand *msg*	dispatch *sg*
Versandanmeldung *f*	transit declaration
Versandart *f*	mode of dispatch
Versandbegleitdokument/VBD *n*	transit accompanying document
versandbereit	ready for delivery ready for despatch ready for dispatch ready for shipment
Versanddatum *n*	date of dispatch date of shipment shipping date
Versanddokument *n*	shipping document
Versandverfahren *n*	transit procedure
verschieben	delay, to
verschiffen	ship, to
Verschlag *m*	crate
Verschluss *m*	closure

V

Verschlussanerkenntnis *f*	acknowledgement of closure
verschmutzte Fahrbahn *f*	mud on road *sg*
Verschulden *nsg*	fault
Verschuldenshaftung *f* (mit umgekehrter Beweislast)	fault-based liability (with reversed burden of proof)
Verschuldenshaftung *f*	liability for fault
Verschuldenshaftung mit umgekehrter Beweislast *f*	liability for fault with reversal of the burden of proof
versenden	dispatch, to ship, to
Versender *m*	consignor
versicherbar	insurable
versicherbares Risiko *n*	insurable risk
Versicherer *m*	underwriter
versichert	insured
Versicherung *f*	insurance underwriting
Versicherungsagent *m*	insurance agent
Versicherungsbetrug *m*	insurance fraud
Versicherungsdeckung *f*	insurance cover insurance coverage
Versicherungseinstufung *f*	insurance rating
versicherungsfähig	insurable
Versicherungsgesellschaft *f*	insurance company insurer
Versicherungsklausel *f*	insurance clause
Versicherungsmakler *m*	insurance broker
Versicherungsnehmer *m*	insurance holder policy holder policy owner
Versicherungsnummer *f*	insurance policy number
Versicherungspflicht *f*	compulsory insurance

V

Versicherungspolice *f*	certificate of insurance insurance policy policy
Versicherungsschein *m*	certificate of insurance insurance policy policy
Versicherungsschutz *m*	insurance cover
Versicherungssteuer *f*	insurance tax
Versicherungssumme *f*	insurance sum sum insured
Versicherungstarif *m*	insurance tariff
Versicherungstarifierung *f*	insurance rating
Versicherungsverein auf Gegenseitigkeit/VVaG *m*	mutual insurance association mutual insurance company mutual insurance corporation (*AE*) mutual insurance society (*BE*)
Versicherungsvertreter *m*	insurance agent
Versicherungswert *m*	insurance value
Verspätung *f*	delay
Verteilcenter *n*	distribution centre (*BE*), center (*AE*)
Verteilerfinger *m*	distributor arm
Verteilergetriebe *n*	transfer case
Verteilerkappe *f*	distributor cap
Verteilungsschlüssel *m*	allocation formula
vertikale Finanzierungsregel *f*	vertical rule of financing
Vertrag *m*	contract
vertragliche Abmachung *f*	stipulation
vertragliche Festlegung *f*	stipulation
vertragliche Regelung *f*	stipulation
vertragliche Vereinbarung *f*	stipulation
vertraglicher Frachtführer *m*	contractual carrier
Verträglichkeitsgruppe *f*	compatibility group

V

Vertragsabschluss *m*	conclusion of a contract
	conclusion of an agreement
Vertragsauflösung *f*	cancellation of a contract
	cancellation of an agreement
	dissolution of contract
Vertragsauslegung *f*	interpretation of a contract
Vertragsbedingungen *fpl*	conditions of a contract *pl*
Vertragsbruch *m*	breach of contract
Vertragsgarantiedeckung *f*	contract bond cover
Vertragsrecht *n*	contract law
Vertragsrücktritt *m*	avoidance of contract
Vertragsstrafe *f*	contract penalty
	contractual penalty
Vertragsunterzeichnung *f*	signing of a contract
vertrauenswürdig	trustworthy
Verursachungsprinzip *n*	principle of causation
Verwaltung *f*	administration
Verwendungsgut *n*	goods for use
Verzichtskunde *m*	waiver customer
verzögern	delay, to
Verzögerung *f*	delay
Verzögerungsspur *f*	deceleration lane
Verzögerungsstreifen *m*	deceleration lane
verzollt	duty paid
Verzollungskosten *pl*	costs of customs clearance *pl*
verzurren	lash down, to
Veterinärbescheinigung *f*	veterinary certificate
Veterinärzeugnis *n*	veterinary certificate
Viehfutter *n*	animal feed
	fodder
Viehtransporter *m* (LKW)	cattle lorry (*BE*)
	cattle truck (*AE*)

V

Vierkreisschutzventil *n*	four-circuit protection valve
Vierwegepalette *f*	four-way pallet
vierzehn Tage *mpl*	fortnight (*BE*)
Vierzig-Fuß-Äquivalente-Einheit/ FEU *f*	forty foot equivalent unit/FEU
Vignette *f*	road tax vignette vignette (road tax)
Virus *m*	virus
Visum *n*	visa
Völkergewohnheitsrecht *n*	customary international law
Vollast-Kennlinien *fpl*	full load characteristics *pl*
Vollastdiagramm *n*	full load diagram
vollautomatisierte Getriebe *n*	fully automated transmission
Vollcontainerschiff *n*	cellular vessel
volle Deckung *f*	full cover full coverage
Volle Deckung *f* (DTV-Güter 2000/2011)	All Risks (DTV Cargo 2000/2011)
voller Versicherungsschutz *m*	full cover full coverage
Vollgummireifen *m*	solid rubber tire (*AE*) solid rubber tyre (*BE*)
Vollkasko *f*	fully comprehensive insurance
Vollkaskoversicherung *f*	full coverage insurance
Vollkostenrechnung *f*	absorption costing
Vollmacht *f*	authorisation (*BE*) authorization (*AE*)
Vollschlauchsystem *n*	full hose system
vollsynthetisch	fully synthetic
volltanken	fill up, to
vom Zoll freigegeben	released by customs
von der Bank bestätigter Scheck *m*	certified check (*AE*) certified cheque (*BE*)

V

von einer Bank gezogener Wechsel *m*	bank draft banker's draft
Vor- und Nachlauf containerisiert / FCL/FCL *m*	full container load/full container load / FCL/FCL
Vor- und Nachlauf nicht containerisiert als Stückgut / LCL/LCL *m*	less than container load/less than container load / LCL/LCL
Vor- und Nachlaufachse *f*	leading and trailing axle
Vorab-Ankunftsanzeige *f* (Zoll)	advance arrival notice *sg* (customs)
Vorarbeiter *m*	foreman
vorausbezahlt	prepaid
Vorauskasse *f*	cash in advance/c.i.a./CIA
voraussichtliche Ankunftszeit *f*	estimated time of arrival/ETA expected time of arrival/ETA
Vorbehalt *m*	reservation
vorbereitende Abschlussbuchung *f*	preparatory closing entry
Vorderachse *f*	front axle
Vorderachsen *fpl*	front axles *pl*
Vorderradantrieb *m*	front-wheel drive
Vorgänge *mpl*	goings-on *pl*
vorgestern	day before yesterday, the *sg*
Vorglühanlage *f*	pre-glow system
Vorhängeschloss *n*	padlock
Vorlauf containerisiert und Nachlauf nicht containerisiert als Stückgut / FCL/LCL *m*	full container load/less than container load / FCL/LCL
Vorlauf *m*	pre-carriage
Vorlauf nicht containerisiert als Stückgut und Nachlauf containerisiert / LCL/FCL *m*	less than container load/full container load / LCL/FCL
vorläufige Deckung *f*	provisional cover
vorläufige Festnahme *f*	provisional arrest
vorläufiger Versicherungsschein *m*	insurance note
vorläufiger Versicherungsschutz *m*	provisional cover

V

vorlegende Bank *f*	presenting bank
vorletzte Woche	week before last, the *sg*
vorletzter Monat	month before last, the *sg*
vorletztes Jahr	year before last, the *sg*
Vormittag *m*	morning
vorne	front, at the
Vorrang eines Anspruchs *m*	priority of a claim
Vorrang *m*	priority
vorrübergehende Invalidität *f*	temporary disability
Vorsatz *m*	intent
vorsätzlich	intentional
Vorschaltgruppe *f*	pre-shift group transmission
Vorschussakkreditiv *n* (Kreditierung des Exporteurs)	red clause L/C red clause letter of credit
Vorschussakkreditiv *n* (Kreditierung des Importeurs)	green clause L/C green clause letter of credit
vorsichtig	careful
Vorsorgeuntersuchung *f*	check-up
Vorsorgeversicherung *f*	provisional insurance
Vorspannkraft *f*	preload
Vorsteuerumbuchung *f*	pre-tax transfer
vorübergehende Verwendung *f*	temporary use
Vorverpackung *f*	pre-packaging
vorversichern	preinsure, to
Vorvertrag *m*	pre-contract
vorvorgestern	three days ago
vorwärts	forwards (*BE*) forward (*AE*)

W

Waage *f*	scales *pl*
Waffe *f*	weapon

W

Waffenembargo *n*	arms embargo
Waffengesetz/WaffG *n*	Weapons Act/WaffG
Wagenheber *m*	jack (tool)
Wagenheberaufnahme *f*	jacking point
Waggon *m* (Güter)	railway wagon (*BE*) railroad car (*AE*)
Wahlmöglichkeit *f*	choice option
wahrscheinlich	probable
Wahrscheinlichkeit *f*	probability
Wahrscheinlichkeitsberechnung *f*	calculation of probabilities probability calculation
Wahrscheinlichkeitsrechnung *f*	calculation of probabilities probability calculation
Währung *f*	currency
Währungsschwankung *f*	currency fluctuation
Wandlerschaltkupplung/WSK *f*	converter clutch
Ware *f*	commodity merchandise goods *pl*
Warenfeuchte *fsg*	product moisture content *sg*
Warennummer *f*	article number
Warenprobenversand *m*	sample consignment sample shipment
Warenverkehrsbescheinigung A. TR *f*	movement certificate a. tr
Warenverkehrsbescheinigung EUR.1 *f*	EUR.1 movement certificate
Warenverkehrsbescheinigung Euro 1 *f*	movement certificate euro 1
Warenverkehrsbescheinigung/WVB *f*	movement certificate

W

Warenverzeichnis für die Statistik des Außenhandels der Gemeinschaft und des Handels zwischen ihren Mitgliedstaaten/NIMEXE *n*	Nomenclature of Goods for the External Trade Statistics of the Community and Statistics of Trade between Member States/NIMEXE
Warenwert *m*	value of goods
warm	warm
wärmebehandelt	heat-treated
Wärmequelle *f*	heat source
Warndreieck *n*	breakdown triangle warning triangle
Warnfahne *f*	signal flag warning flag
Warnflagge *f*	signal flag warning flag
Warnleuchte *f*	warning light
Warnposten *m*	flagger flagman traffic guard
Warnsysteme *npl*	warning systems *pl*
Warnweste *f*	safety vest warning vest
Warnwestenpflicht *f*	mandatory warning vest
Warschauer Abkommen/WAK/WA *n*	Warsaw Convention/WC
Wartehäuschen *n*	bus shelter
Wartung *f*	maintenance
Wartungsarbeit *f*	maintenance work
wartungsarm	low-maintenance
Wartungsfreundlichkeit *fsg*	maintainability *sg*
Waschbenzin *n*	white spirit
Washingtoner Artenschutzabkommen/WA *n*	Convention on the International Trade in Endangered Species of Wild Fauna and Flora/CITES
Wasser *n*	water

W

Wasserdampf *m*	water vapor (*AE*) water vapour (*BE*)
Wassereinbruch *m*	water ingress
wassergefährdende Ladung *f*	water-polluting cargo
Wassergefährdungsklasse/WGK *f*	water hazard class
Wasserhaushaltsgesetz/WHG *n*	Federal Water Act/WHG
Wasserschaden *m*	water damage
Wasserschutzgebiet/WSG *n*	water protection area/WSG
Wasserschutzpolizei *f* (Hafen)	harbor police *pl* (*AE*) harbour police *pl* (*BE*)
Wasserstoff *msg*	hydrogen *sg*
Wasserstofffahrzeug *n*	hydrogen vehicle
Wasserstoffperoxid *n*	hydrogen peroxide
Wasserverunreinigung *f*	water contamination
WC *n*	restroom (*AE*) toilet (*BE*)
Web-Präsenz *f*	web site
Website *f*	web site
Wechsel *m* (fin.)	draft (fin.)
Wechselaufbau/WAB *m*	swap body
Wechselaufbaubrücke *f*	swap body
Wechselbehälter *m*	swap body
Wechselbrücke *f*	swap body
Wechselgetriebe *n*	change gear
Wechselkoffer *m*	swap body
Wechselkurs *m*	exchange rate
Wechselpritsche *f*	swap body
Wechselsysteme (z.B. im kombinierten Verkehr)	switching systems (e.g. in combined transport)
Wechselverkehr *m*	1. half duplex 2. intercommunication 3. cross-border traffic

W

Weg *m*	route
Wegbeschreibung *f*	directions *pl*
Wegfahrsperre *f*	immobilizer
Wegfahrsperre/WFS *f*	immobiliser (*BE*)
	immobilizer (*AE*)
	engine immobiliser (*BE*)
	engine immobilizer (*AE*)
weich (Konsistenz)	soft (consistency)
Wein *m*	wine
weiße Ware *f*	white goods *pl*
weißer Frost *m*	white frost
Weisung *f*	directive
	instruction
weitere Beförderung *f*	further shipment
weitere Verschiffung *f*	further shipment
Weiterverwendung *f*	further use
Wellen *fpl*	shafts *pl*
Wellpappe *f*	corrugated board
	corrugated cardboard
Welthandelsorganisation/WHO *f*	World Trade Organization/WTO
Weltzeit *f*	world time
Weltzollorganisation/WZO *f*	World Customs Organization/WCO
wenden (Fahrzeug)	turn around, to
Werkfeuerwehr *f*	plant fire brigade (*BE*)
	plant fire department (*AE*)
Werkschutz *msg*	factory security service
	factory security office
Werkstatt *f*	workshop
Werkstattkarte *f*	workshop card
Werkstattverzeichnis *n*	workshop directory
Werktag *m*	business day
	working day
Werkverkehr *m*	private haulage

W

Wert der Ladung *m*	value of cargo
Wert *m*	value
Wertansätze in der Bilanz *mpl*	amounts stated in the balance sheet *pl*
Wertdeklaration *f*	declaration of value
Wertfortschreibung *f*	value update
Wertschlüssel *m*	value scale method
Wertschöpfungsprozess *m*	value-added process
Wertveränderungen *fpl*	value changes *pl* changes in value *pl*
wertvoll	valuable
wertvolles Gut *n*	valuable goods *pl*
Wertzoll *m*	ad valorem duty
West	west
West-Pazifik-Staaten/WPS *mpl*	West-Pacific-States/WPS *pl*
Westafrika *n*	West Africa Western Africa
Westen *m*	west
Westindische Inseln *fpl*	West Indies *pl*
Westküste der Vereinigten Staaten *f*	Pacific Coast of the United States West Coast of the United States
westwärts	westbound
Wetter *n*	weather
Wettervorhersage *f*	weather forecast
WGK 1*f* schwach wassergefährdend	WGK 1 low hazard to waters
WGK 2 *f* wassergefährdend	WGK 2 hazard to waters
WGK 3 *f* stark wassergefährdend	WGK 3 severe hazard to waters
Widerruf *m*	revocation
widerruflich	revocable

W

widerrufliches Akkreditiv *n*	revocable L/C revocable letter of credit
Widerrufsrecht *n*	right of revocation
wieder verpacken	repack, to
Wiederausfuhr *f*	re-exportation
Wiedereinfuhr *f*	re-importation
Wiegesystem *n* (On-Board-Weighting System / OBWS)	on-board-weighting system / OBWS
Willenserklärung *f*	declaration of intent declaration of intention
Wind *m*	wind
Windhundprinzip *nsg*	first come – first choice first come – first served/FCFS first-in – first served
Windhundverfahren *nsg*	first come – first choice first come – first served/FCFS first-in – first served
Windrichtung *f*	wind direction
Windschutzscheibe *f*	windscreen (*BE*) windshield (*AE*)
windsichere Handlampe *f*	windproof hand lamp
Winkel *m*	angle
Winkerkelle *f*	traffic paddle
Winterdiesel *m*	winter diesel fuel winter diesel winterized diesel (*AE*)
Winterreifen *m*	snow tire (*AE*) snow tyre (*BE*) winter tire (*AE*) winter tyre (*BE*)
Winterreifenpflicht *f*	winter tyre (*BE*) / tire (*AE*) requirement
Wirkung *f*	effect
Wirtschaftlichkeit *f*	economic efficiency

W

Wirtschaftlichkeitsrechnung f (fin.)	economic efficiency calculation (fin.)
Wirtschaftskunde f	economics
Wirtschaftspartnerschaftsabkommen/WPA n	Economic Partnership Agreement/EPA
Witterung f	weather conditions
Woche f	week
Wochenende n	weekend
Wochenlenkzeit f	weekly driving time
wöchentlich	weekly
wöchentliche Lenkzeit f	weekly driving time
Wolkenbruch m	cloudburst
Working Kapital n	working capital
Wrack n	shipwreck wreck

Y

York-Antwerpener Regeln/YAR fpl	York-Antwerp-Rules/YAR pl

Z

zähfließender Verkehr m	slow-moving traffic
zahlbar bei Fälligkeit	payable at maturity payable when due
zählen	count, to
Zahllast f	amount payable
Zahlung bei Auftragserteilung f	cash with order/CWO
Zahlung bei Rechnungseingang f	payment on receipt of invoice
Zahlung der Kosten f	payment of charges
Zahlung f	payment
Zahlungsart f	method of payment
Zahlungsbedingung f	payment term terms of payment

Zahlungseingang *m*	payment receipt
zahlungskräftig sein	have deep pockets, to (*coll.*)
Zahlungsort *m*	place of payment
Zahlungsverzug *m*	delay of payment
Zahnleisten *fpl* (Ladungssicherung fest im Fahrzeug installiert)	toothed strips *pl* (load securing permanently installed in the vehicle)
Zahnriemen *m*	timing belt
Zapfsäule *f*	gas pump (*AE*) petrol pump (*BE*)
Zebrastreifen *m*	crosswalk (*AE*) pedestrian crossing zebra crossing (*BE*)
Zedent *m*	assignor
Zeichner *m*	underwriter
Zeichnung *f*	underwriting
zeichnungsberechtigter Mitarbeiter *m*	underwriter
Zeichnungsgrenze *f*	underwriting limit
zeitabhängige Maut *f*	time-based toll
Zeitgenehmigung *f*	time permit
Zeitplan *m*	schedule timetable
Zeitpunkt der Absendung *m*	time of dispatch
Zeitpunkt der Versendung *m*	time of dispatch
Zeitunterschied *m*	time difference
Zeitverschiebung *f*	time difference
Zeitwert *m*	fair value
Zeitzone *f*	time zone
Zellenführung *f* (Containerschiff)	cell guide (container ship)
Zellengerüst *n* (Containerschiff)	cell guide (container ship)
Zellenschiff *n*	cellular vessel

Z

Zentralafrika *n*	Central Africa
Zentralamerika *n*	Central America
Zentralasien *n*	Central Asia
Zentrale Unterstützungsgruppe Zoll/ZUZ *f*	Central Customs Support Group/ ZUZ
Zentraler Omnibusbahnhof/ZOB *m*	central bus station
Zentraleuropa *n*	Central Europe
Zentralschmieranlage *f*	central lubrication system
Zentralschmierung *f*	centralised (*BE*) / centralized (*AE*) lubrication
Zentrifugalkraft *f*	centrifugal force
zerbrechlich	fragile
zerbrochen	broken
Zerstörung *f*	destruction
Zertifikat für die Gewichts- bescheinigung im USA-Verkehr/ FIATA SIC *n*	Shippers Intermodal Weight Certificate/FIATA SIC
Zession *f*	assignment
Zessionar *m*	assignee
Zielakkreditiv *n*	deferred L/C deferred payment letter of credit
Zielbahnhof *m*	arrival station
Zielflughafen *m*	destination airport
Zielkonflikte *mpl*	conflict of targets *pl*
Zielschild *f*	target sign
ziemlich	fairly
Zigarette *f*	cigarette
Zigarettenanzünder *m*	cigarette lighter
Zigarillo *f/m/n*	cigarillo
Zigarre *f*	cigar
Zinn *nsg*	tin *sg*
Zins *m*	interest

Z

Zinseszins *m*	compound interest
Zinsrate *f*	interest rate
Zirconium *n*	zirconium
Zirkonium *n*	zirconium
Zivilrecht *n*	civil law
Zoll bezahlen	pay customs, to
Zoll *m*	customs
Zoll *m* (Abgabe)	customs duty
Zoll *m* (Behörde)	customs *pl* (authority)
Zoll umgehen	avoid customs duty, to
Zollabfertigung *f*	customs clearance
Zollabgabe *f*	customs duty
Zollagent *m*	customs agent
	customs broker
Zollagentur *f*	customs agency
Zollamt *n*	customs office
zollamtliche Erfassung *f*	customs registration
Zollanmelder *m*	declarant
Zollanmeldung *f*	customs declaration
Zollanschlussgebiet *n*	customs union
Zollausschlussgebiet *n*	customs enclave
Zollbeamter *m*	customs officer
	customs official
Zollbefreiung *f*	customs exemption
Zollbefund *m*	customs certificate
Zollbegleitschein *m*	carnet
Zollbegleitscheinheft *n*	bond note book
Zollbehältnis *n*	customs container
Zollbehörde *f*	customs authority
Zollbereich *m*	customs area
Zollbeschau *f*	customs inspection

Z

Zollbestimmungen *fpl*	customs regulations *pl*
Zollbetrug *m*	customs fraud
Zolldokument *n*	customs document
Zollerklärung *f*	customs declaration
Zollfahndung *f*	customs investigation
Zollfahndungsamt *n*	customs investigation office
Zollfaktura *f*	customs invoice
Zollflugplatz *m*	customs airport
Zollformalitäten *fpl*	clearing formalities *pl* customs formalities *pl*
zollfrei	duty-free
zollfreies Geschäft *n*	duty-free shop
Zollgebiet der Gemeinschaft *n*	Community customs territory
Zollgebiet *n*	customs area customs territory
Zollgebühr *f*	customs duty
Zollgrenze *f*	customs boundary customs frontier
Zollkodex der Gemeinschaften/ZK *m*	Community Customs Code/CC
Zollkodex/ZK *m*	Customs Code/CC
Zollkontingent *n*	tariff quota
Zollkontrolle *f*	customs check customs control
Zollkriminalamt/ZKA *n*	Customs Criminal Investigation Office/ZKA
Zolllagerverfahren *n*	customs warehousing procedure
Zollnummer *f*	customs number
Zollpapier *n*	customs document
Zollplombe *f*	customs seal
zollrechtlich freier Verkehr *m*	release for free circulation
zollrechtliche Bestimmung *f*	customs-approved treatment

Z

zollrechtliche Vereinfachungen *fpl*	customs simplifications *pl*
zollrechtliche Vorschriften *fpl*	customs regulations *pl*
zollrechtlicher Status *m*	customs status
Zollschnur *f*	TIR cable
Zollseil *n*	TIR cable
zollsicherer Verschluss *m*	customs-approved closure
Zollstelle *f*	customs office
Zollstock *m*	folding rule
Zollunion *f*	customs union tariff union
Zollverfahren mit wirtschaftlicher Bedeutung *n*	customs procedures with economic impact customs procedures with economic significance
Zollverfahren *n*	customs procedure
Zollvergünstigungen *fpl* (Präferenzmaßnahmen)	customs concessions *pl* (preferential measures)
Zollverschluss *m*	customs seal
Zollverschlussanerkenntnis *f*	customs certificate of approval
Zollverschlusslager *n*	bonded shed bonded storage bonded warehouse
Zollverschlussware *f*	bonded goods *pl*
Zollwert *m*	customs value
zu dicht auffahren	tailgate, to
zu Gunsten von	in favor of (*AE*) in favour of (*BE*)
Zubehör *n* (Nutzfahrzeuge)	accessories (commercial vehicles)
Zucker *msg*	sugar
zufrieden sein mit	content with, to be
Zugabstimmung *f*	train coordination
Zugangskontrolle *f*	access control
Zugdeichsel *f*	tongue

Z

Zugelassener Wirtschaftsbeteiligter/ ZWB *m*	Authorized Economic Operator/ AEO
Zuggabel *f*	drawbar
Zugmaul *n*	coupling jaw
Zugöse *f*	drawbar eye
Zugraub *m*	train robbery
Zugunfall *m*	rail accident train accident
Zugunglück *n*	rail accident train accident
zulässige Belastung *f* (Stapellast)	allowable load
zulässige Gesamtmasse/zGM *f*	permissible maximum weight
zulässiges Gesamtgewicht/zGG *n*	permissible maximum weight
Zulassungsbescheinigung Teil I *f*	licence certificate part I (*BE*) license certificate part I (*AE*)
Zulassungsbescheinigung Teil II *f*	licence certificate part II (*BE*) license certificate part II (*AE*)
Zündkabel *n*	ignition cable ignition wire
Zündkerze *f*	spark plug
Zündquelle *f*	ignition source
Zündschloss *n*	ignition lock
Zündschlüssel *m*	ignition key
Zündspule *f*	ignition coil
Zündstoff *m*	primary explosive
Zündverteiler *m*	ignition distributor
zur Verfügung stellen	available, to make
Zurr-Drahtseilgurt *m*	lashing wire rope strap
Zurrdrahtseile *npl*	lashing wire ropes *pl*
zurren	lash, to
Zurrgurt *m*	lashing strap
Zurrgurte *mpl*	lashing straps *pl*

Z

Zurrkette *f*	lashing chain
Zurrketten *fpl*	lashing chains *pl*
Zurrmittel *n*	lashing equipment
Zurrpunkt *m*	lashing point
Zurrpunktschild *f*	lashing point sign
Zurrwinden *fpl* (Ladungssicherung fest im Fahrzeug installiert)	lashing winches *pl* (load securing permanently installed in the vehicle)
Zurrwinkel *m*	lashing angle
Zurückbehaltungsrecht *n*	right of retention
Zurückgewinnungsverfahren *n* (z.B. bei Diebstahl während des Transportes zur Bestimmungszollstelle)	recovery procedure sg (e.g. in the event of theft during transport to the customs office of destination)
Zusammenarbeit *f*	collaboration / cooperation
Zusammenladen *nsg*	mixed loading
Zusammenladungsverbot *n*	prohibition of mixed loading
zusammenlegbarer Container *m*	collapsible container
Zusammenpacken *nsg*	mixed packing
Zusammenpackverbot *n*	prohibition of mixed packing
Zusatzheizung *f*	auxiliary heating
Zusatzkosten *pl*	additional costs *pl*
zusätzliche Dienstleistung *f*	accessorial service
Zusatzversicherung *f*	additional insurance
zuschaltbar (z.B. Allradantrieb, Differentialsperre)	engageable
zuschaltbarer Allradantrieb *m* (wählbar)	selectable all-wheel drive / selectable four-wheel drive
Zuschlag *m*	additional charge / extra charge / surcharge
Zuschlagssatz für Gemeinkosten *m*	overhead absorption rate
Zustand *m*	condition

Z

zuständig sein für etwas	charge of something, to be in
zuständige Stelle *f*	competent body
Zuständigkeit *f*	responsibility
Zustellung *f*	delivery
zuverlässig	reliable
zuvorkommend	obliging
Zwanzig-Fuß-Äquivalente-Einheit/ TEU *f*	twenty foot equivalent unit/TEU
Zweckaufwand *m*	operating expense
zweckbefristeter Arbeitsvertrag *m* (z.B. für eine Krankheitsvertretung)	fixed-term employment contract (e.g. for sickness cover)
Zwei-Hüllen-Tanker *m*	double-hull tanker
Zweigstelle *f*	branch
Zweikammertank *m*	double compartment tank
zweiseitig	bilateral
Zweiwegefahrzeug *n*	road-rail vehicle
zweiwellige Wellpappe *f*	double wall corrugated board
Zwillingsbereifung *f*	dual tires *pl* (*AE*) dual tyres *pl* (*BE*) twin tires *pl* (*AE*) twin tyres *pl* (*BE*)
zwingende Rechtsvorschrift *f*	mandatory legal provision
Zwischenfall *m*	incident
Zwischenspediteur *m*	intermediate forwarder
Zylinderkopf *m*	cylinder head
Zylinderkopfdichtung *f*	cylinder head gasket

Z

Ihre 100 persönlichen Wörter des Lebens
(allgemeine Begriffe)

Ihre 100 persönlichen Wörter aus der Praxis
(Fachbegriffe)

Ihre wichtigsten Notizen

Bildnachweis